复旦学前云平台
数字化教学支持说明

为提高教学服务水平，促进课程立体化建设，复旦大学出版社学前教育分社建设了"复旦学前云平台"，以为师生提供丰富的课程配套资源，可通过"电脑端"和"手机端"查看、获取。

【电脑端】

电脑端资源包括 PPT 课件、电子教案、习题答案、课程大纲、音频、视频等内容。可登录"复旦学前云平台"www.fudanxueqian.com 浏览、下载。

Step 1　登录网站"复旦学前云平台"www.fudanxueqian.com，点击右上角"登录/注册"，使用手机号注册。

Step 2　在"搜索"栏输入相关书名，找到该书，点击进入。

Step 3　点击【配套资源】中的"下载"（首次使用需输入教师信息），即可下载。音频、视频内容可通过搜索该书【视听包】在线浏览。

融合型·新形态教材
复旦学前云平台 fudanxueqian.com

普通高等学校
早期教育专业
系列教材

婴儿教育学

主　编　夏莹

副主编　王玉荣

编　者（按姓氏笔画排列）

夏　莹　王玉荣　王　霁

赵晓巍　胡　睿

复旦大学出版社

内容提要

本教材基于"工学结合，教学做一体化"的教学理念，理论与实践紧密结合。一方面，在阐述基本理论时，注重介绍婴儿教育策略和教育方法；另一方面，也依据婴儿心理发展的基本规律和各年龄阶段婴儿心理发展特征，重点讲解了婴儿的养护要点、动作技能的训练、智力的开发、良好生活习惯的养成、社会交往能力及良好健康情绪的培养等，同时还介绍了目前国内外的早教机构、育婴师的培训等相关情况。

本书配有教学课件，可登录复旦学前云平台免费下载（www.fudanxueqian.com）。

前　言

　　党的二十大报告中提到"幼有所育"，并就今后民生事业发展明确提出"优化人口发展战略，建立生育支持政策体系，降低生育、养育、教育成本"，旨在让所有 0～6 岁的适龄儿童得到更好的养育和教育。目前，我国对 3～6 岁的学前教育研究较为充分，对 3 岁前婴幼儿早期教育的研究则有待进一步提升。本书落实立德树人的根本任务，在课程中融入思政元素，帮助学生在学习专业知识的同时培养道德素质和职业素养。

　　0～3 岁婴儿是人的神经系统、心理发育最快的时期，已经具备了接受教育的基础和条件。人的动作技能、认知能力、语言、思维和社会行为都需要在良好的教育环境中才能得到发展。婴儿从躺卧状态发展到随意走、跑、跳；用双手熟练地操作自己所熟悉的物体，从自然的哭叫声发展到用语言与别人进行交流，形成初步的社会意识和行为，是周围物质和人际环境影响和教育的结果。良好的教育发展往往是根据婴儿生长发育的规律和个性差异有针对性地进行教育的结果。教育的目的是帮助婴儿提高适应环境的本领和驾驭环境的能力。婴儿教育学不仅可以锻炼婴儿身体上的发展，而且还培养了婴儿的各种良好习惯。婴儿教育学可以锻炼婴儿的大动作和精细动作训练以及人格素质的修养等等，将会使得婴儿在身体和心理上得到健康的发展。

　　本书力求体现"工学结合，教学做一体化"的教学理念，始终贯彻理论联系实际的原则。一方面，在阐述基本理论时，注重介绍婴儿教育策略和教育方法；另一方面，也依据婴儿心理发展的基本规律和各年龄阶段婴儿心理发展的特征，重点讲解了婴儿的养护要点、动作技能的训练、智力的开发、良好生活习惯的养成、社会交往能力及良好健康情绪的培养等，同时还简单介绍了目前国内外的早教机构、育婴师的培训等相关情况。

　　本书的编撰得到了黑龙江幼儿师范高等专科学校、黑龙江省教育科学研究院的大力支持和帮助。全书由夏莹主编，第一、二、四、六、七章由王玉荣编写，第三、五、八章由夏莹编写，第九章由夏莹、赵晓巍编写，第十章由王玉荣、胡睿编写，第十一章由王霁编写。本书也吸收借鉴了一些来自国内外同行的研究成果，搜集采纳了一些育婴机构的训练方案，书中均有注明，在此一并表示感谢。

　　由于编者水平有限，时间又较仓促，书中若有不当之处，敬请批评指正，以便不断修正完善。

目 录

第一章

婴儿教育学的发展

本章学习重点

1. 国内外婴儿教育的研究成果、婴儿教育发展的历史过程及现状。
2. 婴儿教育学的产生、研究对象及任务。
3. 婴儿教育发展对我国及儿童成长的意义。

本章学习建议

1. 本章重点是通过了解婴儿教育发展的历程,理解婴儿教育的重要意义。可以采用自读、集体讨论交流、归纳的形式学习。
2. 理解掌握婴儿教育学的含义、研究对象、任务和内容。

一百多年前,一位妇人带着两岁半的孩子来到达尔文的家中。这位伟大的生物学家在幼儿教育方面也颇有研究,是世界上最早给孩子写成长日记的人。妇人问:"尊敬的先生,我现在给孩子开始进行教育,是不是太早了一点?"达尔文答:"不,女士,您已经迟了,整整迟了两年半。"

可见,我们能为孩子的成长所做的不是早了,而是晚了。一百多年前达尔文就明确表示:孩子的教育要及早进行。但是,直到现在我们才重视起婴儿教育问题,有些遗憾;但也庆幸我们的觉醒将给孩子们带来福音。

2001年夏天,北京市第十一届人民代表大会常务委员会第二十七次会议全票通过《北京市学前教育条例》。2001年9月1日,全国大中小学、幼儿园开学的日子,《北京市学前教育条例》正式生效。这是全国第一部关于学前教育的地方法规,北京人开始受教育的法定年龄从过去的3岁一下子上推到0岁。究其深远意义,有人称之为北京教育领域一场静悄悄的革命。

20世纪具有世界影响的意大利女教育家蒙台梭利断言:"人生头三年胜过以后发展的各个阶段。"美国前总统克林顿在1997年制定的美国教育十点计划的第四条提出:"从孩子有生命的第一天起,学习就开始了。"

时至今日,世界上有独立完备的婴幼儿教育立法的国家和地区还很少。参与《条例》制定的学前教育学者宣称:在从0岁抓教育这场看不见的奥林匹克比赛中,我们与发达国家站在了同一个起跑线上。

第一节 婴儿教育学的研究对象和任务

一、婴儿教育学的研究对象

早期的科学研究中把不会说话的1岁前的孩子称作婴儿。20世纪70年代以后,对1岁前和1岁后儿童心理发展研究的资料并未显出两者具有重大的质的差异性。该时期,人们倾向于把婴儿期规定在0～2岁。进入80年代以来,人们从多学科的角度对婴儿的发展进行多方面的研究,研究领域亦扩大到思维中的表象水平,学者们试图把婴儿的某种水平的认知策略、同伴关系发展、个性特征的显露等方面纳入婴儿期中,于是婴儿期扩展到0～3岁。由此,婴儿教育即是指对从出生到3岁婴儿的身心发展给予关心、干预和教育培养的过程。对儿童的教育应从出生就开始,3岁前是儿童发展和教育极为重要的时期。0～3岁是人的神经系统、心理发育最快的时期,已经具备了接受教育的基础和条件。人的动作技能、认知能力、语言、思维和社会行为都需要在良好的教育环境中得到开发和培养。婴儿从躺卧状态发展到随意走、跑、跳,用双手熟练地操作自己所熟悉的物体,从自然的哭叫声发展到用语言与别人进行交流,形成初步的社会意识和行为,是周围环境刺激、熏陶的结果。教育的目的是帮助婴儿提高适应环境的本领和驾驭环境的能力。婴儿教育学不仅可以锻炼婴儿身体上的发展,而且还培养了婴儿的各种良好习惯及人格素质等,使得婴儿在身体和心理上健康成长。婴儿教育学就是研究婴儿教育现象和规律的科学。

婴儿教育包括婴儿社会教育和家庭教育。婴儿社会教育指由社会设置或资助,指派专人辅导或实施的各种教育机构中进行有目的、有计划、有组织的教育活动。其形式多样,在我国以托儿所、幼儿园、亲子园为主,此外,还有胎儿学校、家庭托儿站、游戏小组等。目前,由于大部分婴儿尚未进入托儿所、幼儿园,而是以家庭教育为主。家庭教育是在家庭生活中,由家长(其中首先是父母)对其子女实施的教育。家庭教育既包括生活中家庭成员(包括父母和子女等)之间相互的影响和教育,也包括聘请专门从事家庭教育的教师对子女的教育。育婴师越来越成为家庭和社会发展的一种需求。家庭教育是终身教育。

二、婴儿教育学的任务和内容

婴儿教育学的任务包括两方面:一是总结中外婴儿教育的理论与实践经验,以探讨我国婴儿教育的规律及发展趋势;二是指导婴儿教育实践,提高婴儿教育水平,帮助社会和家庭科学地开展婴儿教育。

婴儿教育学以教育学和心理学的基本原理为基础,研究婴儿教育的原则、规律、任务、内容、手段、方法和评估标准;揭示在婴儿成长过程中,怎样对婴儿施加教育影响,促进婴儿在身体、智力、社会性等方面发展。婴儿教育学阐述以下内容:本门学科的对象、任务和婴儿各阶段的发展指标、婴儿期的保健与护理、婴儿动作技能训练方法、婴儿教育引导的策略、婴儿智力开发指导、婴儿社会行为及人格培养措施、婴儿教育机构、育婴师及培训等。

婴儿教育学是教育学的分支,与其他教育科学分支有着密切的联系,应以普通教育学的基本规律为基础,了解教育发展的历史和需要,丰富和加深婴儿教育学的内容,密切联系儿童生理学、儿童卫生学、儿童心理学及遗传学、社会学、语言学等。作为一门新学科,通过教育实践的探索和教育工作者的努力,将不断进步和完善,成为一门指导婴儿教育工作和指导家庭教育的更为完善的科学。

第二节 婴儿教育的发展

一、婴儿教育的理论基础

美国心理学家布鲁姆通过研究指出,如果把人在17岁时测得的智商定为100%,那么其中50%在3岁前发生。印度"狼孩"卡玛拉的例子早为人们所熟悉,被人发现时已7岁多,她身上毫无正常儿童的特征,没有语言能力,不能直立行走,不会与人交流。重返人间后经过长达6年的专业人员的护理,也只学会走路,到 17 岁死去时才学会十几个单词,智商只有 3 岁孩子的水平。这都证明了 3 岁前教育的重要性,即 3 岁前是人生学习的关键期。如果错过了孩子学习关键期的教育时机,将造成不可逆转的后果。教育家蒙台梭利认为,儿童 3 岁前是性格(孩子成年后的性格基本上在 3 岁之前就已经定型,3 岁之后基本不变)、智商(儿童的脑细胞组织在 3 岁之前就已经定型,3 岁之后基本不变)、学习(3 岁之前是儿童在感知觉、记忆、思维等形成中最为敏感的时期,3 岁之后的学习活动将事倍功半)、身高(3 岁之前是孩子身高发展最为关键的阶段,3 岁之前对身高造成的损害将永远无法弥补)成长和发展的关键期。

(选自《丛林故事》)

1980 年英国伦敦精神病研究所卡斯比教授同伦敦国王学院的精神病学家们进行了一项别具一格的观察试验。研究者以当地 1 000 名 3 岁幼儿为研究对象,先是经过一番调查分析,然后将他们分为 5 种类型:充满自信型、良好适应型、沉默寡言型、自我约束型和坐立不安型。到 2003 年,当这些 3 岁孩子都长成了 26 岁的成人时,卡斯比教授再次与他们进行了面谈,并且对他们的朋友和亲戚进行了走访。这些 3 岁幼童的言行竟然准确预示了他们成年后的性格,让卡斯比教授十分惊讶。他对自己的试验结果进行总结,并在 2005 年发表了报告演说,在国际育儿学术界引起了轰动,为“3 岁看老”的说法提供了强有力的证据。卡斯比教授指出,一个人对 3 岁之前所经历的事情会像海绵一样吸收。这意味着孩子性格形成和能力培养的关键期就在 3 岁之前,这个阶段的孩子跟随什么样的人,接受什么样的教育,就将会形成相应的性格。与其朝夕相处的成人所说的每一句话,所做的每一个动作都可能会深深地烙在他们的心灵深处。

脑科学和生命科学的最新研究表明:儿童的脑细胞组织到 3 岁就已经完成了 60%,这时期的儿童脑部具有天才般的吸收能力。出生之后的最初几年是脑发育的关键时期,因此开发大脑潜能必须尽早。出生时人脑有 1 000 亿个神经元,之后不再增加。刚出生时孩子的大脑共有 50 亿个突触;出生后第一年,突触数目会增加 20 倍;3 岁时大脑大小即是成人的 80%;4 岁时,脑的代谢达到高峰,脑逐渐成熟,对能量的利用也更有效。这一年龄的孩子之所以会不停地动,是因为他们的大脑在不断获得信息,能量消耗比较大,需要的营养比成人要多,身体发育也同时加快。

法兰克福大学的心理学家莫妮卡·克诺夫对 13～14 个月大的婴儿对复杂事物的长时间记忆能力进行了研究,也获得了出乎意料的发现,如婴儿能够把以前从未见过的玩具做出的复杂动作记住长达半小时之久,甚至还能模仿这些动作。

综上所述,0～3 岁是儿童大脑高速发展的时期,是儿童多方面能力(感知觉、记忆、思维、个性等)发展的关键期。出生后 6 个月,是婴儿学习咀嚼和喂干的食物的关键期。2～3 岁是计数能力(口头数数、按物点数、按数点物、说出总数)发展的关键期。2～3 岁是学习语言的第一关键期,他们自己能够学习多个词汇,且学习的中等难度词汇比简单词汇多,而且这些词汇都是在没人教导的情况下孩子们自然吸收的。5 岁左右是语言发展的第二关键期。2 岁半至 3 岁半是教育孩子遵守行为规范的关键期。3 岁左右是培养其独立生活能力的关键期。而婴幼儿时期和青春期,是人长高的两个高峰期。人从出生至成年体格的长成,其生长速度不是匀速的,出生至 2 岁时共长 28 厘米,其中在 4 个月以前、5～12 个月、1～2 岁这 3 个年龄段各完成 1/3。2 岁前营养对生长的影响远超过遗传因素,年龄越小越是如此。

由此可见,在孩子 3 岁之前的成长过程中,父母和托幼教师担当着不可推卸的重任。只有深深领会育儿之道,抓住 3 岁前这一关键期,才能赢得孩子未来的成功和胜利。

目前,在婴儿教育过程中存在很多的误区。1. 重养弱教。由于年轻父母工作繁忙,很多家长将孩子放在长辈那里寄养,长辈们更注重如何添加营养,让孩子生长发育正常,却忽视了诸多方面的能力开发,错过了系统教育成长的关键期。2. 教育指导薄弱。很多家长不懂婴儿的教育,缺乏心理学、卫生学、教育学的理论知识,无法对婴儿进行系统有针对性的教育培养,心有余而力不足。3. 树大自然直的观念,认为孩子根本不需要这么小就教育。当今中国大多数婴儿在父母的怀抱中丧失了生命最初几年开发潜能的黄金年华,北京一位学前教育学者说,这不仅对孩子本人、家庭,乃至国家和民族,都是对智力资源的极大浪费。随着时代的发展,0~3岁婴儿的教育,逐渐得到大家的认识,更多的家长和教育工作开始重视和研究婴儿教育的理论和实践。

二、婴儿教育的发展历程

从历史发展来看,婴儿教育伴随人类发展的历史早已存在。我国古代家教思想中就有"教子婴孩"、"早欲教"的提法,主张对怀抱中的儿童给予教育;捷克的教育家夸美纽斯提出了母育学校的教育,是指从出生到6岁的儿童应在母亲的身旁接受教育。由此可见,很早以前就已经把从出生到3岁作为教育的一个阶段了。

在我国,很早以前人们就已积累了教养婴儿的经验,散见在谚语中,如"教儿婴孩,教妇初来"。我国古书中也有一些记载,如《大戴礼》的《本命》篇中提出关于出生后年龄特点的记载,即3个月后能转视而看见东西,8个月生齿然后能食等。《礼记》的《内则》篇中提出关于小儿生后选择保姆的要求及从儿童能食能言时进行教育。颜之推在《颜氏家训》中指出:婴稚识人颜色,知人喜怒,便加教诲,使为则为,使止则止。朱熹也认为婴儿出生后,"乳母之教,所系尤切"。乳母必须有"宽容、慈、惠、温、良、恭、敬"等品质,主张儿童应"教之以事",从小养成德行。这说明我国古代就重视幼小儿的教育。康有为也论及婴幼儿教养问题,提出凡婴儿出生后,满六个月即断奶,婴儿被送到育婴院养育,一律由公立政府另请专人负责养育。民国以后,熊希龄创办婴儿教保院对0~4岁的孩子进行养育,成为儿童的幸福乐园。我国儿童心理学家、幼儿教育家陈鹤琴根据自己多年的观察和研究,提出将新生到学前儿童时期分成四个阶段,即新生婴儿期、乳儿期、步儿期、幼儿期,并详细论述了各阶段的发展和教育要点,所著《家庭教育》成为具有中国特色的儿童家庭教育"百科全书"。新中国成立以后,尤其是1978年以后,我国学前教育得到进一步振兴和发展,颁布了一系列法规,如《城市托儿所工作条例》、《三岁前小儿教养大纲》、《托儿所、幼儿园卫生保健制度》等,使婴幼儿教育走上规范化和科学化轨道。

在国外,一些思想家、哲学家提出关于婴儿教育的主张。古希腊哲学家柏拉图提出,儿童出生后应交给国家特设的养育所,由专门的保姆抚养,母亲去喂奶。亚里士多德也主张婴儿出生后喂母乳,从小要运动,并习于寒冷,还认为5岁以前不应要求儿童学习课业,以免影响其发育。罗马教育家昆体良提出人的教育应从摇篮里开始,在婴儿期间就要重视他们语言的发展,强调环境对儿童最初观念形成的重大影响,并指出游戏对儿童智慧、品格的养成有重要意义。

中世纪,教会垄断教育。强调对儿童的驯服,一味压制儿童,教育发展受到禁锢而缓慢。

16世纪后,在一些教育著作中也有婴儿教育的论述。捷克教育家夸美纽斯在所著的第一本学前教育专著《母育学校》中,提出家庭是一所母育学校,母亲是主要的教师,对1~6岁儿童进行教育,并详细论述了教育的内容和方法。英国哲学家洛克则认为儿童生来像白板一样,没有特性也没有观念,重在后天经验的获得,并提出一系列建议。我国在这段时期蒙养教育也有一定发展,但比较缓慢。

18世纪以后,有一些学者对婴儿的行为进行观察和记录,如德国的提德曼、库斯谟,法国的库格门、泰恩等,都对3岁以前婴儿的行为发展进行了观察记录,提供了最早的原始材料。进化论创始人达尔文根据对自己孩子的长期观察而写成著作《一个婴儿的传略》。这是最早的关于婴儿发展的观察报告之一,为婴儿教育研究作出了独特的贡献。

19世纪下半叶,德国生理学家、实验心理学家普莱尔对其孩子从出生到3岁的发展进行了长期、系统的观察和实验,于1882年出版《儿童心理》,把婴儿研究推向了一个新的起点。他阐述了遗传、环境与教育在婴儿发展上的作用,有力驳斥了"白板说"。

20世纪二三十年代,出现了儿童"天性—教养"之争。华生和雷诺极力推崇"教养说",并在1920

年做了关于婴儿恐惧产生及消除等条件性情绪反应的实验,华生等人由此片面地夸大后天环境和教育的作用,认为婴儿发展结果的差异是由后天经验决定的。格塞尔则极力推崇"天性说",并通过"双生子爬梯实验"和长期的研究来证实婴儿发展有其内在的不易改变的规律和顺序。认知心理学家皮亚杰认为,婴儿发展是集体—环境相互作用的复杂过程的产物,但他主张相互作用的形式和次序主要取决于人类的生物特性,发展的个别差异主要是先天因素作用的结果。40年代中后期,由于第二次世界大战,造成许多婴儿与母亲分离与贫困,因此比较重视研究婴儿的情绪与社会性发展问题,最终形成了依恋、社会联结、母爱剥夺等是影响婴儿情绪、个性健康发展的重要变量的看法。另外,此间还出现了一些著名的婴儿发展量表和测查工具,使人们可以比较准确地测定婴儿发展状况和成熟水平。

20世纪50年代末60年代初,第三次科技革命有力地促进了教育从传授知识向发展智力的转变。由于社会、教育和心理研究等多方面的原因,婴儿发展研究又得到关注和振兴。正是在这样的背景下,重视早期教育,以适应现代社会需要的零岁教育理论应运而生,从此,儿童教育不仅在实践上重视早期教育、早期智力开发,在理论上也向下拓展并形成了更为完整的儿童教育理论体系。继而涌现出一大批杰出的婴儿心理学家,在各自专长的领域里开展了卓有成效且极富开拓性研究工作,取得了丰硕成果。零岁幼教理论的产生,一方面因现代社会发展对人的素质提出了更高要求,另一方面因现代科学如超声波、光纤维等技术的发展,改变了过去那种对腹中胎儿看不见、摸不着的局面。借助现代科技,人们发现腹中胎儿具有令人吃惊的能力。美国学者托马斯·伯尼指出:母亲和胎儿之间存在着生理的、行为的和同感的三条信息传递途径,胎儿从五六个月起具有惊人的听觉能力和记忆能力,从而引发胎内学习现象。人们可以通过有意识的"胎儿宫内学习"措施,开发胎儿的潜在智能,使胎儿出生后具有同龄孩子不具有的智力和良好的个性。英国埃克斯特大学研究员艾伦·斯莱特说:"新生儿的微笑、眼神和发怒是在母体内新学会的一种特殊语言。"类似的论述,不胜枚举。这些医学专家和心理学家对胎内世界秘密的揭示,使胎教研究科学化、现代化,从而为初步地形成现代胎教理论——零岁儿童教育奠定了基础。

对零岁教育进行系统论述的当推日本企业家、幼儿教育家井深大,他认为零岁是幼儿教育最佳时期,"无论什么样的孩子,只要从零岁起的教育得法,就能够发挥惊人的能力"。井深大还认为婴儿智能的特点是模式认识,提出进行模式教育。他认为"婴儿那种'死记硬背'的能力"是远远超过大人的。"对婴儿来说,记住某些东西,既不费事,也不痛苦——并无难易之分。"因而,井深大主张用模式对0~2岁的婴儿进行硬灌,死记硬背或填鸭式的教育,认为这种"幼时从生理上输入的基本模式,在长大以后会发挥重要的作用",并成为长大以后自然学会相关联领域知识的基础。

美国著名的幼儿心理和教育专家本杰明·布鲁姆,1964年发表了《人类特征稳定与变化》,他认为智力发展的速率是:1岁儿童达到20%,4岁时达到50%,8岁时达到80%,12岁时达到92%;也就是说,人的智力3/4是在入小学前形成的。这就为早期教育的重要性提供了心理学依据。

进入20世纪80年代以后,婴儿的教育研究成为世界人类发展研究的热点。首先,妇女就业率不断增长,带来婴儿身心发展的新情况,婴儿寄养及托儿所服务等一系列问题亟待解决。其次,随着各国科技竞争加剧,许多国家越来越重视早期教育,这种形式推动了心理、教育学家对于个体早期智力、能力、发展关键期及早期发展等问题的研究。而且,人们认识到要了解人类复杂的意识的内在机制与起源,最好是从研究人类新生儿的行为开始,而不是低级哺乳动物。同时,现代研究技术、手段的产生和发展,丰富和发展了适用于婴儿实验研究的仪器、设备,使婴儿教育研究最终蓬勃发展起来。

教育实践证明,婴儿教育有利于提高学前教育质量和整个国民的素质。随我国社会的发展和进步,独生子女政策的进一步落实,人们格外重视优养优教工作,20世纪80年代以后在许多地方创办了新婚夫妻学校,90年代初创办了妇婴保健院。发达国家都很重视婴儿教育,日本学者就提出0岁教育太晚的主张。世界潜能学权威安东尼·罗宾提出脑潜能储存概念,认为0~3岁对脑潜能的储存,比以后其他智力、体能投资都更重要。

0~3岁婴儿早期教养的重要性已成为世界共识。在我国,0~3岁早期教养也被提上议事日程,作为终身教育体系的重要开端。1999年李岚清同志在全国教育工作会议上明确指出,"要将0~3岁婴儿的教育纳入教育部整个工作计划中。"政府第十五个工作规划又将积极开展学前教育、提高全民素质,写进十五大的政府工作报告中。近年来,北京、上海等地又以立法的形式大力发展0~3岁婴幼儿早期教育。为此,上海实施了托幼一体化的学前教育改革,提出了对0~3岁婴幼儿实施科学的早期教养普及工作。目前,我国婴儿教育已与世界接轨。国务院2001年5月22日发布《中国儿童发展纲要》(2001~2010年)提出了重视发展0~3岁儿童早期教育的目标。劳动和社会保障部组织专家制定了《育婴员国家职业标准》,于2003年2月正式颁布,提出了科学育婴的理念和知识体系以及训练方法,突出了科学性、实用性和可操作性。到2007年4月,上海19个区县都建立了早教指导中心,下设412个指导站;从2007年起,0~3岁婴幼儿家长一年内可获得4次有质量的科学育儿指导,接受指导服务普及率已达到了90%,使25万个0~3岁婴幼儿家庭直接受益。2008年5月8日上海市教委为年轻母亲们送上了一份厚礼,《0~3岁婴幼儿教养方案》修订版正式向社会公布。《方案》首次全面提出了0~3岁早期教养的理念和做法,不仅将成为上海托幼园所的工作指南,也将成为家庭教养的重要参考。其实,为顺应政府和市民对学前教育的要求,更为顺应世界学前教育发展的趋势,在2003年,历时一年,由行政、教研、科研、学前教育和儿童保健专家以及一线教师共同参与研究、编制的《0~3岁早期婴幼儿教养方案》就正式出台,这标志着上海市的学前教育在新世纪里登上了新的台阶,将创造新的辉煌。2004年福州市教育局也将0~6岁列入幼教改革目标,进行教育试点。上海市教委在"十一五"规划中提出,在未来5年内,要采取有力措施,发展0~3岁婴儿教育。《北京市学前教育条例》在全国率先以立法形式把婴幼儿接受教育的法定年龄提前到0岁,目前,北京市教委已委托西南大学编制0~3岁婴幼儿教养大纲,以促进婴儿身心健康成长为目标,开展适宜的教育活动。早期教育已经开始受到父母的重视,"人生头三年,教育最关键","孩子的成功之路始于零岁教育"等零岁教育理论及其宣传,已被人们,尤其是年轻一代家长所认同和接受。这些都必将推动我国婴儿教育的迅速发展。虽然婴儿教育在我国还刚刚起步,但这是一个非常有潜力的事业,我们必将做好这一事业。

思考与作业

1. 婴儿教育的发展经历了哪几个阶段?有何进步?
2. 婴儿教育学的研究任务和内容是什么?
3. 婴儿教育发展的意义是什么?

第二章

教学课件

婴儿教育理论的研究

本章学习重点

1. 蒙台梭利的敏感期理论。
2. 皮亚杰的认知发展理论及脑科学的发展研究。
3. 婴儿教育的可能性和必要性。
4. 了解婴儿语言、感官发展、认知发展等方面的关键期及其对婴儿今后发展的重要意义。

本章学习建议

1. 鉴于本章理论性较强，学生的感性经验少，所以，在学习本章之前应安排学生观察了解身边能接触到的婴儿及查阅相关资料，为其学习奠定基础。

2. 本章重点是理解进行婴儿教育的可能性基础和必要性。建议在教师指导下，以自读、讨论交流为主进行学习。

关于婴儿教育的理论研究开始较早，在第一章中有部分陈述，下面就婴儿教育的可能性和必要性，选取几位教育家的理论和脑科学研究的成果方面作详细介绍。

第一节　蒙台梭利的敏感期理论

敏感期即关键期，敏感期的概念最早出现于实验胚胎学中，此后很快引起了生物学、行为科学和心理学的关注。20世纪30年代，奥地利生物学家洛伦茨发现，小雁、小鸭、小鹅等出生后数小时就能跟随自己的母亲。但是，如果刚出生时就把它们与母亲分开，不久，这些小动物就不会跟随自己的母亲了。这说明动物某些行为的形成有一个关键时期，错过了这个时期，有关行为就再也不能形成。意大利著名教育家蒙台梭利据此发现了儿童的发展存在敏感期。

根据蒙台梭利对婴幼儿的观察与研究，可以归纳出以下九种婴幼儿的敏感期。

1. 语言敏感期（0～6岁）

婴儿开始注视大人说话的嘴型，并发出牙牙学语的声音，就开始了他的语言敏感期。学习语言对成人来说，是件困难的大工程，但婴幼儿很容易学会母语正因为儿童具有自然所赋予的语言敏感力。因此，若孩子在两岁左右还迟迟不开口说话时，应带孩子到医院检查是否有先天障碍。语言能力影响孩子的表达能力。为日后的人际关系奠定良好的基础。

2. 秩序敏感期（2～4岁）

孩子需要一个有秩序的环境来帮助他认识事物、熟悉环境。一旦他所熟悉的环境消失,就会令他无所适从。蒙台梭利在观察中,发现孩子会因为无法适应环境而害怕、哭泣,甚至大发脾气,因而确定"对秩序的要求"是婴幼儿极为明显的一种敏感力。婴幼儿的秩序敏感力常表现在对顺序性、生活习惯、所有物的要求上,蒙台梭利认为如果成人未能提供一个有序的环境,孩子便"没有一个基础以建立起对各种关系的知觉"。当孩子从环境中逐步建立起内在秩序时,智能也因而逐步建构。

3. 感官敏感期(0～6 岁)

孩子从出生起,就会借着听觉、视觉、味觉、触觉等感官来熟悉环境、了解事物。3 岁前,孩子透过潜意识的"吸收性心智"吸收周围事物;3～6 岁则更能具体透过感官判断环境里的事物。因此,蒙台梭利设计了许多感官教具,如听觉筒、触觉板等以敏锐孩子的感官,引导孩子自己产生智慧。家长可以在家中用多样的感官教材,或在生活中随机引导孩子运用五官,感受周围事物,尤其当孩子充满探索欲望时,只要是不具危险性或不侵犯他人他物时,应尽可能满足孩子的要求。

4. 对细微事物感兴趣的敏感期(1.5～4 岁)

忙碌的大人常会忽略周边环境中的细小事物,但是孩子却常能捕捉到个中奥秘。因此,如果您的孩子对泥土里的小昆虫或您衣服上的细小图案产生兴趣时,正是您培养孩子巨细靡遗、综理密微习性的好时机。

5. 动作敏感期(0～6 岁)

两岁的孩子已经会走路,最是活泼好动的时期,父母应充分让孩子运动,使其肢体动作正确、熟练,并帮助左、右脑均衡发展。除了大肌肉的训练外,蒙台梭利则更强调小肌肉的练习,即手眼协调的细微动作教育,不仅能养成良好的动作习惯,也能帮助智力的发展。

6. 社会规范敏感期(2.5～6 岁)

两岁半的孩子逐渐脱离以自我为中心,而对结交朋友、群体活动有了明确倾向。这时,父母应与孩子建立明确的生活规范和日常礼节,使其日后能遵守社会规范,拥有自律的生活。

7. 书写敏感期(3.5～4.5 岁)

8. 阅读敏感期(4.5～5.5 岁)

孩子的书写与阅读能力虽然较迟,但如果孩子在语言、感官肢体等动作敏感期内,得到了充足的学习,其书写、阅读能力便会自然产生。此时,父母可多选择读物,布置一个书香的居家环境,使孩子养成爱书写的好习惯,成为一个学识渊博的人。

9. 文化敏感期(6～9 岁)

蒙台梭利指出幼儿对文化学习的兴趣,萌芽于 3 岁,但是到了 6～9 岁则出现探索事物的强烈要求,因此,这时期"孩子的心智就像一块肥沃的田地,准备接受大量的文化播种"。成人可在此时提供丰富的文化资讯,以本土文化为基础,延伸至关怀世界的大胸怀。

蒙台梭利强调说:"正是这种敏感性,使儿童以一种特有的强烈程度接触外部世界。在这时期,他们容易地学会每样事情,对一切都充满了活力和激情。"同时,儿童不同的内在敏感性使他能从复杂的环境中选择对自己生长适宜和必不可少的东西……使自己对某些东西敏感,对其他东西无动于衷。

可见,儿童绝大多数的敏感期均集中在 3 岁以前。所以,蒙台梭利说:"人类在 3 岁之前获取的知识和能力,相当于成年人花 60 年时间学习获得的知识和能力。"蒙台梭利主张顺应敏感期对婴幼儿进行教育可以取得事半功倍的效果。

第二节 皮亚杰的认知发展理论

瑞士著名心理学家、认知发展学派的创始人皮亚杰是 20 世纪最有影响的儿童心理学家,发生认识论是皮亚杰儿童心理学思想的核心。首先,皮亚杰认为人的认识来源于动作,动作既是感知的源泉又是思维的基础。他认为主体通过动作对客体的适应就是儿童心理(思维、智力、认知等)发展的真正原因。他从生物学的角度,对适应作了具体分析,把适应分为两种类型:同化和顺应。个体通过同化和顺应这两种方式达到机体与环境的平衡,这种不断的平衡—不平衡—平衡……的过程,就是适应的过程,也就是儿童心理发展的实质和原因。皮亚杰认为制约儿童心理发展的因素主要有四个:(1)成熟,主要指神经系统的成熟,这是心理发展的必要条件,但不是充分条件,必须通过机能练习和经验习得才能增强成熟的作用;(2)物理环境,即个体对物体做出动作中的练习和习得经验,这是个体发展中一个主要的必要因素,但也不起决定作用;(3)社会环境,包括社会生活、文化教育、语言等,这种因素指的是社会相互作用和社会传递过程,也是儿童心理发展的必要但不充分条件;(4)平衡,即不断成熟的内部组织和外界环境相互作用的过程,他认为平衡或自我调节是儿童心理发展的最重要因素,即决定因素。

皮亚杰关于认知发展的看法,尤其是关于儿童认知发展的四个阶段始终保持不变:感知运动阶段(0~2岁)、前运算阶段(2~7岁)、具体运算阶段(7~11岁)、形式运算阶段(11岁~成年)。我们认为他的理论可以归纳为四个要点:(1)阶段出现的先后顺序固定不变,不能跨越,也不能颠倒。它们经历不变的、恒常的顺序,并且所有的儿童都遵循这样的发展顺序,因而阶段具有普遍性。任何一个特定阶段的出现不取决于年龄而取决于智力发展水平。皮亚杰在具体描述阶段时附上了大概的年龄只是为了表示各阶段可能出现的年龄范围。事实上,由于社会文化不同,或文化相同但教育不同,各阶段出现的平均年龄有很大差别。(2)每一阶段都有独特的认知结构,这些相对稳定的结构决定儿童行为的一般特点。儿童发展到某一阶段,就能从事水平相同的各种性质的活动。(3)认知结构的发展是一个连续构造(建构)的过程,每一个阶段都是前一阶段的延伸,是在新水平上对前面阶段进行改组而形成新系统。每阶段的结构形成一个结构整体,它不是无关特性的并列和混合。前面阶段的结构是后面阶段结构的先决条件,并为后者取代。

皮亚杰还详细描述了各阶段儿童思维、智力、认知和心理发展的水平与概况,我们这里只介绍皮亚杰关于0~3岁儿童认知发展的理论内容,即前两个阶段。

(一)感知运动阶段(出生~2岁左右)

自出生至2岁左右,是人的智力发展的感知运动阶段。在此阶段的初期即新生儿时期,婴儿所能做的只是为数不多的反射性动作。通过与周围环境的感觉运动接触,即通过他加以客体的行动和这些行动所产生的结果来认识世界。也就是说,婴儿仅靠感觉和知觉动作的手段来适应外部环境。这一阶段的婴儿形成了动作格式的认知结构。皮亚杰将感知运动阶段根据不同特点再分为六个分阶段。从刚出生时婴儿仅有的诸如吸吮、哭叫、视听等反射性动作开始,随着大脑及机体的成熟,在与环境的相互作用中,到此阶段结束时,婴儿渐渐形成了随意有组织的活动。下面简介六个分阶段。

1. 第一分阶段(反射练习期,出生~一个月)也即本能阶段。婴儿出生后以先天的无条件反射适应环境,这些无条件反射是遗传决定的,主要有吸吮反射、吞咽反射、握持反射、拥抱反射及哭叫、视听等动作。通过反复地练习,这些先天的反射得到发展和协调,发展与协调意味着同化与顺应的作用。皮亚杰详细观察了婴儿吸吮动作的发展,发现了吸吮反射动作的变化和发展。例如,母乳喂养的婴儿,如果又同时给予奶瓶喂养,可以发现婴儿吸吮橡皮奶头时的口腔运动截然不同于吸吮母亲乳头的口腔运动。由于吸吮橡皮奶头较省力,婴儿会出现拒绝母乳喂养的现象,或是吸母乳时较为烦躁。在推广母乳喂养过程中应避免给婴儿吸橡皮奶头可能正是这一原因。从中也可以看出婴儿在适应环境中的智力增长:他愿吸省力的奶瓶而不愿吸费力的母乳。

2. 第二分阶段(习惯动作和知觉形成时期1~4、5个月)

在先天反射动作的基础上,通过机体的整合作用,婴儿逐渐将个别的动作联结起来,形成一些新的习惯。例如,婴儿偶然有了一个新动作,便一再重复,如吸吮手指、手不断抓握与放开、寻找声源、用目光追随运动的物体或人等等。行为的重复和模式化表明动作正在同化作用中,并开始形成动作的

第二章 婴儿教育理论的研究

结构,反射运动在向智慧行动过渡。由于行为并没有什么目的,只是由当前直接感性刺激来决定,所以还不能算作智慧行动。但是,婴儿在与环境的相互适应过程中顺应作用也已发生,表现为动作不完全是简单的反射动作。

3. 第三分阶段(有目的动作逐步形成时期,4、5～9月)

从4、5月开始,婴儿在视觉与抓握动作之间形成了协调,以后儿童经常用手触摸、摆弄周围的物体,这样一来,婴儿的活动便不再限于主体本身,而开始涉及对物体的影响,物体受到影响后又反过来进一步引起主体对它的动作,这样就通过动作与动作结果造成的影响使主体对客体发生了循环联系,最后渐渐使动作(手段)与动作结果(目的)产生分化,出现了为达到某一目的而行使的动作。例如一个多彩的响铃,响铃摇动发出声响引起婴儿目光寻找或追踪。这样的活动重复数次后,婴儿就会主动地用手去抓或是用脚去踢挂在摇篮上的响铃。显然可以看出,婴儿已从偶然地无目的地摇动玩具过渡到了有目的地反复摇动玩具,智慧动作开始萌芽。但是,这一阶段目的与手段的分化尚不完全、不明确。

4. 第四分阶段(手段与目的分化协调期,9～11、12月)

这一时期又称图式之间协调期。婴儿动作目的与手段已经分化,智慧动作出现。一些动作格式(图式)被当作目的,另一些动作格式则被当做手段使用。如儿童拉成人的手,把手移向他自己够不着的玩具方向,或者要成人揭开盖着玩具的布。这表明儿童在做出这些动作之前已有取得物体(玩具)的意向。随着这类动作的增多,儿童运用各动作格式之间的配合更加灵活,并能运用不同的动作格式来对付遇到的新事物,就像以后能运用概念来了解事物一样,婴儿用抓、推、敲、打等多种动作来认识事物,表现出对新的环境的适应。儿童的行动开始符合智慧活动的要求。不过这阶段婴儿只会运用同化格式中已有的动作格式,还不会创造或发现新的动作顺应世界。

5. 第五分阶段(感知动作智慧时期,12～18月)

皮亚杰发现,这一时期的婴儿能以一种试验的方式发现新方法达到目的。当儿童偶然地发现某一感兴趣的动作结果时,他将不只是重复以往的动作,而是试图在重复中作出一些改变,通过尝试错误,第一次有目的地通过调节来解决新问题。例如,婴儿想得到放在床上枕头上的一个玩具,他伸出手去抓却够不着,想求助爸爸妈妈可又不在身边,他继续用手去抓,偶然地他抓住了枕头,拉枕头过程中带动了玩具,于是婴儿通过偶然地抓拉枕头得到了玩具。以后婴儿再看见放在枕头上的玩具,就会熟练地先拉枕头再取玩具。这是智慧动作的一大进步。但是,儿童不是自己想出这样的办法,他的发现是来源于偶然的动作。

6. 第六分阶段(智慧综合时期,18～24月)

这个时期儿童除了用身体和外部动作来寻找新方法之外,还能开始"想出"新方法,即在头脑中用"内部联合"方式解决新问题,例如把儿童玩的链条放在盒子内,如果盒子打开不大,链条能看得见却无法用手拿出,儿童于是便会把盒子翻来覆去看,或用手指伸进缝道去拿,如手指也伸不进去,这时他便会停止动作,眼睛看着盒子,嘴巴一张一合做了好几次这样的动作之后突然他用手拉开盒子口取得了链条。在这个动作中,儿童的一张一合的动作表明儿童在头脑里用内化了的动作模仿盒子被拉开的情形,只是他的表象能力还差,必须借助外部的动作来表示。这个拉开盒子的动作是儿童"想出来的"。当然,儿童此前看过父母类似的动作,而正是这种运用表象模仿别人做过的行为来解决眼前的问题,标志着儿童智力已从感知运动阶段发展到了一个新的阶段。

感知运动阶段,儿童智慧的成长突出地表现在三方面:(1)逐渐形成物体永久性(不是守恒)的意识,这与婴儿语言及记忆的发展有关,物体永久性具体表现在:当一个物体(如爸爸妈妈、玩具)在他面前时,婴儿知道这个人或物,而当这个物体不在眼前时,他能认识到此物尽管当前摸不着、看不见也听不到,但仍然是存在的。爸爸妈妈离开了,但婴儿相信他们还会出现,被大人藏起的玩具还在什么地方,翻开毡子,打开抽屉,还应可找到。这标志着稳定性客体的认知格式已经形成。近年的研究表明,儿童形成母亲永久性的意识较早,并与母婴依恋有关。(2)在稳定性客体永久性认知格式建立的同时,儿童的空间—时间组织也达到一定水平。因为儿童在寻找物体时,他必须在空间上定位来找到它。又由于这种定位总是遵循一定的顺序发生的,故儿童又同时建构了时间的连续性。(3) 出现了因果性认识的萌芽,这与物体永久性意识的建立及空间—时间组织的水平密不可分。儿童最初的因果性认识产生于自己的动作与动作结果的分化,然后扩及客体之间的运动关系。当儿童能运用一系列协调的动作实现某个目的(如拉枕头取玩具)时,就意味着因果性认识已经产生了。

（二）前运算阶段（2 岁～　 ）

与感知运动阶段相比,前运算阶段儿童的智慧在质方面有了新的飞跃。在感知运动阶段,儿童只能对当前感觉到的事物施以实际的动作进思维,于阶段中、晚期,形成物体永久性意识,并有了最早期的内化动作。到前运算阶段,物体永久性的意识巩固了,动作大量内化。随着语言的快速发展及初步完善,儿童频繁地借助表象符号(语言符号与象征符号)来代替外界事物,重视外部活动,儿童开始从具体动作中摆脱出来,凭借象征格式在头脑里进行"表象性思维",故这一阶段又称为表象思维阶段。前运算阶段,儿童动作内化具有重要意义。为说明内化,皮亚杰举过一个例子:有一次皮亚杰带着 3 岁的女儿去探望一个朋友,皮亚杰的这位朋友家也有一个 1 岁多的小男孩,正放在婴儿围栏中独自嬉玩,嬉玩过程中婴儿突然跌倒在地下,紧接着便愤怒而大声地哭叫起来。当时皮亚杰的女儿惊奇地看到这情景,口中喃喃有声。三天后在自己的家中,皮亚杰发现 3 岁的小姑娘似乎照着那 1 岁多小男孩的模样,重复地跌倒了几次,但她没有因跌倒而愤怒啼哭,而是咯咯发笑,以一种愉快的心境亲身体验着她在三天前所见过的"游戏"的乐趣。皮亚杰指出,三天前那个小男孩跌倒的动作显然早已经内化于女儿的头脑中去了。

在表象思维的过程中,儿童主要运用符号(包括语言符号和象征符号)的象征功能和替代作用,在头脑中将事物和动作内化。而内化事物和动作并不是把事物和动作简单地全部接受下来而形成一个摄影或副本。内化事实上是把感觉运动所经历的东西在自己大脑中再建构,舍弃无关的细节(如上例皮亚杰的女儿并没有因跌倒而愤怒啼哭),形成表象。内化的动作是思想上的动作而不是具体的躯体动作。内化的产生是儿童智力的重大进步。2～4 岁儿童处于前概念或象征思维阶段。这一阶段的产生标志是儿童开始运用象征符号。例如,在游戏时儿童用小木凳当汽车,用竹竿做马,木凳和竹竿是符号,而汽车和马则是符号象征的东西。也就是说,儿童已能够将这两者联起来,凭借符号对客观事物加以象征化。客观事物(意义所指)的分化,皮亚杰认为就是思维的发生,同时意味着儿童的符号系统开始形成了。

语言实质上也是一种社会生活中产生并约定的象征符号。象征符号的创造及语言符号的掌握,使儿童的象征思维得到发展。但这时期的儿童语词只是语言符号附加上一些具体词缺少一般性的概念,因而儿童常把某种个别现象生搬硬套到另一种现象之上,他们只能作特殊到特殊的传导推断,而不能从一般到特殊的推理。从这个时期儿童常犯的一些错误可以看出这点。例如,儿童认识了牛,他也注意到牛是有四条腿的大动物,并且儿童已掌握"牛"。又如,儿童看到别人有一顶与他同样的帽子,他会认为"这帽子是我的"。他们在房间看到一轮明月,而一会儿之后在马路上看到被云雾遮掩的月亮,便会认为天上有两个月亮。

总结起来,前运算阶段的儿童认识活动有以下几个特点:(1) 相对的具体性,借助于表象进行思维,还不能进行运算思维。(2) 思维的不可逆性,缺乏守恒结构。(3) 自我中心性,儿童站在自己经验的中心,只有参照他自己才能理解事物,他认识不到他的思维过程,缺乏一般性。他的谈话多半以自我为中心。(4) 刻板性,表现为在思考眼前问题时,其注意力还不能转移,还不善于分配;在概括事物性质时缺乏等级的观念。

第三节　其他相关理论发展

一、布鲁姆发展速率论

美国著名心理学家布鲁姆根据对千余名儿童从出生到成年多年观察追踪,研究发现:人类的智力发展具有先快后慢的特点,5岁前为智力发展最迅速时期,如果把人17岁时获得的全部智力用100%来表示,那么其中约有50%是在4岁以前获得的,30%是在4~8岁间获得的,剩余的20%则在8~17岁间获得。因此,人生最初4年的智力发展,等于此后13年发展的总和。

由此说明,婴幼儿时期是人智力发展的"关键期",所以要不失时机地从零开始就对孩子加强教育。

二、脑科学研究及其理论的发展

现代科学技术的发展对人的研究越来越广泛和深入,特别是对人脑发育的研究更为引人注目。美国底特律市韦恩州立大学儿科神经生物学家哈利·丘加尼教授利用"正电子发射计算体层摄影"技术,对婴儿大脑进行扫描观察,发现婴儿脑部的各个区域在出生后一个接一个地活跃起来,又一个接一个地互相联系着。就像入夜的城市,一家又一家地亮起了电灯,一盏又一盏的电灯连成一大片那样壮观。这就为我们证实人生头三年的经历是人一生发展的关键时期而提供了重要的依据。

(一)婴幼儿大脑高级神经网络的构建

近百年来,科学家们从各自不同的领域对人脑进行了大量的研究和探索,特别是对人最初几年里大脑的发育与其机能发展,是如何建立起一个复杂联系的、有良好回旋路线的神经网络加深了认识。

当婴儿出生时,大脑已完全具备了控制生命的功能,但高级神经网络却刚刚开始发展。婴儿大脑里的一千亿个神经细胞将不断地产生脑神经细胞的联系,这种联系在第一个月里就能增长20倍。

然而,脑神经细胞的联系是通过各种图像、声音、语言、表情以及与人的交往等早期经验而获得和增强的。

当小婴儿注视着某一物体(如杯子)的时候,婴儿眼睛的一个神经细胞就与视觉皮层的另一个神经细胞联系起来,所看到的杯子的影像,将在婴儿的大脑中刻下永久的记忆。如果在婴儿看着杯子,又听到"杯子"这两个声音时,耳朵的一个神经细胞就会产生一种大脑化学物质——"神经递质",将"杯子"这两个音的信号传输到大脑听觉皮层的另一个神经细胞,如此反复多次后,婴儿的这一组神经细胞就永远地把"杯子"这两个音记录下来。与此同时,婴儿大脑视觉区记录"杯子"影像的脑神经细胞和大脑听觉区记录"杯子"声音的脑神经细胞也会建立起一个信息传递的通道,以后在相关的情景中婴儿的大脑就能产生有机的联系了。

科学家们通过实验发现了大脑有"用则进,废则退"的原理,认为产生于不同时间、在大脑不同区域的脑神经细胞联系,既能形成也会退化。大脑内不断受到刺激的神经细胞有着很强的反映性,它们以形成可回旋的神经网络来反映着一个人早期所接触过的、外部环境中所发生的各种情况。未能得到早期经验强化的神经细胞就会消失,得到早期经验的强化的神经细胞则能成为永久性的联系。

婴幼儿早期的各种生活经验,如能不断地为其提供丰富的感知各种事物的机会,大脑内能较好地进行复杂联系的、有回旋路线的神经网络就不断地形成,这将是婴幼儿一生发展的一个良好的开端。

(二)婴幼儿大脑发展的关键期

正是由于婴幼儿在其不断地看、听、说和运动、触摸等早期经验中建构起高级神经网络,使婴幼儿大脑中视觉、听觉、语言和运动等不同的区域,得以胜任其日后的发展。但是,脑部高级神经网络的建构是有一定期限的,不同区域的脑神经网络有着不同的构建期,并会在不同的时期达到成熟。因而,婴幼儿在其早期的生活经验中不同的年龄对各种事物有着一定的敏感性——我们经常说的"学习关键期",它能帮助婴幼儿不同区域的脑神经网络的发育与成长。

研究表明:听觉、视觉、简单词汇、情绪控制、人际关系等能力的习得在0~2岁是关键时期。特别是视觉皮层的脑神经网络联系,在3个月时达到最高峰,大脑开始对视觉进行微调,婴儿的眼睛能聚焦在某一物体上,也就是说婴儿开始看清东西了。

英国伦敦大学伯贝克学院的科学家利用高科技"头发网罩",结合电脑游戏进行的一项观察婴儿大脑活动的新研究显示,婴儿7~8个月时能在大脑中把一个视觉对象的不同特征归结起来,组成完整的形状的能力,说明他们的双眼能"立体"地将看到的东西传送到大脑中,视觉能力的发展关键过程就发生在1岁前的婴儿时期。婴幼儿口头语言、对事物的认识、对数学—逻辑的感知在1~3岁是发展的关键时期,他们很喜欢模仿成人的发音、学习词汇和语句,用口语表达自己的意愿,并主动地与人交流,总爱问"这是什么""为什么"。而书面语言、第二语言、音乐、四肢协调能力和肌肉运动能力等在3~6岁时是学习的关键时期。

人的大脑的构建和发育,有自己的时间表,在婴幼儿各种学习的关键时期给予最好的、最丰富的、最适宜的刺激,他们能通过富有弹性的神经系统,非常出色地以"直观记忆的图像式学习",如同摄像机一样能把他所看到的、听见的、接触过的东西记录下来,形成有回路的高级大脑神经网络。随着婴幼儿大脑发育的不断成熟,这种神经系统的可塑性就会逐渐地降低。

我们重视婴幼儿的早期教育,也正是因为婴幼儿大脑发育过程中有最佳敏感期的特点,从一出生就对其施行适宜的刺激,在他们生长最初的几年里,建立起对大自然、对人类社会的高级大脑神经网络,为将来的学习与发展奠定坚实的基础。

(三)婴幼儿心智发展与其大脑发育的同步性

人的心智活动是人脑的机能,是大脑对客观世界的反映。人类科学技术的高速发展,使我们能更进一步地了解人类自己的发展。科学家们不管是从生理学还是从心理学的角度去研究,竟都发现了婴幼儿心智发展与其大脑发育的"同步性"这一规律。

科学家发现,婴儿时期大脑形态的发育会影响和制约其机能的发展。

新生婴儿的大脑重量为350~400克,是成人脑重的25%;6个月时婴儿的大脑重量为700~800克,是成人脑重的50%;1岁时婴儿的大脑重量为800~900克,是成人脑重的60%;2岁时婴幼儿的大脑重量为1 050~1 150克,是成人脑重的75%;3岁时婴幼儿的大脑重量已达1 150~1 200克,是成人脑重的80%;4~5岁幼儿的大脑重量发育开始变慢,直到14、15岁时才与成人的脑重基本相同,达1 400克。单从脑重的变化速度看,婴幼儿大脑发育是先快后慢的,4岁前是人的大脑发育最重要的时期。

通过以上人的大脑发育和人的智能发展的数据我们可以看到,婴幼儿心智的发展与其大脑的发育是同步的。这一"同步性"规律给我们提供了一个科学的信息:人的大脑、神经系统和感官的活动,是人们进行心智活动的基础,人脑对客观事物的反映影响了其心智发展的速度。

大脑和神经系统在人生的最初几年里的发育速度惊人,应重视婴幼儿的早期教育与大脑的潜能开发,给婴幼儿的大脑提供最需要的营养——及时的、适宜的、丰富的刺激,使婴幼儿能更好地发展。

我们对婴幼儿进行早期教育,正是基于婴幼儿自身发展的需要和生长发育过程中大脑潜能开发的需要,利用婴幼儿身边的事物,对他们进行"怡情"、"博采"、"长才"、"增智"的全面教育,让婴幼儿在各方面得到应有的、全方位的、反复的锻炼,使大脑中相应的神经细胞之间的联络更加活跃,形成良好的、畅通无阻的大脑信息传递通道和反应回路。

(四)大脑的分工与合作

近年来,科学家对人的大脑机能进行了大量的研究,其中"大脑两半球分工说"是20世纪最盛行的脑功能理论。大脑的显著特征是左右两半球在功能上是有分工的,这种分工使其主管着不同的肢体活动、行为方式和心理过程。

具体地说:人脑的左半球是理性的脑、语言的脑,是阅读、记忆、书写和逻辑思维的脑,负责抽象思维、推理运算和概念整理等;人脑的右半球是感性的脑、有创意的脑,专门负责形象的学习、图形的识别、空间知觉、音乐、美术等综合性活动。

大脑两半球只是在分工上有所不同,并没有优劣之分,而且是相对的。人的大脑神经网络对不同的外界刺激所传来的不同信息,是通过交互的方式而联系起来的,并互相发生作用,这种联系和作用可能在大脑的同一个区域中发生,也可能在不同的区域中发生。大脑两半球的功能各司其职又互相配合,形成一个协调的、统一的指挥中心。

然而,能促进婴幼儿的大脑神经细胞的联系,促进大脑两半球形成互相协调统一功能的各种环境、人物、事物,以及婴幼儿与生活中的人、事、物交往等早期经验,正是婴幼儿发展所需要的,也正是新时期要求我们教育为婴幼儿准备的,包括早期的情感经验、社交经验、智慧发展在内的"情感、态度、能力、知识、技能"等多方面的教育内容。

当今医学、脑科学、心理学的研究揭示了人脑细胞的联结网络,脑在个体发育中的不同功能发展的关键期,人的脑发育与人的心智发展的同步性,以及大脑的分工与合作的协调性等秘密,这给我们进行婴幼儿的早期教育很大的启发,也有着非常重要的意义。

脑科学的研究同时也证明了婴幼儿不同的生活经验所确立的脑神经联系网络是不同的,没有两个婴幼儿会拥有完全相同的生活经验,因此也没有两个完全相同的大脑组织结构。所以,我们所面对的婴幼儿是有一定的差异的,他们有自己的行为理由、有自己的活动方式、有自己的学习特点、有自己的思维逻辑。婴幼儿的发展是一个主动地与周围环境发生作用的,由小到大、由简单到复杂、由低级到高级的变化过程,这不仅是一种量的变化,更为重要的是在于婴幼儿自身的质的变化。

今天,我们对婴儿进行早期教育,就应从婴儿的生活出发,构建一种对婴儿有意义的、真实的、开放的、自然生态的课程,提供多种健康的、丰富的生活和积极的、多样性的、富有营养的、充满刺激的、能产生交互作用的活动环境,来满足他们多方面发展的需要,使他们在快乐的童年生活中获得有益于身心发展的经验。通过各种活动帮助婴幼儿进行"量"的学习,并通过有意义的学习,实现婴儿"质"的发展,体现全面性教育的真正价值。

前苏联教育家马卡连柯曾指出:"教育的基础主要是在 5 岁以前奠定的,它占整个教育过程的90%,在这以后教育还要继续进行,人还在进一步成长、开花、结果。而您精心培育的花朵在 5 岁以前就已经绽蕾。"从脑神经学、心理学和教育学对早期教育的研究成果来看:对婴幼儿实施科学的早期教育,符合婴幼儿身心发展规律,并且让婴幼儿终身受益。教育应该从零岁开始。所以,我们要从生命形成的那一刻起,就为孩子不断创造每个阶段生存和发展所需要的环境刺激,让孩子生理、心理和行为产生相互作用,刺激孩子的发展。只有从零岁开始的教育,才是不失时机的教育,才是完整教育的开始!意大利著名的教育家蒙台梭利说:"人类在 3 岁前吸收获取的知识和能力,相当于成人花 60 年时间学习获得的知识。"俄罗斯著名教育家尼基京提出:儿童的发展取决于出生后外部环境的影响,0~3 岁的教育对人一生的发展有着深远的影响。乌克兰教育协会专家提出:国家如能重视早期教育,就体现了这个国家的教育成就。这一切都证明 0~3 岁婴儿时期是人生成长的关键时期,这一时期不仅是心理发展的敏感期,更是心理发展的最佳年龄期。

掌握有关 0~3 岁婴儿成长发展的规律,以各年龄段发展的特点为依据确定适当的教育内容和方法,就能正确地组织各项活动,就能科学地实施早期教育,有利于促进婴幼儿的心理发展。然而,这一切,在当今时代、在社会上及广大家长中的认识程度是参差不齐的。主要表现在:(1)有些家长认为对 0~3 岁婴幼儿来说,他们的主要任务是生长发育,是长身体,等他们会说话会走路之后再进行教育也不迟,这部分家长主要还没有正确认识到 0~3 岁阶段婴幼儿发展的重要性。(2)有些家长认为现在只有一个孩子,一切都应该提供最好的,他们不仅提供孩子成长发展所需要的各种物质条件,并往往从自己的理解、自己的兴趣出发,这部分家长主要是凭经验对孩子实施所谓的教育,因此他们实施的所谓教育带有极大的盲目性和随意性。(3)更多的年轻父母由于不了解孩子,不了解孩子的成长规律,而且在婴儿的成长教育过程中又缺乏专门的机构进行指导,因此未能和婴儿一起共同成长,无形中丧失了教育的良机。据有关方面的最新调查,当前仍有 70%~80% 的 0~3 岁婴幼儿处于居家散养状态,未享受到专业化的早期教育,这显然不利于早期教育的早期实施。针对婴幼儿早期教育资源的缺乏和力量单薄的特点,研究婴幼儿的生理、心理发展特点,指导父母进行有目的、有针对性的教育,普及 0~3 岁婴幼儿与其父母的受教育率,培养大批懂得婴幼儿教育的专业人员是当前 0~3 岁婴幼儿教育的当务之急。

在我国,0~3岁早期教养已提上议事日程。作为终身教育体系的重要开端,0~3岁教育既是我国早期教育发展的实际需要,也是必然趋势;0~3岁婴儿早期教养的重要性已成为世界共识。2001年,国家教育部颁发的《幼儿园教育指导纲要(试行)》明确指出幼儿园教育要与0~3岁儿童的保育、教育相互衔接;北京市将0~3岁婴儿教育列入北京"十五"教育规划,争取2005年婴幼儿受教育率达90%;上海市正式启动"0岁教育"工程;全国妇联拟在全国范围内开展"中华育婴工程"……全国"0~3岁教育工程"相继启动。世界上许多国家都对早期教育给予了高度重视并开展了专项研究。在新西兰,1993年启动了3岁前婴幼儿发展与教育的国家计划——"普鲁凯特计划",主要研究0~3岁儿童早期教育,现已取得了重要的研究成果。欧美一些国家流行的"HEAD START"即"头脑启动"计划,也是针对0~3岁儿童早期教育的研究。现在美国的一个州已有专门立法,规定了6个月以下的婴幼儿必须由父母亲自抚养,不能送出去由他人代养,从而使幼儿与父母建立初步的亲子关系,为早期婴幼儿教育打下基础。秘鲁则建立了面向3岁婴幼儿的"娃娃之家"工程,专门对3岁前的婴幼儿进行早期教育。地处非洲的加纳启动了一个以《儿童不能等待》为题的0~6岁儿童发展计划,对该阶段的儿童进行系统的教育,该计划已经被列入国家行动计划。针对我国婴儿生长发育的特点和规律,我们应如何进行这项伟大的工程,值得我们积极探索。

思考与作业

1. 关于婴儿教育的可能性和必要性有哪些理论研究基础?
2. 婴儿语言、感官发展的关键期对其以后发展有何意义?
3. 阐述皮亚杰的早期教育理论,并讨论其对婴儿发展的影响。
4. 脑科学的进步给我们尽早教育婴儿提供了什么依据? 你对此有何看法?

第二章 婴儿教育理论的研究

第三章

教学课件

婴儿教育的原则和方法

1. 阐述婴儿教育应遵循的主要原则和采用的基本方法。

2. 介绍各种原则和方法的基本含义、贯彻这些原则的基本要求及运用不同方法进行婴儿教育引导的注意事项等。

本章学习建议

1. 本章重点是理解掌握婴儿教育的原则和方法,通过教师讲解和阅读交流的方式深入理解各原则、方法的运用要求。

2. 结合学生生活实际及联系婴儿成长的生活实际进行理解学习,增强学生理解效果。

3. 学生可根据教师准备的教学录像案例,具体研讨与分析各年龄段婴儿教育问题,探讨婴儿教育原则和方法的可行性。

随着经济社会的飞速发展,0～3 岁儿童的教育越来越被人们所重视。广大教育工作者对婴儿期教育的各个方面进行了有益的探索,尤其是亲子教育等方面更有巨大的收获。人们都知道,教育是有规律可循的,要想取得良好的教育效果,每位教育者(包括孩子家长)都应提高自身的素质,特别是要掌握婴儿教育的原则和方法,更高效地指导自身的教育实践。

第一节 婴儿教育的基本原则

婴儿教育原则是人们在总结婴儿教育经验的基础上,根据相应的教育目的和对婴儿教育活动规律的认识而制定的,是婴儿教育活动中必须遵循的基本要求和行动准则。正确理解和掌握这些原则,是做好婴儿教育的前提条件。

一、自然性原则

自然性原则,指教育应尊重并顺应婴儿的自然特点,不依照主观意志立足改变和颠覆婴儿成长。人们对自然的理解很多,《辞海》中对自然的释义:"首要的是'非人为的'。自指自己,非他因而自有;然指这样,这样的状态。"自然指相对于人主观意识的客观存在。《道德经·二十五章》写道:"人法地,地法天,天法道,道法自然。"亚里士多德第一个提出了教育应适应人的自然发展的原则。17 世纪捷克教育家夸美纽斯在《大教学论》中,提出自然适应性原则,此原则贯穿其整个教育体系。其所说的"自然"指:自然界的普遍法则及人与生俱来的天性和身心发展规律。

现在流行一句话:"人不能输在起跑线上",使得很多家长和教育工作者把所有的期望和想法都加在孩子身上,忽视了孩子客观自身条件。对婴儿的教育必须注重自然性原则,才能取得事半而功倍的教育效果。自然性原则的具体内容包括以下五点。

(1)要了解婴儿生长发育的客观规律。婴儿生长发育的不同特点,为婴儿教育提供了前提条件,教育工作者必须首先了解婴儿生长发育的特点,包括身体发育和心理发育的特点,如6个月的孩子能坐起,给孩子准备的游戏就要考虑6个月的特点等等。

(2)要尊重不同婴儿的个性特点。婴儿期孩子已表现出明显的个性差异,有的沉稳、有的急躁;有的兴奋,有的冷静;有的活泼好动,有的孤僻淡漠。教育工作者应当尊重儿童的个性特点,有针对性地采取相应的教育方式,达到最优化的教育目的。

(3)教育内容应是婴儿经过努力能够达到的。每个人都希望孩子成才,但任何事情都应当是渐进的,不能急于求成,在对婴儿进行教育的时候,不同阶段的教育内容不同,但必须是婴儿稍做努力就能够达到的,不能强求婴儿做达不到的事情,否则既没有教育效果,也会因不良的情绪反应引起婴儿对教育极端不良的深刻印象,影响以后的教育效果。

(4)以不让婴儿感受任何压力为标准。教育虽然是有计划、有组织、有目的的,但在教育婴儿过程中,无论家庭还是育婴园所,都以不让婴儿感受任何压力为标准,使婴儿感受在自然情况下的渗透影响,自然而然地受到教育,得到培养和提高。

(5)教育者的心态应自然。0~3岁的婴儿,已经是一个独立的个体,有不同的年龄特征,每天都在进步,教育者在对待婴儿成长进步的过程中要有自然的心态,不能立足于精英和天才教育,毕竟平凡的孩子是多数。平常心态决定了教育者对受教育对象不急躁、平和的态度。教育者应立足让婴儿健康平凡快乐地成长,这样不易使婴儿有压力,也不易产生挫折感。

在贯彻自然性原则时,我们应注意以下五点。

(1)因材施教。在教育过程中,教育者根据婴儿的认知水平、不同特点以及自身素质,选择适合的方法,有针对性的教育,促进婴儿的全面进步。在教育教养过程中,教育者应注重观察、了解、总结婴儿的特点,对其身心全面了解,并因龄、因性(性别、性格)、因能而采取不同的教育。同时,教育者要对自身的特点和优势有清醒的认识,选择适合自身特点的教育方法,才能发挥效果。

(2)循序渐进。婴儿的发展不是一蹴而就的,发展的过程可能很缓慢,教育者应树立循序渐进的思想,按照一定的步骤,逐步深入而提高,要求教育者要有耐心、细心和恒心。

(3)量力而行。婴儿的接受水平有限,教育婴儿要根据婴儿的自身能力而行,不要勉强;同时教育工作者也要根据自己的能力水平量力而行,但不能因为家长文化水平不高就找到"量力而行"这种不教育孩子的借口。

(4)快乐接受。情绪直接影响教育的效果,保持婴儿快乐的情绪非常重要,这要求教育过程中,不能采取粗暴简单的方式,对婴儿进行惩罚批评,应采取有效方式手段,帮助婴儿在生活过程中保持快乐,使其自然而然地受到教育获得提高。

(5)无为而治。抓住教育的点进行渗透教育,不能像幼儿教育那样采取上课多少分钟,教会什么内容为目的,必须以一种隐性的有为,看似无为的方式,让婴儿自然而然地接受教育。

二、关键期原则

关键期原则指教育应抓住婴儿发展的关键时期,有针对性地加以引导和培养,使婴儿发展得到事半功倍的教育效果。关键期是指能力发展的敏感时期,错过敏感时期,则能力很难建立或终生难以获得。人类的某种能力和行为知识的掌握,在关键时期发展最快,最易受影响,如果在这个时期进行正确的教育就会得到事半功倍的效果,而一旦错过这个时期需要花几倍的努力才能弥补,或永远无法弥补。关键期原则具体包括以下四点。

第三章 婴儿教育的原则和方法

（1）教育者要了解0~3岁婴儿发展各阶段的关键期。

根据教育专家的观察与研究,可以归纳出0~3岁婴儿有如下敏感期。

0~2个月,反射敏感期。

3~4个月,抬头翻身关键期。

5~6个月,翻身扶坐期。

7~8个月,爬行扶站期。

9~12个月,初语始步期。

13~18个月,学语指物期。

19~24个月,简单对话期。

25~36个月,自主意识期。

可见,儿童绝大多数的敏感期均集中在3岁以前。所以,顺应敏感期对婴幼儿进行教育可以取得事半功倍的效果。

（2）掌握各种能力培养的方法手段。人的各种能力培养方式方法手段不同,在教育过程中必须熟知各种能力培养的方法手段,以便更好地结合关键期进行更有效的教育活动。

（3）善于发现婴儿的特殊才能。发现是指人们对客观存在的和客观事物的现象、本质和规律的第一次认识。教育者在教育教养过程中,要善于发现婴儿的特殊才能,以期最佳化地利用好关键期的教育,使婴儿得到个性化的全面发展。

（4）关键期教育不是每个阶段只有一种教育,而是突出某一方面的教育。

关键期并不是泾渭分明互不联系的,很多时候是交织在一起的。因此,关键期的培养不是每个阶段一个教育内容和重点,而是多个重点或某方面突出。教育者要学会“弹钢琴”,把教育主题协调安排好,使每种目标都能达到最优化。

教育者要紧紧抓住每种能力的发展关键期,适度加以引导和培养,在贯彻关键期原则时,要做到以下四点。

（1）多看。这包括看婴儿的各种表现,学习各种先进的教育理念。看婴儿的表现可以帮助教育者及时发现孩子的敏感性行为出现的时期,不错过教育的良机。学习新的教育理念可以帮助我们观察得更细致,指导得更到位。

（2）多听。教育者不可能24小时跟随婴儿,要养成多听婴儿陪护者表述的习惯,及时了解自己不在婴儿身边时婴儿的种种表现,更全面地了解婴儿的发展,使教育更有针对性。

（3）多想。要善于思考,善于通过表面现象发现本质的变化,听到和看到的东西不能一闪就过去了。要善于把学到的东西和生活中的实际相结合,创新教育手段和方式,多动脑思考适合自己孩子的教育方式方法。

（4）多动。养成动手的习惯,多写心得体会,多记婴儿表现,多投入与婴儿的共同活动。使婴儿的教育成体系,更实际,效果更明显。

三、一致性原则

一致性原则指对婴儿教育影响的各方面因素(要求、内容、态度、方法等)之间相互配合,相互统一,连贯一致地达到教育最优化。

任何一种教育,都有它的连续性和一贯性,在婴儿教育中,要想实现预想的目标,收到预期的效果,必须贯彻一致性原则,具体内容包括以下四点。

（1）与国家社会对人才培养的要求一致。教育工作者应明确国家、社会对人才培养的基本目标和要求,使自身培养的基本目标和要求与国家社会相统一,才能培养出符合需要的人才。这要求教育者应熟知教育方针、政策,认真分析社会发展的特点及对人才个体的要求。时代不断发展,对人才的需求水平和要求也在不断变化,学习和理解应是经常性的要跟上时代的进步。

（2）教育者之间的一致性。教育者指婴儿的家庭成员、看护人员及育婴园所的教师,他们之间必须保持教育的一致性,才能保证宝宝健康成长。婴儿期宝宝对周围接触的人都有很强的学习性,教育者在对婴儿的培养目标、方向、方式、方法、关爱程度上必须保持一致性,不能各自为政互相抵消,使婴儿无所适从,影响其发展。

（3）教育者本身教育方法方式、理念的一致性。对婴儿的教育应是有目的、有计划、系统进行的,不能临时起意、随心所欲和盲目跟从。教育者本身一定要有良好系统的设计,并保持方法方式和教育理念上的一致,避免前后矛盾。

（4）教育过程的一致性。教育者根据婴儿的身心发展特点,在指导婴儿掌握技能、发展能力、培养道德、形成习惯的过程中,各种影响因素应是一致的,选择的教具、使用的方法、适用的场合等应一致,以达到教育过程的最优化。

婴儿的吸收能力超越人们的想象,身边的人、事、物都会不同时间、场合、强弱地刺激影响着婴儿的发展,为使诸方面因素相互统一、连续一致地在婴儿全面发展的过程中发挥积极作用,要求做到以下六点。

（1）善于沟通。沟通是人与人之间、人与群体之间思想与感情的传递和反馈的过程,以求达成思想一致和感情畅通。教育者应善于沟通,使自己的观点、理念、方式、方法被其他教育者认同,经常讨论宝宝的成长,碰到问题或存在不同意见时要静心谈话以达成一致。

（2）制定教育方案。对婴儿的发展家长和教育者应制定教育方案,就培养目标、培养方向、培养方式及影响诸因素的分析利用进行系统的思考,制订的方案要根据实际情况及时修正,大家认同的教育方案保证了各成员在教育过程中的一致。

（3）记录教育日志。婴儿的变化每天都是巨大的,很多教育者反映,时间一长就忘记了前面阶段孩子的变化,俗话说:"好记性不如烂笔头",给宝宝记教育日志的方式是保证教育一致性的关键,定期翻看教育日志,对宝宝的问题、反映可以准确无误。同时,宝宝教育日志也是送给宝宝成长的最佳礼物。

（4）做好教育档案的整理。教育过程中除宝宝日志外,应注重给宝宝定期留下声、像等资料,并定期整理分析,注意写清时间以便更好地区分变化。教育者要掌握一点档案管理的常识。

（5）勤奋学习,不断提高自身教育理念的科学性。做为教育者应不断地学习,丰富自身的教育理论,掌握最新的教育方式、方法,紧跟时代的进程,不断提高自身素质,为宝宝的教育成功奠定了基础。

（6）克服教育的临时性、随意性和盲目性。教育过程中要注意克服教育的临时性、随意性和盲目性。有的教育者三分钟热情,一时冲动的现象时有发生,表现为一段时间注重教育,一段时间不闻不问,有的人觉得他人的做法不错,不考虑自己宝宝的特点,无针对性地借鉴,这些都不利于宝宝的全面发展。

四、趣味性原则

趣味性原则指教育者通过领导和引领能够使婴儿感到愉快,引起兴趣并获得发展。

兴趣是一个人倾向于认识、研究和获得某种事物的心理特征,是人求知的前提。0～3岁婴儿由于其身心发展特点,表现出对周围事物浓厚兴趣,这为婴儿的发展提供了前提条件。但是,婴儿因兴趣的"广泛"极易分散注意力,对婴儿进行教育时必须贯彻趣味性原则,以期有目的、有计划地吸引婴儿的注意力。趣味性原则内容包括以下三点。

（1）教育内容选择要富于趣味性。为达到教育目的而实施的各方面教育都要富于趣味性,能极大地引起婴儿的兴趣,形成探究的倾向。不能把教育内容刻板化固定化,应及时调整婴儿不感兴趣的内容,使教育能够进行下去,产生效果。注意避免婴儿只要不感兴趣就换内容,要树立引导其产生兴趣的理念。

（2）教育方法选择要富于趣味性。教育选择富于趣味性的方法会使婴儿教育达到事半功倍的效果。应采用做游戏、讲故事、猜谜语等婴儿感兴趣的方法,寓教于乐,这就要求教育者有高超的教育艺术水平,有富于童趣的语言艺术、婴儿欢迎的表演艺术。

(3) 教育手段选择体现趣味性。教育手段是教育者将教育内容作用于受教育者所借助的各种形式与条件的总和。在选择婴儿的教育手段时:一要注意教育场所的选择要体现生活性,多选择户外如农场、广场、游乐园等,寓教于婴儿的生活中;二要选择多种形式的教育媒体,从实物、图片、故事书到录音、影视作品、计算机等,使之有效引起婴儿的注意。

有人说:"兴趣是最好的老师",对于 0～3 岁的宝宝,可以说"兴趣是唯一的老师",在贯彻趣味性原则时要求做到以下五点。

(1) 树立"玩中学"的教育观念。婴儿的玩是一个发现的过程,教育者要树立"玩中学"的教育观念,对婴儿的玩树立正确的认识,要创设玩的条件,如提供玩具、场地等;要对玩的过程加以关注和引导,使宝宝在玩的过程中深入发现、探索、思考。

(2) 教育者要有一颗童心。童话大师郑渊洁说过"童心比童年更重要"。要练就一颗"童心",更准确地说是教育者要有童心感悟力,学习用婴儿的视角看待世界和对待问题,它可以使教育者俯下身来永远做孩子中的一员,和宝宝一起好玩、想玩、会玩。这里爱、理解、置换是最重要的,缺少爱和理解,教育者就会专权,缺少了置换,就不可能拥有"童心"。

(3) 善于发现婴儿感兴趣的事物。有人说,上帝给了人一双眼睛,一对耳朵,一张嘴,就是让我们少说多做。教育者要善于发现婴儿更感兴趣的事物、方法,以使自己的教育更有抓手和实效。

(4) 提高动手能力,自己动手制作玩教具。不必购买玩具,教育者可提供自然安全的材料,如水、泥、木棍、沙土等;同时,提高教育者自己动手制作玩教具的能力,如画图片、折纸、做粘贴等;可以让宝宝和自己一起做,在活动过程中引导宝宝探索发现各种材料的功能、特性,提高宝宝的动手操作能力。

(5) 生活处处是教育。对婴儿来说,生活中任何时候都是教育的时候,任何场所都是教育的场所。关键是教育者要做到"教在理智的有益,学在快乐的无心"。

应当注意的是,贯彻趣味性原则要克服只要宝宝不哭泣,玩什么都行,怎么玩都行的错误理念。

五、安全性原则

安全性原则指教育过程应保证婴儿的平安,无危险。

婴儿由于对周围世界知之甚少,缺乏对风险和危险的认识,自身抵御危险的能力非常低,意外事故是婴儿死亡的最大杀手。教育要在保证受教育者安全的前提下,开展各方面的培养,达到全面发展的目的,失去了安全,就没有了教育的前提,婴儿教育尤其如此。安全性原则包括以下四点。

(1) 教育的内容应有安全知识。教育者应加大安全知识的传授,使宝宝初步掌握安全的方式、方法,了解注意的事项,逐步树立安全观念。安全知识的讲授要融合到日常生活中,如防溺水、防触电、防摔伤、防挤压、防火灾以及交通安全等等。

(2) 选择安全的教育方式、方法。教育者必须选取安全的教育方式和方法,尽可能避免危险的产生。由于婴儿生活的每一时刻都可以成为教育的场合,所以,居家、户外、在托幼园所都要选择安全的手段。

(3) 教育者应树立安全第一的理念。教育者安全意识的薄弱是婴儿发生危险的主要原因,每一个教育者都应树立安全第一的理念,提高自身对安全的意识,安全自救的知识水平,以高度的责任感和使命感,为婴儿营建一片安全的教育天地。

(4) 增强婴儿体能训练。在婴儿能够接受的前提下,注重婴儿体能的训练,达到强身健体的效果,为其自我保护提供必要的条件。

有的教育者为了宝宝安全,采取消极的防范措施,如不带其出户外活动,什么事情都不让宝宝做等方式,对宝宝的教育非常不利。应采取积极的做法在教育工作中贯彻安全性原则,要求做到以下五点。

（1）排除隐患，创设安全的活动场所。家庭及托幼园所应定期检查，室内装修应充分考虑婴儿安全，简洁大方，婴儿床应无棱角，有护栏，护栏的高度适中；电源高度及家具摆放应以婴儿安全为前提，电源可以使用保护插头，或用胶带封起。家具避免尖角和铁边等等。对婴儿的活动场所应定期查看，以免因疏忽造成不必要的伤害。

（2）选择安全的玩教具。玩教具应选择安全性高的质地，采用环保器材，因为婴儿容易用牙齿撕咬；避免使用过于尖利或细小的玩具，以防伤害宝宝或让宝宝误食，使用时要清查数量，始终在一旁指导，以保证婴儿的安全。

（3）自身掌握安全自救的系统知识。提高自身避险自救的本领，掌握各种婴儿意外事故的处理自救方法，如婴儿溺水、烫伤、触电、误食有毒食物或异物等等，以便在婴儿意外出现危险时，在第一时间自救，将损害降到最低。

（4）不能因注重安全而限制婴儿的活动。教育者谈事故而色变，为避免发生安全事故，限制婴儿的各种活动，扼杀了宝宝活泼好动、探索发现的天性。过度的保护更加不利于宝宝的安全，一旦放开更易引发恶性事故。

（5）托幼园所、亲子活动学校要建立系统的安全规章制度。让无声的制度说话，责任明确，分工到人，各司其职，保证园所的安全。不能一日紧十日松，要注意安全教育要贯彻始终，不能有丝毫松懈。

我们无法保证婴儿身边每时每刻都是安全无危险的，很多突发的危险会意外出现，对意外出现的风险要充分估计，尽可能避免。值得注意的是：有危险并不代表不安全，只要"危险、威胁、隐患"等是在人们可控范围内，就可以认为婴儿的活动是安全的，这要求教育者增强责任意识，对发现的危险和危险行为，要及时修整和纠正。

六、赏识性原则

赏识性原则指在对婴儿教育过程中，要给予婴儿充分的尊重、理解、信任和赏识，以强化婴儿的行为，激发其探索发现的兴趣，增强婴儿愉快的心理体验，纠正不良的行为。

每个人都期望得到他人的赏识，有人说："没有种不好的庄稼，只有不会种的农民；没有教育不好的孩子，只有不会教育的家长。"在对婴儿的教育过程中，婴儿同样期望得到赏识，鼓励的笑脸、亲切的话语都会对其良好行为的巩固形成强化。注重宝宝的优点和长处，及时的鼓励，适用积极的强化对策，让宝宝树立"我能行，我很优秀"的自信心，成为自信而健康的宝宝。赏识性原则内容包括以下三点。

（1）尊重理解婴儿。不能因为婴儿身心各方面发展的不完善，就认为婴儿只是单纯的受体。无论多幼小的孩子，都希望得到尊重和理解，得到充分的爱。爱让婴儿体会到安全和幸福。尊重和理解的态度决定了教育者与婴儿之间站在平等的地位上。

（2）激励信任婴儿。赏识就是让教育者发现婴儿的优点、长处，相信每一个宝宝都有无穷的优点，能够做好每一件事。婴儿的发展有较大的个性差异，比如有的孩子十几个月什么都会说了，而有的孩子二十几个月还不说话。切忌急躁，要适应宝宝的特点，及时发现良好行为，加以适当的激励。

（3）宽容强化婴儿。婴儿在探索发现的过程中必然会常常出现错误，碰到各种问题。教育者在态度上要宽容，要允许宝宝犯错误，允许学习过程缓慢而效果不明显。宽容的态度会让宝宝的教育获得快乐的感受，激发宝宝的潜能。要提醒婴儿的行为变化，对好的行为及时强化，形成习惯。

赏识性原则重在让教育者承认婴儿个体的差异，允许每个婴儿失败。赏识教育理论是周弘老师首先提出并全身心倡导、推广的一种全新的教育理念，它与教育家陶行知教育思想是一脉相通的。周弘老师曾用这种教育方法将双耳全聋的女儿周婷婷培养成了留美博士生，并用这种理念培养了一大批"周婷婷"。在贯彻赏识性原则时，我们要做到以下四点。

（1）及时鼓励表扬。对婴儿表现出的任何一点进步，适用积极的强化对策，给予恰当的鼓励表扬。

鼓励表扬的方式方法很多,可采用口头的、物质的,这种表扬和奖励应是婴儿看得见、摸得着、感受得到的,可建立成果树、红花墙鼓励孩子,使其从教育者快乐的体会中感受到自身的快乐。

(2) 少批评,不惩罚。对婴儿表现出的问题,采用少批评、不惩罚的方式,批评也要和风细雨,重在讲道理,不能采取不当的批评甚至暴力行动,对婴儿造成伤害。恰当的忽略是教育婴儿的好方法,如有的婴儿将拾起来的东西一次次扔到地下,感到很快乐。这时,只要家长不拾起,转移注意力到其他事情上,问题就解决了。而对这一问题,家长可以在适宜的时间和婴儿能够接受的条件下,讲清道理。有时惩罚和批评反而让不良行为得到进一步的强化。

(3) 教育者要善于与婴儿沟通。与婴儿沟通的方法手段很多,对不会说话的孩子来说,可以采用注视、微笑、拥抱、抚摸和有声言语等,让婴儿从这些方式中感受到愉快的氛围,产生积极的反应。不要因为孩子不会说或说不好,就不与宝宝沟通,在耐心而平等的条件下,进行有效的沟通,必然融洽教育者与宝宝的关系,提高教育的实效性。与婴儿的内心交流,做能够读懂婴儿的教育者。

(4) 理智的赏识。不能无论宝宝做什么都赏识,赏识性原则不是批评,不是盲目的赏识,对婴儿错误的行为和观点,要在尊重和爱的前提下及时的纠正,注重纠正的方式方法不能简单粗暴、过于严厉,避免对婴儿产生伤害。

切记:对宝宝不良的行为习惯表现,不能够赏识。对婴儿的行为要善于分析,有一则"分苹果"的故事,通过虚假的谦让,让说谎者吃到了大苹果,最终这个孩子成了一名罪犯。正是家长不加分析的赏识,巩固了孩子错误的认识。

七、榜样性原则

榜样性原则指教育过程中,教育者要树立自身的榜样形象,用积极正确的行为、事物引导和教育婴儿。

俗话说:"榜样的力量是无穷的。"婴儿在对外界世界的探索和发现的过程中,周围的一切都是榜样。教育者不能认为孩子小,不懂道理,就不注意自身细小的行为,没意识到会在不经意间给孩子留下深刻的印象。法国一位患有自闭症的 4 岁女孩,她一句话都不说,令双亲非常苦恼,有一天,医生让这个孩子听英语,她立刻就出现反应,从此,只要让她听英语,她的症状就没有了,原来,这个孩子出生前,其母亲服务于完全说英语的公司。婴儿对外界的学习超乎我们的想象,由于婴儿缺乏辨别是非善恶的能力,所以要为其营造榜样的世界,必须贯彻榜样性原则,包括以下三点。

(1) 教育者用自身良好的言行做婴儿的榜样。日常生活中,每位教育者要做到表里如一,始终如一,绝不能人前人后不一样。《曾子杀猪》的故事给我们树立了教育者的风范。不能认为宝宝没注意自己,就放松对自己的要求。

(2) 艺术人物的榜样作用。婴儿教育过程中选择和塑造艺术人物,使其优良的品格教育影响宝宝。婴儿更愿意看电视、电影、故事书,在控制时间适当的前提下,影视等媒介给孩子提供了更广阔的天空。教育者应陪同观看,以便让媒体发挥积极作用,及时避免不良榜样的影响。不能因为孩子看电视挺安静,就自己忙自己的事情了。

(3) 用正面典型引导孩子。婴儿辨别能力有待发展,所以给婴儿提供的榜样应是正面的积极向上的。婴儿时期,减少婴儿接触不良榜样的机会可以最大限度地避免不良行为习惯的产生。

国际知名早期教育专家蒙台梭利说:"在孩子的周围,成人应当昼夜以优美的语言,用丰富的表情去跟孩子说话。"在教育过程中要求做到以下四点。

(1) 教育者要不断提高自身素质。父母是孩子的第一任老师,通常情况下孩子和父母在一起相处的时间最长,做为家长,要注重严格要求自己,不断提高自身的文化素养,以优良的品格、高尚的情操去影响和教育宝宝;家长不在期间,要注意选择素质高的保教人员,要注重提醒其不断提高素质,时刻注意其一言一行。要善于通过宝宝的表现反映保教人员的情况。

(2) 提供健康向上的文艺作品。要有意识地给婴儿提供健康向上的文艺作品。目前,有一些动画片制作粗制滥造,反映的观点理念不积极、不鲜明,有的刻意强化不良的行为习惯,如口吃、大喊大叫、乱蹦乱跳等,这样的作品不能提供给婴儿。注意选择朗朗上口的儿歌、小故事,宝宝喜欢的典型形象。

(3)在游戏中巩固榜样行为品质。对于良好的行为,应当恰当地巩固,游戏中巩固是一种最为有效的方式,通过游戏中的重复表演,既满足了宝宝活动的需要,又使良好的行为再次对宝宝形成深刻的影响。

(4)让婴儿自己成为自己的榜样。对婴儿的良好品质和行为表现,要及时发现,及时表扬鼓励,使其自身成为自己的榜样,得到强化而形成习惯。

做别人学习的榜样不是一件容易的事情,让自己成为自然学习的榜样,不刻意勉强或假装虚伪。要有批评与自我批评的意识,不断对自己进行反省,以期有更大的提高。

第二节　婴儿教育的基本方法

婴儿教育方法是指在一定的教育思想指导下形成的实现婴儿教育思想的策略和途径。婴儿教育方法是婴儿教育的客观规律和原则的反映和具体体现,正确地运用各种婴儿教育方法,对提高婴儿教育效果、实现教育目的具有极为重要的意义。

一、几种教育方法观

方法观是人们在创造、设计和选择方法或模式时的指导思想。不同的方法观,人们选择不同的方法,目前常见的方法观包括以下四种。

(一)注入式教育方法观

此方法观在中西方的封建社会及西方资本主义社会的早期,非常流行。在此方法观指导下,教育者从主观愿望出发,任意向学生灌输知识技能,无视学生主体能动作用,把学生当作被动吸收的机器。教育者在教育中仅起信息载体和传递的作用,学生起信息接受和储存的作用。此方法观忽视了受教育者学习主动性和创造性,片面夸大了教育者的作用和地位,强调教育者的权威和领导。

(二)启发式教育方法观

此方法观出现在奴隶社会,中国集中体现在孔子的教育方法之中,所谓"不愤不启,不悱不发,举一隅不以三隅反,则不复也"。在西方是以苏格拉底为代表的"问答法",也称产婆术,他主张教师不要把知识的结果直接告诉学生,应启发学生去思考,帮助学生自己发现和获取知识。其主要特点是主动性与创造性相结合;外因与内因相结合;心理与认知协调发展。

(三)新行为主义教育方法观

此方法观源于新行为主义心理学的思想,是20世纪60年代后兴起的一种教育理论,其最杰出的代表人物是美国著名心理学家斯金纳。他认为,教育的根本目的是改变学生个体的行为以达到改变社会中所有人的行为。他相信科学,主张严格的行为应用于人的行为研究,认为人的学习行为是由于人的活动与他周围环境出现的强化之间的耦合形成的。

(四)人本主义教育方法观

无论是人本主义心理学家马斯洛、罗杰斯,还是存在主义的哲学家萨特,他们都关注人与人之间的关系,提倡尊重人的个性和差异性。人本主义的教育方法观从尊重人的个性出发,强调师生之间平等和谐的人际关系的建构,重视学生价值观及人格的形成。但是,此方法观过于强调学生的主动和自觉,一定程度上忽视了教师的主导作用的发挥。

二、婴儿教育的基本方法

古人云:"事必有法,然后可成,师舍是则无以教,弟子舍是则无以学。"好的方法,是实现教育目的,完成教育任务、内容必不可少的条件。教育方法的选择应根据教育者自身特点、受教育者的年龄特征及环境制约条件而定。

（一）游戏法

游戏法指有意识地通过婴儿喜闻乐见的游乐、玩耍,实现教育培养目的的方法。游戏是孩子生活当中的一件大事,是宝宝的主要生活方式。《辞海》中对游戏做如下定义:以直接获得快感为主要目的,且必须有主体参与互动的活动。这说明了游戏的两个基本的特性:一是直接获得生理和心理的愉悦为主要目的;二是主体动作、语言、表情等变化与获得快感的刺激方式及刺激程度有直接联系。

游戏具有如下特点。

（1）婴儿主动参与的活动。古往今来的孩子都着迷于游戏,宝宝在游戏中表现出强烈的主动性、积极性和创造性。有人说游戏是孩子的生活,因为游戏是适应婴儿内部的需要而产生的。游戏的内容和形式丰富多变,灵活有趣,是婴儿非常乐于参加的。

（2）获得愉快的情感体验。适合婴儿身心发展特点的游戏会让婴儿自始至终产生愉快的情感体验。无论是游戏的过程、游戏的结果、游戏的手段等,在探索和发现的过程中,获得成功和创造的快乐。游戏能够最大限度地让婴儿放松和施展,随心所欲的活动带来其他活动无法带动的情感体验,而愉快的感受进一步推动婴儿投入游戏中去学习和发现。

（3）认识世界的活动,游戏的内容也多是生活的反映。游戏是婴儿认识世界的主要手段,无论是一岁前的婴儿还是可以独立行动的孩子。同时婴儿的游戏源于生活,与生活密切相关,是生活的反映。婴儿在游戏过程中加入想象,通过想象一根冰棍杆可以变成小船,一小堆细沙可以变成美味的菜肴。正是这种源于生活的活动,使婴儿打开了认识世界的窗户,婴儿在游戏中以真情实感相信虚构的活动。

（4）合作性质的活动,是一种互动。游戏的过程必然有相应的手段和合作者,是一种互动的形式。从牙牙学语开始,婴儿就喜欢和别人"玩",在与成人和伙伴的交往中,不仅受到影响,也影响着他人。与自己玩耍相比,婴儿更喜欢和他人一同活动。

游戏质量水平的高低,受以下因素的影响。

（1）婴儿本身的特质。每个人本身的特质,对其所从事的任何活动都会产生不同的影响,他们表现出的独立性、创造性、好奇心和灵活性等都影响着游戏的进程。

（2）家庭群体的氛围。婴儿刚出生来到世界,家是宝宝的安全港湾,家庭群体的氛围每天都在对婴儿产生影响。研究表明,成人的育儿方式、亲子关系等可以影响婴儿游戏的倾向性。特定的家庭文化影响可以改善婴儿的游戏行为。融洽的家庭、和谐的环境更易让婴儿快乐地游戏,产生积极的安全感;而在关系紧张的家庭氛围中,婴儿会体现出沟通及与人交往等方面的差异,也会在游戏中表现出紧张的关系。

（3）生活环境的丰富程度。婴儿接触环境的丰富程度,影响着游戏的内容和种类,丰富的环境会开拓婴儿的视野,多角度的感官刺激丰富了婴儿游戏的表象,使其想象丰富。活动手段的丰富更为游戏如虎添翼。

（4）与伙伴的熟悉程度。与游戏伙伴的熟悉程度,影响着婴儿游戏的进程,有实验表明,与父母或熟悉程度高的伙伴一起游戏,婴儿更多地关注游戏的内容。

婴儿的游戏包括以下四种。

（1）亲子游戏。这是家庭成员间,以亲子感情为基础而进行的一种活动,是亲子间交往的重要形式。婴儿阶段,由于其独立性差,各方面发展不成熟,亲子游戏是婴儿游戏的主要形式。从婴儿会用微笑来回应成人时,最早的亲子游戏就开始了。婴儿在与家庭成员的互动过程中,体验了初步的交往关系,有助于个性的完善和发展,密切了与家庭成员的亲情,有力的推进其认知能力的发展。

亲子游戏越来越被更多的家庭重视,当前亲子游戏中存在以下几方面问题:家庭没有属于婴儿的游戏场地;家长参与活动的次数比较少;每天的游戏都是简单的重复,缺少开发新的种类和丰富新的内容;有的家长忽视了教育性,缺乏游戏过程中的引导帮助。

（2）动作游戏。以大肌肉动作为主的身体运动游戏,可以分为三个阶段,即有规律的重复动作、练习性游戏、追逐打闹游戏。婴儿通过有规律的重复动作,这种重复是没有目的地重复进行,如踢脚、摇动身体等。这种有规律的重复动作很早就出现,在婴儿6个月时达到高峰。出生后第二年开始,练习性游戏的数量不断增加。随着婴儿身体运动机能的发展,他们开始出现追逐打闹,并伴随大笑大叫等行为。

（3）玩物游戏。以小肌肉动作能力的发展和手眼协调能力为主的游戏。婴儿最初的游戏是玩弄自己,啃咬抓到手里的每一件东西。随小肌肉动作和手眼协调能力的发展,逐渐能够抓握和探索物体,认识和掌握其用途和方法。

（4）象征游戏。其重要特征是"以物代物",即用一物去假装当作或代替另一个不在眼前的东西。象征游戏标志着婴儿思维的进步。

在实施游戏法时,应注意以下四点。

（1）教育者是游戏的参与者、辅助者。教育者要以平等的身份参与到游戏中,并为游戏提供丰富多彩的材料以引起婴儿的探索活动。

（2）教育者是游戏的指导者。教育者要善于指导婴儿游戏中的观察,善于发现婴儿的表现,并恰当地启发诱导。但要注意的是教育者是一个隐性的"导演",不能强制婴儿做某事或达成某种行为。

（3）婴儿有自主选择的权利。无论如何富于童心,怎样和婴儿在同一视角看问题,我们都无法完全摸清婴儿会对什么东西感兴趣,对什么方法有效。所以游戏时我们应切记,婴儿有自主选择游戏的权利。教育者要学会追随婴儿的兴趣。

（4）游戏的难度应与婴儿的实际水平相适应。选择游戏应与婴儿的实际发展水平相适应,婴儿往往由于游戏过难而失去了耐心和兴趣。

（二）问答法

问答法指教育者通过提出问题或回答婴儿提出的问题,达到教育目标的方法。

刚出生的婴儿,对周围的一切都充满好奇和不理解,他们有旺盛的好奇心和无穷无尽的求知欲。回答问题和提出问题是婴儿对环境动脑思索和发现的过程,在这一过程中,婴儿的大脑处于兴奋之中,闪烁智慧的火花和创造的萌芽。

婴儿教育过程中的问答包括以下三种。

（1）婴儿提出问题教育者引导获得答案。婴儿对不会、不懂或感兴趣的东西,不断地向教育者提出问题,不会说话的孩子也会提出问题,他们有一双好奇而求知的眼睛。可以用手指、用眼睛看,用表情、用不同的发音符号等提出。

（2）教育者提出问题婴儿思考找到答案。随着年龄的增长,教育者积极地对婴儿提出问题并引导他们找到答案。教育者提出的问题应是婴儿感兴趣并经过探索能发现的。

（3）婴儿自己提出问题自己寻找答案。婴儿提出的问题可以通过自己的寻找去发现结果,这也是一个解决问题的过程。在这一过程中,婴儿从发现问题到研究问题到解决问题,思维得以大跨度的发展,这里需要教育者恰当的引导。

问答法使用过程中应注意以下问题。

（1）正确对待婴儿的提问。很多年轻的父母无法忍受孩子无边无际的问题,进而采取简单粗暴的方式对待婴儿,如有的家长斥责宝宝:"问什么问,你自己不会看,哪来那么多问题!"还有的家长对自己不懂或不好回答的问题以开玩笑、编答案的方式回答,对婴儿产生不良的影响,如孩子喜欢问我是怎么来到世界上的,有的家长就回答在垃圾箱里拾来的等等,这些消极的答案甚至会对婴儿的一生产生不良影响。

（2）帮助婴儿提出问题。在婴儿提出的问题基础上,通过恰当的引导、帮助其提出新问题,引起新思考和发现。因而家长不要婴儿问什么就直接回答什么,过程的引导是启智的开始。如十几个月的婴儿用牙齿咬牙刷毛和牙刷杆时,就提出了问题,教育者应当适时地引导出对"软"和"硬"的问题及答案。

(3) 问题的答案不能是唯一的。宝宝随手划的一个小点,可能被他当成无数的向征,对婴儿提出的问题答案也不能是唯一的,对婴儿回答的问题,必须从婴儿的角度思考,不能轻易地否定,如一个图形,父母看着是个小太阳,孩子说是一个滚下山坡的小刺猬,孩子的世界太神奇,千万不要限制了孩子的想象。

(三) 户外活动法

户外活动法指通过室外的活动,提高婴儿身体素质,发展智力,培养性格的方法。广场、庭院、自然景区都是婴儿户外活动的好去处。

婴儿非常喜欢户外活动,只要天气适宜,就应当把婴儿带到户外活动,接受阳光的爱抚,与大自然亲密接触,呼吸新鲜空气。经常户外活动可以起到如下作用。

(1) 增强体质,提高免疫力。户外新鲜的空气和阳光,对增强婴儿体质、提高婴儿抵抗疾病作用明显。很多家长不喜欢带宝宝出去,怕冻着、怕晒到,其实从小就要让婴儿经风历雨。有资料显示,每天户外活动 3 小时,学龄儿童几乎可以不近视。

(2) 开阔视野,丰富阅历。户外活动可以使婴儿认识更多的人和事物,增强对其视觉、听觉的刺激,极大地丰富婴儿获得的信息量。这些新鲜的刺激对婴儿经验获得起到非常重要的推进作用。家长不要以为宝宝太小,什么也记不住,什么也不明白,就不领宝宝游历名山大川,其实幼小时候留下的印象会影响宝宝一生。

(3) 培养开阔的胸怀,高尚的情操。自然美景可以培养高尚的品格和宽阔的胸怀,经常带宝宝到大自然中去,让他体会大自然之美,对其人格和品格的培养起到潜移默化的作用。户外活动增强了宝宝与人交际的机会,让婴儿从小学会如何与他人、与自然接触。

(4) 融洽家人感情,促进和谐的氛围。家人一起外出游玩,孩子高兴的同时,更密切了家人的感情,其乐融融的氛围促进家庭和谐,为宝宝的成长营造积极的家庭环境。

户外环境不像室内影响因素较单一,因此使用户外活动法时应注意以下几点。

(1) 循序渐进。婴儿进行户外活动的次数和时间应当循序渐进,逐渐提高,不能操之过急,最初到户外活动之前应经常开窗,让婴儿提前接触冷空气并对其适应,无不良反应,即可以到户外去了。在户外活动的时间也要循序渐进,同时,还要注意季节变化,温度高低,作出适应性的调整。

(2) 做好婴儿的安全防护。无论是到庭院、广场还是到自然景区,陪护人员都要做好婴儿的防护,如为婴儿做好防晒;带足备用衣物;准备必需的药品;带好点心水果食物;及时提醒婴儿小便等等。

(3) 掌握求生本领。陪护人员要掌握基本的必要的救生和自救技能,具备相关知识,学会使用地图等定位工具,以便出现意外情况时能够及时做出正确反映。

(4) 合理选择户外活动场地。居住农村的人们,户外活动场地易于选择,但陪同人员要更加注意婴儿的安全,做好婴儿的防护;居住城市的人们,应选择到达时间较短、空气较好、人群不密集的地方做为户外场所。日常到广场庭院活动时,要特别注意不要在车流量大的区域或路边玩耍,既不安全也会损害婴儿的身体健康。

户外活动增加了陪护者管理难度,但只要你稍加注意,多加防护,就会让婴儿在自然的怀抱里茁壮成长。

(四) 讲述法

讲述法指教育者通过一定的媒介采用口头传授的方法。包括使用儿歌、谜语、小故事、识字卡片或图片等为媒介。

(1) 以儿歌为媒介。儿歌是低幼儿童为主要接受对象的具有民歌风味的简短诗歌,它是儿童文学最古老、最基本的体裁。其内容浅显易懂,节奏鲜明,富于变化,琅琅上口。他符合婴儿情感的需要、启智的需要、言语训练的需要。

（2）以谜语为媒介。谜语是暗射事物或文字等供人猜测的隐语,源自中国古代民间,是人们集体智慧创造的文化产物。对活跃婴儿思维、开发智力有巨大的作用,但要注意婴儿谜语应是其体验并认识的事物。另外,婴儿的谜语也多以儿歌的形式出现。

（3）以小故事为媒介。床头故事是婴儿最喜欢的方式,很多人都愿意回味小时候妈妈临睡前在床边讲故事的温馨场景。小故事最好是源自故事书,伴有画面的,可以给婴儿声音和图像两方面的刺激,也易于培养其自己看书的习惯形成。

（4）以识字图卡片为媒介。识字卡和图片是知识含量较高的学习方式,选择有字并有图形的最为适宜,注意最好是前后两面的,一面是字,一面是图,避免其在学习过程中只看图不看字,达不到最佳效果。

讲述法由于是以口头语言的方式讲解,知识传授性高,因此,使用不当会产生不良效果,在应用过程中注意以下五点。

（1）讲述方式不能是课堂教学模式。对婴儿的讲述模式不能像幼儿园中的教学模式一样,应当在自然的环境下,在婴儿需要的时候讲。讲述的过程要像做游戏一样,自始至终达到吸引婴儿的目的。

（2）讲述者语言要生动形象逼真富有感染力。婴儿的注意力极易被周围的事物所吸引,因此要求讲述者讲解过程中语言要生动、形象、富于感染力。听者只有宝宝,讲述者不必担心宝宝笑话你,做最好的表演者,可以采用夸张的动作和逼真的声音。

（3）配合恰当的讲述手段。语言的吸引如果时间稍长,婴儿也极易分散注意力。讲述者要恰当地使用讲述手段,如图画书籍、头饰、手偶、指偶等吸引孩子,增添情趣的同时,提高婴儿动手动脑能力。

（4）不能强制婴儿听的状态。顺其自然:婴儿听的时候,可以是坐着,站着,躺着,也可以边玩边听。不要强制婴儿听的状态。但要注意对婴儿听的状态的引导,利于形成其良好的行为习惯。有时候,看到宝宝在玩玩具,觉得宝宝没有在听,其实听得可仔细啦。

（5）恰当鼓励婴儿自己讲出来。给婴儿讲述的东西常常讲上十遍、几十遍,婴儿百听不厌。这时,再鼓励婴儿把听到的东西讲出来,和教育者一起讲是一个跨越式的进步。

（五）声像媒介法

声像媒介法指通过电影、电视、计算机、录音机、广播等对婴儿产生刺激,进行教育的方法。

随着经济社会的发展,电视、计算机等现代化手段已经融入生活中,成为人们不能离开的事物。现代化的技术手段,给人们提供了巨大的信息平台,开阔了人们的视野。婴儿通过现代化的手段,吸收大量丰富的信息。广播、录音机以声音传播的方式,不受空间、时间的限制,无孔不入,能够渗透到生活中;可以放音乐,讲故事,随时随地担当教育者的角色。电视、电影、计算机提供更大的声像平台,刺激更直观和形象,更让婴儿喜欢。

在运用声像媒介法时,要注意以下几点。

（1）观看时间有明确限制。婴儿身体各项机能发育不全,长时间坐卧观看,不利于身体的发展,尤其是视力的发展。因此,让婴儿观看电视、计算机时要有明确的时间限制,并帮助婴儿在观看后有意识地看远处调节眼部肌肉的紧张程度。注意电视、计算机明暗度的调整,夜间观看时注意打开电灯,声音大小要适度,声音过大会对婴儿听觉造成不必要的伤害。另外,建议婴儿少看电影,因为电影院黑暗的环境极易使婴儿眼部疲劳,造成伤害。

（2）给婴儿观看的碟片和收听的录音应是经过教育者考察鉴定过的。经过鉴定,保证将最优的内容传递给婴儿,画面最好鲜明生动,跨越不大,场景变化不必太过频繁,否则易造成婴儿视觉疲劳。

（3）通过适度模仿巩固教育成果。婴儿通过声像媒介获得的认知,可以通过游戏模仿得到巩固,教育者应创造机会和条件,使其能够对观看的内容进行适度的模仿,以形成自身的良好品质和行为习惯。

（4）创造时间陪同观看。教育者应创造时间,陪婴儿一起观看,既了解内容,又方便观察婴儿,以便抓住关键的教育点,引导婴儿。有伙伴陪同观看,更增加了观看快乐的氛围。

（六）操作练习法

操作练习法指教育者引导婴儿按照一定的规范和要领,反复地完成一定动作或活动,以形成技能、技巧或行为方式的方法。

操作练习包括以下三种。

（1）心智技能操作练习。包括听、说、读、写等,婴儿期主要是训练听、说能力。

（2）动作技能操作练习。包括坐、爬、走、跑、跳、投掷等。

（3）行为习惯操作练习。包括大小便、卫生习惯、礼貌习惯等。

由于操作练习有一定的规范和要领,并需要反复完成才能实现,在指导婴儿时应注意做到以下四点。

（1）教育者要耐心,对婴儿多鼓励。不要因为婴儿多次做不好,就没有耐心,态度恶劣。要积极鼓励合理引导,保持婴儿操作练习的积极性。要帮助婴儿克服困难、挫折产生的消极影响。

（2）操作练习强度适中。婴儿不能进行专业化、大强度的练习,否则会对其身体造成巨大的损害,也会对其健康情绪造成永久的伤害。帮助婴儿操作练习强度要适中,应是婴儿经过一个阶段训练就能够达成目标,实现进步的。

（3）操作练习过程中注意婴儿的安全。提供保护性措施帮助婴儿操作练习过程的安全,如地面、墙壁、操作工具都要无危险。

（4）采用积极的强化措施进行强化练习。在积极鼓励婴儿的同时,有必要采取积极的强化措施巩固其练习成果,可以是拥抱、微笑、伸出大拇指,也可以奖励糖果、美食、小红花、小星星等。

（七）档案记录法

档案记录法指以观察日记、教育心得、照片、录音、录像等方式,记录婴儿成长过程,以促进婴儿教育更有针对性的方法。

婴儿每天都在进步,发生诸多变化,档案记录法就是要把这种动态的变化静态的记载下来,通过整理、分析选择更具针对性的措施和内容,对婴儿培养教育的形式。

（1）记观察日记。在自然条件下,教育者通过自己的感官或录音录像等手段,有目的、有计划地观察婴儿表情、动作、行为等每天的变化,并以日记的方式加以记录。可长可短,重在坚持,其可为教育培养婴儿提供更多可供参考的信息。

（2）写教育心得。对教育的内容、方法效果等进行反思写出心得体会。

（3）涂鸦日记。将婴儿随手画的符号、涂鸦等进行编码,标清时间,有意识地对符号进行提问,对于婴儿的回答家长进行记录,注意对宝宝的"作品"要及时收集。

（4）刻录影像。通过录像、录音、照相等设备定期采集婴儿的信息,标清时间进行记录整理。

进行档案记录法时应注意以下四点。

（1）持之以恒。无论是观察记录的哪种方式,都需要持之以恒,才能有效果。有的教育者三天热情,记载了几天后就觉得诸事繁忙,没有时间进行下去,不了了之。把对婴儿的观察记录当作生活中的大事,把对成长的观察看成生活不可缺少的内容,无论心情好坏,繁忙与否都坚持不懈。

（2）学习档案管理的科学方法。有意识地学习档案管理的方法,提高自身档案整理的水平,定期对留存的信息归档立卷,进行分析。

（3）多角度记录。对婴儿的记录不是单一一个人的事,应多角度齐抓共管。要求每一位与婴儿共同生活学习的人都学会从自身的角度进行记录。保证更全面、更真实可靠。记录者之间要定期交流,以保证教育的一致性和连续性。

（4）让婴儿定期看成长足迹。在密切与婴儿的感情的同时,更好地让婴儿认识自己。

随着计算机媒介的飞速发展,很多有心的妈妈,利用网络平台把宝宝的成长制成网页,交流各自的育儿心得,在交流展示的过程中,提高自身教育宝宝的能力和水平。

1. 婴儿教育应遵循哪些原则和基本方法？
2. 一致性原则、趣味性原则、赏识性原则对婴儿教育有何意义？怎样贯彻？
3. 运用操作练习法和游戏法进行婴儿教育时应注意哪些问题？
4. 教育者怎样做好婴儿关键期的教育工作？

操作训练

搜集婴儿教育案例，试分析其合理性和不足，谈谈自己的看法。

教学课件

新生儿的发育、护理及教育策略

第一节　新生儿的发育指标

新生儿是指婴儿从出生到出生后 28 天这一段时间。孩子从在母体内"寄生"到在母体外"独立"生活,对突然改变的环境不能马上适应,其生理功能需要进行一系列重大的调整才能生存。在调整的过程中,因小儿的身体比较弱,抵抗力差,神经系统发育尚未成熟,心、肺、肝、肾等重要器官的功能也比较差,就像一株刚刚出土的幼苗,十分娇嫩,容易受到内忧外患的侵袭而容易患病。所以,应特别注意做好护理和喂养。

一、身体发育

1 个月的孩子一逗会笑,面部长得扁平而阔鼻,双颊丰满,肩和臀部显得较狭小,脖子短,胸部、肚子呈现圆鼓形状,小胳臂、小腿也总是喜欢呈屈曲状态,两只小手握着拳。

(1)体重。足月的新生儿出生时平均体重为 3 000 克左右,男婴比女婴略重。出生后一周常会有体重减轻的现象,称之为生理性体重下降。这是因为婴儿出生时,体内含有在几天内要失去的过多体液,大多数婴儿在出生后的 5 天内失去出生时体重的 10%,在随后的 5 天内恢复,因此 10 天内孩子可恢复出生时的体重。在重新恢复出生时的体重后,大多数婴儿发育得非常快,尤其是 7~10 天和 3~6 周之间的爆发生长期。新生儿的平均体重每天增加 20~30 克,满月时体重将达到 4.5 千克。

（2）身长。平均为49～52厘米,男婴比女婴略长。在第一个月内,婴儿的身长增加2.5～4厘米。男孩的身长增加稍多于女孩。

（3）头围。新生儿的平均头围是35厘米左右,满月时增加到37.7厘米左右,男孩稍大于女孩。

（4）胸围。男婴约为32.6厘米,女婴约为32.5厘米。

（5）头部。新生儿的头部由于产道的挤压,常常变形,在胎儿头部先露出的部位,出现皮下组织水肿,形成一个包,叫产瘤,2～3天自然消失。在新生儿的头顶前中央的囟门呈长菱形,开放而平坦,有时可见搏动,一般有2.5厘米×3厘米大小。囟门部位缺乏硬的骨组织保护,所以要注意保护囟门,不要让它受到碰撞,但可以摸,可以洗。囟门在1～1.5岁会慢慢闭合。

（6）腹部。腹部柔软,较膨隆。

（7）皮肤。全身皮肤柔软、红润,表面有少量胎脂,皮下脂肪已较丰满。

（8）四肢。双手握拳,四肢短小,并向体内弯曲。有些婴儿出生后会有双足内翻、两臂轻度外转等现象,这是正常的,大多满月后缓解,双足内翻大约3个月后就会缓解。

（9）呼吸。新生儿的呼吸浅表且不规律,以腹式呼吸为主。每分钟40～45次,有时会有片刻暂停。循环心率比成人快,每分钟为90～160次。

（10）排泄。新生儿出生后12小时排胎便。胎便呈深、黑绿色或黑色黏稠糊状,这是胎儿在母体子宫内吞入羊水中胎毛、胎脂、肠道分泌物而形成的大便。3～4天胎便可排尽。吃奶之后,大便逐渐转成黄色。吃牛奶的孩子每天1～2次大便,吃母奶的孩子大便次数稍多些,每天4～5次。若孩子出生后24小时尚未见排胎便,则应立即请医生检查,看是否存在出生前排胎便,引起肺炎或肛门等器官畸形。

（11）尿量。初生儿第一天的尿量很少,10～30毫升。在生后36小时之内排尿都属正常。随着哺乳摄入水分,孩子的尿量逐渐增加,每天可达10次以上,日总量可达100～300毫升,满月前后可达250～450毫升。孩子尿的次数多,这是正常现象,不要因为孩子老尿,就减少给水量。尤其是夏季,如果喂水少,室温又高,孩子会出现脱水热。

（12）体温。新生儿的正常体温在36.8～37.2℃之间,但新生儿的体温中枢功能尚不完善,体温不易稳定,受外界温度环境的影响体温变化较大。新生儿的皮下脂肪较薄,体表面积相对较大,容易散热。因此,对新生儿要注意保暖,尤其在冬季,室内温度要保持在18～22℃,如果室温过低容易引起硬肿症。

（13）睡眠。刚出生的婴儿虽然常常啼哭,但几乎整日酣睡,一天的大部分时间是在睡眠中度过的,每天能睡18～22个小时。

二、心理发育

（一）运动机能

婴儿出生就会大声啼哭,以后会一阵阵地哭。出生后半小时内可俯卧于母亲胸前吮吸和吞咽母乳。物体碰触口唇时会引起吮吸动作。在生命的第一周,婴儿的身体活动主要是反射,例如当你将手指放入他的口腔时,他会反射性吸吮;在面对强光时,他会紧闭眼睛。从出生到1个月的孩子,动作发育处于活跃阶段,他可做出许多不同的动作,特别精彩的是面部表情逐渐丰富。在睡眠中有时会做出哭相,撇着小嘴好像很委屈的样子,有时又会出现无意识的笑。其实,这些动作都是孩子吃饱后安详愉快的表现。

下面是一些在最初几周内可以观察到的新生儿反射:

摩罗反射:当婴儿的头部突然移动或向后跌倒或因某种原因吃惊时,他的反应是手脚张开,颈部伸直,然后快速将手臂抱在一起,开始大哭。

踏步反射:当成人用手臂托着婴儿,让他的足底接触一个平面(如手掌),他就会将一只脚放在另一只脚前面,好像在走步。

觅食反射:在成人轻轻碰到婴儿的腮或口唇时,他会将头转向你的手,并做出试图够到的反应。

强直性颈反射:新生儿的头转向身体的一侧时,这一侧的手臂伸直,另一侧的手臂则弯曲。

掌握反射：碰触婴儿手掌时，他会立即握住你的手指。

足握反射：碰触婴儿的足底时，他的足底会立刻屈曲，脚趾向内收紧。

（二）感知觉

味觉是新生儿出生时最发达的感觉，新生儿对甜味尤其偏爱。新生儿由于味觉神经发育较完善，因此对酸、咸、苦、甜都能引起反应。吃到甜味，会引起孩子的吸吮动作；吃到苦、咸、酸等味，则会引起不快的感觉，甚至停止吸吮。帕克解剖分析指出：新生儿和儿童的味蕾分布比成人要广泛得多，其口腔和咽喉部的味蕾有着不同的功能，能辨别不同的味道，具有保护生命的重要价值。

新生儿的视觉发育较弱，视物不清楚，眼球的转动无目的。觉醒时会慢慢睁开双眼，漫无目的地环视周围。新生儿清晰视物距离是 15～20 厘米，有物体靠近眼睛时会眨眼。对光是有反应的，满 1 个月时，视觉注视时间能集中 5 秒，已能用眼睛追随物体 90 度至 180 度。

刚出生的孩子耳鼓内充满液状物质，妨碍声音的传导。慢慢地，耳内液体逐渐被吸收，听觉也会逐渐增强。醒着时，近旁 15～20 厘米处发出响声，可使其四肢躯体活动突然停止，似在注意聆听声音。孩子经过一个月的哺育，对哺育者说话的声音很熟悉了，听到哺育者的声音会发出"啊，啊"的声音，做出微笑转头或寻找哺育者的积极反应。如果遇到陌生的声音他会吃惊，如果声音很大他会感到害怕而哭起来。因此，对新生儿说话、唱歌的声音要悦耳，要给他们听一些轻柔的音乐和歌曲，孩子很喜欢周围的人和他说话，没人理他的时候会感到寂寞而哭闹。

1 个月的孩子，皮肤感觉能力比成人敏感得多，有时成人不注意，把一丝头发或其他东西弄到孩子的身上刺激了皮肤，他就会全身左右乱动或者哭闹表示很不舒服。这时的孩子对过冷、过热都比较敏感，以哭闹向大人表示自己的不满。对成人的触摸、抚抱感受灵敏，并显示出喜爱。给孩子包裹得太多，孩子太热，或给孩子包裹太少，孩子太冷，都可以引起孩子哭闹。这样的哭闹，实际上是孩子的一种语言表达方式，成人不能一听孩子哭就烦。应该找一找原因，是凉了还是热了或是尿了。找到原因，让孩子舒适了，孩子就会安静地睡去。实际上这也是一种类似语言的交流。

新生儿的发育指标参看世界卫生组织的统计资料

	月龄	体重（千克）（平均值）	身长（厘米）（平均值）	头围（厘米）（平均值）
男孩	初生	2.5～4.2(3.3)	46.2～54.8(50.5)	31.9～36.7(34.3)
	1月	3.0～5.6(4.3)	49.9～59.2(54.6)	35.5～40.7(38.1)
女孩	初生	2.3～3.9(3.2)	45.8～53.9(49.9)	31.5～36.3(33.9)
	1月	2.9～5.0(4.0)	49.2～57.9(53.5)	35.0～39.8(37.4)

第二节 新生儿的喂养与护理

一、喂养

新生儿喂养方式可以分母乳喂养、人工喂养及混合喂养三种，以母乳喂养最佳。所以，妇幼医院、早教中心或机构应提倡母乳喂养，并提供相应条件和时间。

（一）母乳喂养

1. 母乳喂养好处多

新生儿一出生就需要合理的喂养，而母乳是最能满足婴儿生长发育所需要的天然营养品。任何一位学识渊博的营养学家，都不可能创造出比母乳更适合于新生儿需要的代乳品。俗话说"金水、银水，不如妈妈的奶水"。母乳喂养不仅对婴儿身心的健康发展意义重大，而且也有利于母亲产后尽快恢复。

首先，母乳的营养成分完全符合婴儿生长发育的需要，母乳中的酶和其他物质既利于婴儿消化又利于营养物质的吸收。母乳中所含抵抗病毒和细菌感染的免疫物质，可以增强婴儿抵抗疾病的能力。母乳喂养的孩子比人工喂养的孩子抗病能力强，这是其他代乳品都无法实现的。母乳含有促进大脑发育的优质蛋白、脂肪酸和乳酸、牛磺酸，因此母乳是婴儿大脑快速发展的物质保证。尤其是初乳，母乳可以分为初乳、过渡乳与成熟乳。一般所说的母乳为成熟乳，初乳一般是指产前及产后 5 天的乳汁。颜色呈灰黄色，含蛋白质、矿物质、维生素较多，含脂肪与乳糖比成熟乳较少，初乳长链不饱和脂肪酸的含量比成熟乳要高。含钠、氯、锌、碘等微量元素较多，更有利于新生儿的成长。另外，初乳还有清理新生儿肠道的作用。初乳中所含免疫球蛋白较高，特别是免疫球蛋白 A 和乳铁蛋白，据测产后第 1～2 天最高，到第 6 天稳定。这些免疫球蛋白不易被肠道吸收，而是附在肠黏膜内，结合或中和病毒及毒素，避免了微生物与肠黏膜表皮细胞的接触，阻止了感染的发生。巨噬细胞、中性粒细胞和淋巴细胞在初乳中所含量较丰富，均有防止感染、增强免疫的功能。所以，新生儿早喂奶可获得较多的营养免疫物质，应鼓励母亲尽早喂奶，以保证新生儿的营养健康。

其次，母乳喂养可以增进母子的感情。在哺乳过程中，母子间肌肤的密切接触、母亲喂奶时对婴儿的爱抚，能使婴儿感受到安全、舒适。获得身心的满足及安全感，对孩子今后形成良好的性格有益。

再次，母乳喂养对母亲也起到了尽快恢复健康、减少妇科疾病的作用。如减少阴道出血，防止贫血的发生，减少乳腺疾病等。

2. 母乳喂养方法

开奶时间：如果母子都没有异常，宝宝断脐后，即可放在母亲怀中喂奶。早开奶对母子健康都有利，开奶晚的新生儿黄疸较多，有的还会发生低血糖，使脑细胞受损。

喂奶次数和时间：宝宝喂奶的时间没有固定的规定。宝宝饿了、渴了或母亲感到乳房胀时，都可以喂奶。大概的参看是：出生 2～7 天每 1～3 小时一次，间隔不要超过 3 小时。母亲下奶后，通常 24 小时喂 8～12 次，夜间不停止喂奶。一次的哺乳时间，开始时只用 1～2 分钟，以后逐渐延长，一般是 15～20 分钟，不超过 30 分钟。

母乳喂养方法：给婴儿喂乳前，母亲要洗手，洗乳头。哺乳时，将婴儿稍微倾斜地抱在怀中（头部与上身略高，下肢略低），贴紧母亲的胸前，婴儿含住奶头及部分乳晕吸吮。如果奶汁流量很急时，母亲可用两个手指（食指与中指）压着乳房上部，以免婴儿呛奶或乳房堵住婴儿的口腔和鼻孔，影响孩子的呼吸。奶量大，婴儿来不及吞咽时，婴儿会自动间歇，可让其松开奶头，喘喘气再吃。

每次喂奶应先吸空一侧乳房后再换另一侧乳房，下次喂奶则从另一侧乳房开始吃。每次喂完奶以后应将剩余的奶汁挤出去，以免阻碍乳房再次充分分泌乳汁。每次喂奶时，妈妈要细心地观察婴儿，加强感情的交流。每次喂奶 20 分钟左右，喂奶后，应将婴儿直立抱起，使婴儿的身体紧靠在母亲身体的一侧，头紧靠在母亲的肩头，用一只手轻轻地拍拍婴儿的背部，直至婴儿打出气嗝。这样做是使婴儿吃奶时吸进的空气从胃里排除，以防漾奶。

喂奶要定时。定时喂奶可以使婴儿有充分的时间消化和吸收，减轻消化道的负担，同时使母亲乳房有充分的时间再分泌足量的乳汁。定时喂奶还可以使母子形成条件反射，到了该吃奶的时候，孩子的胃肠道就开始蠕动，并分泌一定量的消化液，为消化吸收乳汁做好充分准备。

母乳喂养要注意以下问题。

（1）开奶前不要喂糖水、牛奶等。产后短时间内是婴儿吸吮的最佳时期，要尽早给新生儿开奶。一般情况下，足月的新生儿可于出生后 6～12 小时开始喂奶。

（2）给婴儿喂奶时，不要只让婴儿含住乳头，应将乳头及大部分乳晕一起塞入婴儿口中，因为乳晕下面的乳窦是储存乳汁的重要部位。

(3) 如果在分娩(不论是正常生产还是剖腹产)时使用了大量的止痛药或麻醉药,那么可能不会马上分泌出母乳,要等几天。这期间婴儿仍然可以吃初乳,让婴儿在一个乳头上吸吮,直到他似乎不想再吸下去时为止,让婴儿打一下嗝,然后再换到另一个乳头上。如果没有打嗝,那就在婴儿吸完第二个奶头后再试一次。

(4) 如果婴儿由于难产生下来后嗜睡,必须将婴儿唤醒喂奶,以免造成婴儿低血糖影响大脑的发育,同时也会促进泌乳,避免奶胀。必要时可借助枕头或软垫垫一下肘部。行剖腹产术的母亲在恢复期喂奶时,更应借助于枕头或软垫。不能让婴儿躺在母亲腹部以免压迫刀口引起母亲疼痛。

(5) 为晚上喂养方便,应将婴儿的小床放在母亲的房间内,但如果父母中有人抽烟的话,不要与婴儿在同一房间,以免引发婴儿猝死综合征。如果婴儿在另一个房间睡,晚上应保持室内黑暗,并尽量不要惊扰孩子,使孩子认识到晚上是睡眠时间,而不是玩耍时间。

(6) 过早添加配方奶会使婴儿混淆奶头,并会降低母乳的分泌能力,多数泌乳方面的专业人士建议,在婴儿出生后3周前不要给婴儿任何人工奶头,母乳喂养有利于健康这一说法主要体现在最初的两个月的母乳中。如果确实需要喂牛奶、开水等,就用小勺或注射器等,以防乳头错觉。

(7) 患有疾病的母亲对婴儿实施母乳喂养会使婴儿受到健康的威胁。如患有艾滋病、肝炎、严重的心脏病、严重贫血、糖尿病等疾病或乳房有感染,身体极度虚弱、服用药物等,不宜实施母乳喂养,因为疾病或药物成分会随乳汁传递给婴儿。

(二) 人工喂养

母乳固然是新生儿最理想的食物,但因为母亲的奶量不足,或者因为母亲有病而不适合喂母乳时,就要按科学的方法给予婴儿人工喂养。喂鲜牛奶或配方奶粉。

(1) 器具消毒。新生儿的抵抗力很弱,容易细胞感染,调乳器和配奶的各种用具必须每次消毒。最常用的方法是用开水煮5～6分钟。用蒸煮器需要10分钟。奶嘴的消毒有3分钟即可。奶瓶用过后要马上倒出剩余的牛奶,然后反复用清水刷干净,口朝下倒立着放好。

(2) 调配方法。不同时期的新生儿食用牛奶的调配方法不一样。新生儿在喂养的头两天,可以是2：1;一周以后,4：1(如能用米汤代替水更好,米汤易被消化吸收,且为以后添加辅食打下基础);满月后可用全奶,牛奶中就不用加水了。也可根据新生儿的大便判断,适量少加水。以大便正常,无奶瓣为准。如果是配方奶粉,则按说明进行调配。

(3) 喂奶的方法。给新生儿喂牛奶时,一定要亲手抱起婴儿,姿势与母乳喂养一样,要坐得舒服。当成人的肌肉放松时,婴儿就会感到成人身体的柔软。同时,也要使婴儿以十分轻松的姿势吃奶。让婴儿在全身都感受到成人的呵护的过程中吃奶。奶嘴上孔的大小以倒立奶瓶时每秒钟滴1滴为宜。

出生1周至15天的婴儿一般每次吃奶70～100毫升,以在10～20分钟内吃完较为合适。但是,也有1周左右的婴儿吃一点就不吃了,也有在休息两三分钟后又开始吃的。不过,每次的授乳时间以不超过30分钟为宜。在吃奶后不到30分钟里婴儿啼哭时,可以把上次吃剩的奶拿来喂婴儿,如果超过30分钟,就不能再要了。

(三) 混合喂养

如果妈妈有工作不能及时喂乳或母乳不足,可以采用混合喂养。一般来说,每次最好先喂母乳,不足部分再喂奶粉。方法同上。

二、新生儿护理

1. 生理性黄疸

新生儿有一半左右,于出生后2～3天出现黄疸,皮肤、巩膜发黄,大小便正常。一般要持续7～10天即可消退。如果在出生后24小时就出现,颜色很深,消退后又出现,或者黄疸迟迟不退,逐渐加重,

那就是病理性黄疸了,需及时诊治。也有一些新生儿不出现生理性黄疸。

2. 乳房肿大

出生后4~7天,新生儿会出现乳房肿胀现象,甚至有乳汁,一般两三周消退,这是因为婴儿出生时体内有一定量的雌激素、孕激素和生乳素,婴儿出生后,在一个月以内,仍然有生乳素而使乳房肿大。这时千万不要按摩或挤压孩子的乳房,易引起乳腺炎或乳腺囊肿。

3. 脐带脱落

正常新生儿脐带结扎1~2天后,开始干瘪,5~10天脐带脱落,7天后就可以长好。护理脐带的关键期是出生后10天以内。要保持脐带干燥、清洁,切勿被尿布等物品弄湿,每天消毒1~2次,尤其是洗澡后,应用75%的酒精棉由里往外擦洗。尿布不要盖过脐部,防止红肿感染。如果发现脐带周围发黄、发红或有异味等感染现象,应到医院诊治。

4. 新生儿洗澡

新生儿出生后第二天就可以洗澡,冬季每天一次,夏季每天至少两次。最好在喂奶前进行或在两次喂奶之间进行,哺乳后不可立即洗澡。室温要在26℃~28℃,水温大约38℃,以摸上去不烫手为宜。在婴儿脐带脱落前,上下身要分开洗。即给婴儿脱掉衣服后,用布或毛巾包好下身,左手托住头部,左手的拇指和中指将婴儿的两耳轻轻向内扣压,盖住耳道,防止进水。左肘和腰部夹住婴儿的下半身,右手用毛巾沾水擦洗脸及五官、颈部、腋窝、前胸后背、双臂双手。洗完上身后用干浴巾包裹上身,把婴儿头靠在左肘窝里,左手托住婴儿臀部洗下身。大腿沟、皮肤褶皱处一定洗干净。洗后将婴儿放在干浴巾上轻轻擦干水渍,用酒精棉消毒脐部,迅速穿好衣服,包好尿布。在脐带脱落后,先洗脸和头,然后可以把婴儿身体放入浴盆洗澡。注意动作要轻柔、快速,洗澡不应超过10分钟,以免婴儿疲劳和感冒。新生儿皮肤娇嫩,洗脸时不要用香皂,洗其他部位时要先将香皂抹在大人的手上,然后再抹摸婴儿。当婴儿患有湿疹时,不用香皂。

5. 新生儿臀部护理

新生儿的小屁股娇嫩,角质层薄,防御功能比成人低,且在尿布包裹中透气性不好,容易感染,因此要精心护理,勤换尿布。每次大小便后要用温水洗屁股,洗完后一定要用毛巾吸干,不能在湿时擦粉。首先,要注意保持臀部干燥,发现尿布湿后要及时更换。新生儿的尿布要选用细软、吸水性强的旧棉布或棉织品,如旧被单、棉毛衣裤等制作,这不仅柔软,不损伤新生儿的皮肤,而且透气性好,新生儿会感到很舒适。尿布外面不能包裹塑料布,因密闭不利湿热散发,极易发生或加重臀红。如为防止尿布浸湿被褥,尿布下面可垫以小棉垫或小布垫。在炎热的夏季,室温较高时可将臀部完全裸露,使新生儿臀部经常保持干燥状态。其次,要注意尿布的清洁卫生。换下来的尿布一定要清洗干净。如尿布上有污物时,需选用碱性小的肥皂或洗衣粉清洗,然后要用清水多洗几遍,要将碱性痕迹完全去掉,否则刺激臀部皮肤。清洗完后要将尿布用开水烫一下,拧干后放在阳光下晾晒干,以达到消毒灭菌的目的。此外,每次大便后,要用清水洗净臀部,保持局部的清洁。当皮肤发红,特别是破溃时,不要用肥皂清洗,以避免刺激局部。使用护肤品时,新生儿需要用纯正温和的、不含碱性及酒精成分的护肤品,浓度要比成人低,成分也不同于成人。如果臀部兜尿布的部位接触湿尿布的时间较长,大便、尿液刺激皮肤,很容易发生臀红,局部皮肤可出现红色小丘疹,严重时皮肤糜烂破溃,脱皮流水。这就是新生儿臀红。红臀又叫尿布疹,是新生儿常见的皮肤病,大多因护理不当造成。一旦发生新生儿臀红,在治疗的同时更要做好臀部的护理,这样才有利于臀红的尽快恢复。臀红的治疗,局部可涂护臀媚且不能再用扑粉。只要在治疗的同时注意护理好臀部的皮肤,臀红很快就会好转。另外,女婴小便更容易浸湿臀下的尿布,因此发生红臀的比例较男婴高。折叠尿布时注意女婴在臀部稍厚些,更需勤换、勤洗,保持臀部干燥。

6. 新生儿睡眠

(1)保证足够的睡眠时间。足够的睡眠是保证新生儿及婴幼儿健康的先决条件之一。年龄越小睡眠时间越长,宝宝出生后数日内每天睡眠时间可达20小时左右,即除哺乳时间外,基本上处于睡眠状态。

(2) 正确的睡姿。正常情况下,大部分新生儿是采取仰卧睡觉姿势,因为这种睡觉姿势可使全身肌肉放松,对新生儿的心脏、胃肠道和膀胱的压迫最少。但是,仰卧睡觉时,因舌根部放松并向后下坠,会影响呼吸道通畅,此时应密切观察新生儿的睡眠情况。对于侧卧睡的宝宝,家长应适时调整左右方向,以免造成偏脸现象。新生宝宝不能采用俯卧位睡姿,容易发生意外窒息。

(3) 不宜抱着新生儿睡觉。新生儿初到人间,就应从此时起使其养成良好的睡眠习惯,让宝宝独自躺在舒适的床上睡觉,不仅睡得甜香,也有利于心肺、骨骼的发育和抵抗力的增强。抱着宝宝睡觉,身体不舒张,身体各个部位的活动,尤其是四肢的活动要受到限制,不灵活,不自由,使全身肌肉得不到休息;抱着睡觉也不利于孩子呼出二氧化碳和吸进新鲜空气,影响孩子的新陈代谢;更不利于孩子养成独立生活的习惯。成人情绪不好时还会对婴儿的健康产生不良的影响。所以,抱着孩子睡觉对孩子有百害而无一利。

(4) 新生儿枕头不宜过高或过低。新生儿的脊柱基本是直的,头相对较大,几乎与肩同宽,平卧时,后脑勺和背部处于同一平面,因此没有必要使用枕头,也可用成人洗脸的毛巾叠成四折当作枕头。溢乳的宝宝,也不是能用加高枕头的办法可以解决的,应让他右侧卧,把上半身垫高些。宝宝到 3 个月会抬头时,脊柱颈段出现突出前面的颈曲;6 个月会坐后,脊柱胸段出现突向后面的胸曲;1 岁时会走,脊柱腰段出现突向前面的腰曲,所以从 3 个月后,脊柱就不再是直的了。同时,随着躯体的发育肩部也逐渐增宽。这时为使睡眠时体位合适,就应该开始用枕头了。婴儿的枕头的高度 3 厘米左右,新生儿的枕头过高过低,都会影响呼吸通畅和颈部的血液循环,影响睡眠的质量和白天的精神状态。新生儿枕头软硬度也要合适。过硬易造成婴儿偏头偏脸等畸形或枕秃,家长常由此误认为宝宝患了佝偻病;过于松软而大的枕头,会使年龄小的宝宝特别是新生儿发生窒息的危险。枕芯一般以荞麦皮或泡过茶后晒干的茶叶等吸湿性、透气性强,且能清洗的填充物较好。

7. 溢奶

看到新生儿呕吐,成人总会感到不安。实际上,新生儿大部分呕吐是溢奶现象,是新生儿的一种正常的生理现象。

新生儿的胃呈水平位,贲门较松弛,在平卧时容易呕吐。如果喂饱后无压力、无喷射性地从口边吐出少许乳汁,无面色改变,吐后不啼哭,称为溢奶,为新生儿正常现象。这种现象会随着婴儿长大而减少,直到 7 个月至 1 岁才停止。另外,小孩吸奶前哭闹较剧烈,吸奶时吸入空气过多,也可因暖气而溢奶,人工喂养不当如橡皮奶头开孔过大,授奶速度过快,喂养过多、太烫、太冷都会引起溢奶。

8. 修剪指甲

刚出生的婴儿指甲长得非常快,同时两只小手还不停地动,到处乱抓,很容易抓破自己的小脸皮儿。给婴儿剪指甲时,婴儿会很不配合,叫成人无从下手。这时成人可以跪坐在宝宝一旁,宝宝躺卧床上,成人再将胳膊支撑大腿上,以求手部动作稳固。握住宝宝的小手,将宝宝的手指尽量分开,用婴儿专用指甲刀靠着指甲剪。要把指甲剪成圆弧状,剪完后,成人可以用自己的拇指肚,摸一摸有无不光滑的部分。不要给宝宝剪得太深,以免引起疼痛;不爱剪指甲的宝宝可在他熟睡时或喝奶时剪;最好一周剪 2~3 次;也应为宝宝剪脚指甲。不要因为怕宝宝抓破脸,给他戴上小手套或捆住宝宝的双手,容易引起手指间的皮肤发生糜烂,限制了手指的自由活动。

9. 晒太阳

太阳光中的红外线温度较高,对人体主要起温热作用,可使身体发热,促进血液循环和新陈代谢,增加人体活动功能,太阳光中的紫外线能使皮肤里一种叫麦角胆固醇转变成维生素 D。维生素 D 进入血液后能帮助吸收食物中的钙和磷,可以预防和治疗佝偻病;紫外线还可以刺激骨髓制造红血球,防止贫血,并可杀除皮肤上的细菌,增加皮肤的抵抗力。因此,给新生儿晒太阳可以帮助婴儿更加健康。

新生儿晒太阳可按下面的顺序进行：① 最初的 2～3 天，可以从脚尖晒到膝盖，5～10 分钟即可。② 然后，可将范围从膝盖扩至大腿根部。③ 除去尿布，可连续 2～3 天都晒到肚脐,时间 15～20 分钟。④ 最后，可增加晒背部约 30 分钟。

注意,婴儿太小时,不能直接到室外暴晒。一般要等出生 3～4 周后,才能把新生儿抱到户外晒太阳,而且开始的时间要短,只晒一部分,然后再慢慢地增加时间和扩大范围。在户外,不要让新生儿吹风太久,不然容易感冒,头及脸部不要直接照射,可置于阴凉处或戴帽子。新生儿如果流汗,要用毛巾擦净,再喂些白开水或果汁,以补充水分。

第三节　新生儿的教育策略

新生儿的教育主要包括爱的抚育、感觉器官的刺激和动作的训练三个部分。

首先,新生儿不仅仅是需要解决温饱问题,他们也有心理和情感的需求,那就是爱。如果他们在这个时期没有得到爱抚和温暖,就很难对人产生信赖感,日后可能形成冷漠、缺乏安全感的不良性格。因此,要尽可能多地与孩子相处,为其健康人格的形成倾注一片爱心、奠定良好的基础。这是早期教育的首要内容。其次,婴儿是通过各种感觉器官来认识周围世界、发展智力的。因此,有目的、有计划地对婴儿的各种感官施加良性刺激,促使其视觉、听觉、嗅觉、味觉以及触觉的发展,进而促进其大脑的发育和智力的开发,是早期教育的重要内容。再次,加强新生儿的肌肉和骨骼锻炼,增强和促进其感觉运动能力及观察能力、思维能力的发展,也是新生儿教育的重要内容。另外,宝宝也需要做好开口说话的准备。

一、认知能力发展教育

新生儿离开母腹,面对一个新鲜的世界,一切需要他重新认识,建立联系,这是他初涉世界必须要经历的过程。认知能力的培养有利于婴儿尽早熟悉和适应自然及社会环境,成为主人。这其中包括前庭觉、触觉、视觉、听觉、味觉等多种感官的发展和训练。

（一）前庭觉发展训练

1. 婴儿前庭觉发展的意义

前庭觉是人体平衡感的关键。前庭觉的运作帮助人保持身体姿势的平衡和有效率的运动。当个体进行加速或减速活动时,前庭会调整头部的相对位置,以维持身体的平衡,在撞到东西或跌倒时,能马上反应,以保护身体。就犹如一架飞机的方向陀螺仪。如果发展不佳,可能会使人在不同的空间中迷失方向。因为光靠视觉人是无法精准地判断空间方向,必须结合前庭三半规管所提供的重力讯息,才能使我们对所看到的景象赋予正确的诠释。前庭系统与婴儿的语言发展也有很密切的关系,由于语言的发展牵涉到视、听、触觉,以及嘴、舌、喉部、声带、腹部等的肌肉动作,都与前庭的平衡反射关联在一起。所以,当前庭系统发展不良时,孩子的语言发展会受到影响,而产生迟缓或障碍。一般而言,前庭觉发展不良、平衡反射失常时,孩子会有好动不安,喜欢捉弄人、经常跌倒、爱旋转爬高飙速或惧高怕快易晕眩;视知觉空间感应失常、容易碰撞桌椅,方向感不分,眼球追视能力弱、专注力差、不喜欢阅读写字,数学与理科学习严重困难;听知觉音感能力不理想、对声音反应过敏易惊慌、语言发展迟缓;本体运动觉不佳、身体双侧协调困难、动作计划不当;甚至有脑神经抑制功能失常,引发情绪障碍等。

2. 促进婴儿前庭觉发展的方法

刚出生的新生儿对于策略和移动已经有明显的感觉,并且会做出反应。举例来说,当你将初生的宝宝抱起后忽然往下放低,他就会显得很慌张,并伸出双手做出类似拥抱的动作,这就是一种自然的反射动作。如果家里的小宝宝没有出现这些反射动作,则有可能为中枢神经异常,要特别留心。怎样适当地帮助宝宝发展前庭觉呢?

(1)提供足够的刺激,保证婴儿前庭觉发展。

成人想要及早启发孩子的前庭觉,就要从胎儿期展开积极的培育计划。在胎儿8~9周大时,受孕情况稳定,就可开始刺激其前庭发展,如妈妈可以与宝宝玩"鱼儿水中游"的游戏。并在婴儿出生至1岁左右,按月龄成长依序逐渐增加前庭感觉输入,以大幅度地增进宝宝的前庭平衡统合能力。

(2)抱抱亲亲对新生儿来说就是最好的启蒙方式。

让小婴儿从熟悉的海洋世界(羊水),来到适应充满地心引力的新世界,学习新的动作反应是十分重要的。由于羊水里充满了摇晃的刺激,所以在宝宝出生之后,成人可以轻柔地抱着宝宝亲亲他并轻轻摇晃,让他重温羊水世界的熟悉感觉,借以增加孩子的安全感。适度的摇晃可以刺激婴儿大脑和肌肉的成熟。尤其是对早产儿和体重较轻的婴儿而言显得更为重要。成人还可以将宝宝抱在怀中或放在摇篮里轻摇5~10分钟,每日3次。由于新生儿脑部发育尚未成熟,不可给予大幅度的摇晃,并避免因空间不足碰撞到物品,使得宝宝脑部受伤。

(3)成人应适度地让宝宝活动。

不要总是将孩子抱在手上或放在婴儿车里,以免阻碍影响他的身体发展和认知反应。摇篮是很好的发展婴儿前庭觉的育婴用品。它不仅可以启蒙孩子的前庭觉、促进平衡感,更可强化神经抑制功能,安稳情绪。选用手动摇篮可以自行控制摇晃幅度。如果能组合其他感觉刺激,对孩子而言,将有更大的效果。

锻炼婴儿前庭觉需注意:由于前庭感觉输入属于较强烈的感觉刺激,所以,在婴儿精神状况不佳或临睡前及饭后1小时都不适宜进行。

(二)感官训练

婴儿出生的时候,神经细胞还在生长,神经突触连接也在增加,大脑不断发育。当宝宝感知事物、观看人脸和物体、记住物体的位置、倾听话语和音乐等事情时,他的神经细胞之间的接点会增加且变得有组织,智力也得到发展。到了1岁的时候,那些不被使用、不被重复、不和其他神经细胞发生联系的神经细胞将消亡。所以,充分丰富的刺激是促进宝宝发育成长的最好办法。研究证明:得到充分锻炼和刺激的宝宝比没有被锻炼的宝宝要聪明得多。虽然宝宝每天睡眠时间长达20个小时左右,有人就认为无法与他们交流、游戏。其实不然,这时的宝宝已经开始逐步适应环境和社会,逐步与人交往,我们可以用适当的方法与他们进行游戏。宝宝刚出生还没有多少活动能力的时候,智力的发展是十分依赖成人的爱心和努力的。新生宝宝运动、表达、思维等能力都需要我们帮助锻炼。这一时期的新生儿大脑特别想接受和学习某种信息,所以需要适当地培养宝宝特定的能力。

新生儿的视、听、嗅、味等感觉都是初级的、原始的、不协调的,必须经过无数次丰富的感觉刺激和学习,才能使大脑把多种感觉信息综合起来。因此,对于新生儿来说,感官游戏是最有效的训练方式。

(1)听觉训练。婴儿生下来耳朵就很发达,虽然听不懂周围人在说什么,但是,反复地聆听母亲、老师和周围人的说话,会使他的听觉不断地受到刺激,有利于头脑的发育,又为今后学说话做好了准备。用发声的玩具或者妈妈、老师发出的声音引起宝宝转头寻找,如听音乐,以优美、舒缓的乐曲锻炼婴儿的听觉、乐感和陶冶性情。一首乐曲可以重复播放几次,每次10分钟左右,以胎教的乐曲为宜。婴儿睡觉时,不需要绝对的安静,谈笑声、电话声、电视的广播声等等,这些声音都会给婴儿大脑以良性的刺激。但不能过于强烈,过于强烈会影响婴儿的听觉。

(2)视觉训练。新生儿的视物距离是15~20厘米,因此成人经常在宝宝周围走动,妈妈、老师移动的脸也可成为宝宝的追视对象。还可以在新生儿摇篮的上方、床栏或够不着的地方挂上能动的、彩色的玩具,刺激宝宝视觉,注意隔一段时间移动这些玩具的位置,以免造成斜视。

(3)味觉训练。味觉是宝宝出生时最发达的感知觉。他们对味道的灵敏度甚至高于成人。在新生儿时期就有意识地对他们进行味觉训练,避免食物的单一化。随着孩子的成长,他们也就会乐于接受从未体验过的食品味道,不容易发生挑食、偏食,如可以隔一段时间适当更换奶粉。

(4)嗅觉训练。新生宝宝的嗅觉已经比较发达了,他们能够对各种不相同的气味做出不同的反应。通过对宝宝嗅觉能力的刺激和强化不仅可以帮助宝宝分辨和寻觅长期闻到的味道,建立起食物性条件反射,而且可以尽早地建立嗅觉空间定位能力。新生儿对来自母亲身上的气味特别敏感,闻到母亲身上的味道,会给他们带来一种安全感,不仅可以安定情绪,同时也可以增进孩子对母亲的感情。5~6天的宝宝就已经表现出对清香的喜爱和关注了,悄悄地把芬芳的鲜花放在宝宝的一侧,他们很快就会转过头去找气味的来源。经常用不同的气味这样做,不但可以训练宝宝的嗅觉,而且也帮助了小家伙颈部肌肉的锻炼。成人也可以读懂宝宝的表情语言。

(5)触觉训练。新生儿的触觉比较健全,同时也较灵敏,尤其在口腔、眼、前额、手掌和脚底部位,对母亲的抚摸非常喜欢。当成人轻轻触摸他的小手时,他会紧紧地握住你的手。成人应尽量多和宝宝进行适当的身体接触,这是一种良好的感情交流方式,也可促进宝宝对环境的反应能力,而且还能够让宝宝更有安全感。另外,可以用不同材质的东西来轻抚宝宝的皮肤,让他们尝试着去触摸、感知不同的物体。

二、动作发展教育

(一)抬头训练

新生儿的颈部力量小,不能支撑头部抬起,这限制了他的活动和活动范围。抬头练习不仅锻炼了婴儿的颈部、背部的肌肉力量,增加肺活量,而且能使婴儿较早地正面面对世界,接受较多的外部刺激。新婴儿自生下来后几天就可以锻炼俯卧,但1个月内的小儿俯卧还不能自己主动抬起头,只能本能地挣扎,使面部转向一侧,到2个月时能稍稍抬起头和前胸部,3个月时头能抬得很稳。成人可以竖抱宝宝,让婴儿的头部自然直立片刻;或让宝宝俯卧在成人的肚子上,引逗宝宝抬头;宝宝趴在床上,用玩具逗宝宝抬头并左右转动等等。

(二)四肢训练

新生儿只会伸伸自己的小胳膊,用脚和腿蹬被子,还不能做翻身、爬等动作。老师和爸爸妈妈可以为宝宝做一些简单的按摩动作,比如,轻柔地用手从肩到手、从腋下到脚按摩宝宝4~8次。这样的按摩可以使宝宝产生舒适愉快的情绪,锻炼宝宝的大肌肉活动。或者让宝宝仰面躺着,用手移动宝宝的四肢,给他做被动操,妈妈、老师可以边唱歌边做,让宝宝四肢的运动随节奏动。现在还很提倡游泳,新生儿游泳能够使婴儿在宫内蜷曲已久的肌肉、关节、韧带和肌肉得到锻炼,促进宝宝生长发育,使宝宝体格健壮。

(三)双手训练

在介绍婴儿抚触中就有锻炼双手抓握的游戏,成人将手指放在婴儿手中让他抓握。婴儿的运动机能是随着肌肉和神经系统的发育而逐渐完善的。婴儿通过抓握不同质地和形状的物体得到不同的刺激,存入不同的信息,为将来认识各种事物打下基础。成人可以在他头上方悬挂一些彩色的鲜艳的玩具,使孩子够得着、抓得住,以此来训练他抓握,或抚摸宝宝的手,让皮肤充分接触,并用长柄的玩具碰触宝宝掌心,逗引他抓握。还可以让他双手去抓悬挂的球,使两手共同完成一个动作,训练两只手的协调能力。

三、语言发展教育

孩子的语言能力是需要积累的。在经常的听、视的过程中,他们不断地将信息存储于大脑中,不断地模仿成人的口型,终于有一天像小草破土而出一样,才发出了人生的第一个字。所以,孩子一生下来就应该注意训练其语言能力,父母、老师要有意在不同的场合、不同的时间对孩子进行语言训练。对宝宝说话,引逗宝宝发音,在宝宝发出细小喉音的时候,模仿宝宝的声音,宝宝也会很高兴。在孩子睡醒、吃奶、玩耍、做游戏、被爱抚时要和孩子说话。"宝宝我们开始吃奶了";"我们开始做游戏了";"我们现在听的是摇篮曲"等等,宝宝虽然还听不懂话,但他能感受到温柔的声音,这种听觉刺激会加强成人与宝宝之间的感情。孩子在2～3周时即会发出"哦哦"的声音来应答成人的声音。父母、老师讲得越多,孩子应答得越勤。另外,可以有意地给孩子讲故事、说儿歌、听音乐等,训练孩子的听觉功能发展和语言能力。

四、情绪与社交能力教育

为了宝宝形成良好的性格和社会适应能力,成人从宝宝出生开始就要注意积极地引导和创造愉快的氛围。亲人经常的触摸、搂抱、亲吻、微笑,都会让孩子感到安全舒适。所以,成人要经常触摸、拥抱、亲吻宝宝,微笑着对宝宝点头、说话、逗宝宝笑等。尽可能让宝宝在快乐的氛围中成长,在笑声中学会与人交往,为培养良好的性格打下良好基础。其中,抚触就是一种非常好的安抚宝宝情绪、增强亲子感情的友好交流方式。

抚触是有技巧地通过操作者的手,对宝宝的皮肤进行有次序的、有手法技巧的抚摩与接触。让大量温和良好的刺激通过皮肤的感觉器传达到大脑的中枢神经系统,让小婴儿的感觉、触觉得到满足及心理安慰。婴儿抚触起源于美国,我国儿童保健专家刘纪平教授和沈月华教授被授为强生婴儿抚触中国大使。他们认为0～3岁是婴儿抚触的关键期,越早开始对婴儿进行抚触,效果越明显。

(一) 婴儿需要抚触

人天生存在一种鲜为人知的饥饿,就是人对抚摸的要求,我们可以叫它"肌肤饥渴"。人类皮肤上面的触摸感受器对接受刺激有一定的需求,如不能满足这个需求,就会出现"饥饿感"。皮肤饥饿在婴幼儿期尤为明显。研究人员曾做了个实验,把两只假母猴放在铁笼内,其中一只是用铁丝围箍的假母猴,怀里有奶瓶。另一只则是用柔软的皮毛围箍的没有奶瓶的假母猴,然后把一只出生不久的幼猴放在笼里。结果,幼猴长时间依偎在用毛皮裹着的假母猴身上,只有饥饿难耐时才爬到有奶瓶的假母猴身上吃奶,吃饱后马上又回到皮毛假母猴怀里。可见,人类和动物幼时都存在皮肤的感觉需求。

对成长中儿童的观察也证明,那些出生后与母亲迅速建立密切关系,出生后当即由母亲拥抱哺乳,构成良好母婴联结的儿童,很容易建立起对他人的信任感,而这种信任感是儿童形成健全人格的必要基础,这类儿童以后的哺育过程比较顺利,更容易被母亲经常拥抱抚摸,长大后往往显得性格开朗、自信心强和富有爱心,社会适应性较强。相反,遭早期情感剥夺的儿童常显得胆小退缩、过分敏感,容易出现焦虑、性格孤僻、对人冷漠、防范他人的心理特点,人际交往能力较差,社会适应性不强。触觉的功能并不限于令人感到舒适与安全,婴幼儿较容易将手或玩具塞进嘴里,这不仅是吃的本能所驱使,还因为儿童早期存在着一个"口唇欲期",需要通过接触和吸吮来满足唇舌这类感觉敏感部位的感觉需求。同时,用这种方式来确认或分辨眼前所见到的东西,运用触觉来认识周围的事物,并帮助自己发展其他方面的感觉(如视觉)。

解决婴幼儿皮肤饥饿的方法是经常搂抱和抚摸他,搂抱时还可以与孩子对视,甚至用眼睛和孩子"说话",这样做对孩子身心健康地成长是很有益处的。每天给婴儿进行系统地抚触不仅有利于婴儿的生长发育、增强免疫力、促进食物消化与吸收、减少婴儿哭闹、增加睡眠,还能增进父母、老师与宝宝的亲情交流。科学研究证明,抚触可以刺激宝宝的淋巴系统,增强抵抗能力,促进疾病儿的康复;改善消化系统,增进宝宝的食欲;促进宝宝正常睡眠节律的建立,减少不良睡眠习惯的形成,平复宝宝暴躁的情绪,减少哭闹;提高和促进情商的发育,促进亲子情感的交流,使宝宝自身素质及心理平衡的发育得以提高。

（二）抚触方法及要求

新生儿于出生后第二天即可开始进行抚触，每日1~2次，每次15分钟。可以按前额→下颌→头部→胸部→腹部→上肢→下肢→背部→臀部的顺序进行轻柔抚摸，每个部位重复4~8次。

新生儿抚触前，要做好准备工作。房间内要温暖且安静，不要在通风的地方进行。室温控制在28~30℃之间，播放一些柔和音乐，如胎教音乐；准备好适量的润肤油、润肤露、爽身粉以及干净的衣服；摘掉抚触者手上的手表、戒指等饰物，抚触者要用热水洗手、没有长指甲，且心情放松，充满爱意。抚触的时间宜安排在婴儿沐浴之后，睡觉前，两次喂奶之间，婴儿不饥饿，不疲倦，不烦躁且清醒时进行。抚触过程中，抚触者要轻轻地与婴儿交谈，将自己满怀的爱意传达给宝宝。

新生儿抚触是一种简便而行之有效的、低投入高产出的育儿方法，有积极的意义和价值。

另外，成人要经常把婴儿抱起来，抚摩婴儿，逗弄他玩儿使他感到满足，安抚他的情绪，这会使婴儿的身心得到发展。婴儿需要适度的怀抱，这不但有利于婴儿身心的发育，而且会在母子、师生间建立起永不磨灭的情感。成人和老师为婴儿洗澡时，不但要为宝宝创造良好舒适的洗浴环境，还要轻轻地触摸宝宝的身体，使宝宝心情愉快。

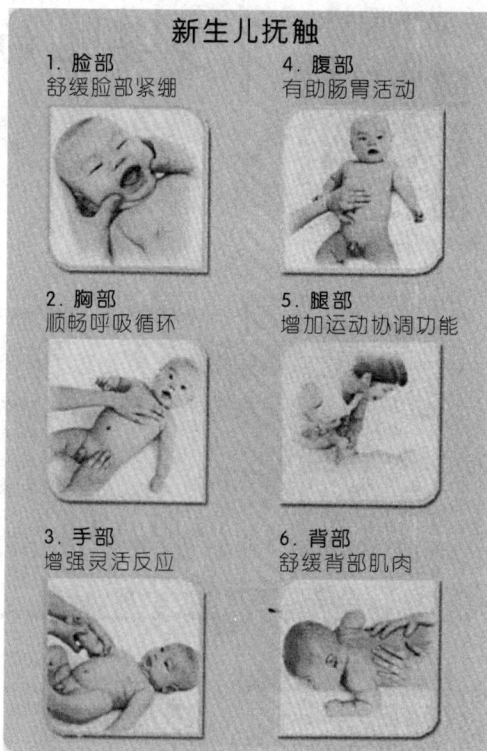

新生儿抚触

1. 脸部
舒缓脸部紧绷

4. 腹部
有助肠胃活动

2. 胸部
顺畅呼吸循环

5. 腿部
增加运动协调功能

3. 手部
增强灵活反应

6. 背部
舒缓背部肌肉

（选自百度网站）

思考与作业

1. 新生儿成长发育指标有哪些？

2. 新生儿喂养方式有哪三种？为什么母乳喂养是最好的？这三种喂养方式的过程怎样操作？

3. 新生儿护理的主要内容及睡眠的时间、睡姿的要求是什么？怎样给新生儿晒太阳？

4. 新生儿教育引导的内容及要求。

5. 新生儿抚触的重要意义是什么？怎样进行抚触？抚触要注意什么？

6. 新生儿前庭觉发展有什么重要意义？怎样进行锻炼？

操作训练

1. 为新生儿抚触。

2. 设计一个新生儿游戏。

3. 为新生儿洗澡。

4. 新生儿的人工喂养方法。

5. 给新生儿洗澡。

6. 给新生儿剪指甲。

第五章

教学课件

1岁婴儿的发育、护理及教育策略

本章学习重点

1. 阐述1岁婴儿的成长发育指标及1岁婴儿的膳食搭配及添加辅食的方法。

2. 探讨1岁婴儿日常护理的主要内容及需要注意的问题。掌握婴儿主被动操的操作方法。

3. 阐述1岁婴儿的预防接种重要意义及接种时间和护理要求。

4. 介绍1岁婴儿的教育内容及策略。包括1岁婴儿动作发展、认知发展、语言发展、生活能力教育、情绪情感发展等内容。

本章学习建议

1. 通过本章的学习,重点是建立现代的、科学的教育认识和理念,在婴儿发展的关键期把握好教育的机制,促进婴儿成长。

2. 关于婴儿教育的问题和方法很多,本章只介绍主要的部分,所以在学习过程中还要多方吸收经验,相互交流学习,丰富对婴儿教育问题的看法,形成科学的教育理念、掌握恰当的方法。

3. 在学习过程中要将理论与婴儿成长实例、实际生活结合起来,既能生动活泼、易于掌握,又能拓展知识,加深理解。

第一节　1岁婴儿的发育指标

在出生后这一年中婴儿以最快的速度发育成长,从完全无力支撑自己,到独立站立并开始行走;从只有感觉活动到能听懂一些语言,会用表情、动作和声音交流、表达自己的意愿。父母及育婴师似乎突然间感觉到他们长"大"了。他们的动作更加熟练,控制事物的能力增强;他们是活跃的运动家,每天进行着持续不断地探索、尝试;有一定的独立意识,好奇心逐渐增强,很多事更愿意自己去做;他们喜欢与人交流,继续学习自我服务的技巧,喜欢听成人的赞扬。同时,也显示出男女儿童在身体发育、精神和气质上的差别。下面介绍一岁婴儿生理发育、心理发展、动作与能力发展及社会性行为方面的主要特征。

一、生理发展

在第一年里,婴儿身高和体重增长很快,身高可以增长20～25厘米,是出生时的1.5倍。体重可以达到出生时的 3 倍。男孩的体重平均为 9.87 公斤,女孩的体重平均为 9.24 公斤,男孩体重一般不应低于 7.79 公斤,女孩体重一般不应低于 7.18 公斤。男孩的平均身高为 76.5 厘米,女孩的平均身高为 75.1 厘米。到 12 个月末,宝宝一般应该已出牙 6~8 颗,前囟门已闭合很多,婴儿其他的身体各器官的构造和机能也在迅速发育和成熟的过程中,如新生儿的脑重只有 350 克左右,一岁时就长到 500 克。从出生到 1 岁,婴儿的脑重量几乎以平均每天 1 000 毫克的速度增加,6 个月内几乎每分钟增加脑细胞 20 万个。出生后第三个月是宝宝脑细胞增长的第二个高峰。因此,母乳喂养宝宝的育婴师和妈妈要注意,要适当增加健脑食物,以保证母乳能提供给宝宝足够的营养,促进宝宝大脑发育。连接中枢神经和全身的植物神经发育基本完成,神经纤维髓鞘化正在迅速进行。孩子的身体在逐渐强壮,但仍十分娇弱,因此需要成人继续精心护理,动作轻柔、讲究卫生。

二、心理发展

1. 感知觉的发展

研究表明,胎儿在妊娠末期就已经基本完善了其听觉和视觉器官,具备了初步的听觉和视觉能力。例如,胎儿在母体内就能听到来自体外的音乐声、人声等声音,并且对光线刺激有明显的动作反应。而在婴儿出生后两三周就开始了视觉集中,这时凡是活动的东西、响亮的声音或鲜艳的东西等都会引起婴儿的片刻注视。在人生的第一年里,婴儿的视觉集中时间不断延长,距离越来越远。婴儿的视觉随年龄的增长改变明显,1 个月开始出现头眼协调,眼在水平位置上在 90°内随物转移,3 个月时协调更好并开始辨别物体大小及形状,9 个月时能较长时间看 3~3.5 米内的人物活动。宾夕法尼亚大学医疗中心的理查德·斯通博士研究发现,灯光会促使正在迅速发育的婴幼儿的眼睛发生变化。尽管他们的眼睛确实闭着,然而灯光仍会透过眼皮进入眼睛,导致有害的影响。研究人员向家长们提出建议,夜晚最好还是关了灯让孩子睡觉好。

2. 动作的发展

婴儿动作发展包括身体的协调和手眼动作的协调两方面。在第一年里,婴儿动作发展迅速,最先学会抬头,然后是俯撑、翻身、爬行。爬是婴儿动作发展中的一个关键关节,大量研究证实,早爬和爬的时间长的婴儿比晚爬或爬的时间短的婴儿要聪明得多。婴儿 6 个月后大人开始扶他坐,7 个月后可以独立坐着,8 个月后开始练习扶站,同时练习迈步、爬阶梯等。一岁的婴儿可以独立站立并迈上几步。可以站起、坐下,绕着家具走,行动更加敏捷。站着时,能弯下腰去捡东西,也会试着爬到一些矮的家具上去。有的宝宝已经可以自己走路了,尽管还不太稳,但宝宝对走路的兴趣却很浓。另外,宝宝开始更频繁地使用某一只手,可能是左手,也可能是右手,不必强行纠正,顺其自然,让宝宝的左右大脑都得到锻炼。现在宝宝还喜欢将东西摆好后再推倒,喜欢将抽屉或垃圾箱倒空,喜欢模仿动作行为表情。手眼的协调动作是按眼睛的视线去抓握见到的物体的眼手配合动作,3 个月前抓握动作是无目的、不协调的,之后出现用手摸到东西便会抓握或摇动,但随时又放弃。四五个月以后,能根据眼睛看到的信息来调整自己的身体和动作去抓握物体,6 个月后,婴儿出现五指分开和双手配合的动作,如抱起球,敲打物体、玩具等,并热衷于重复同样的动作,这些都有利于婴儿认识物体、世界和促进其心理的发展。婴儿的动作发展规律可以归纳为:从整体动作到分化动作,如从双手无目的地乱动到单手有目的的动作;从上部动作到下部动作,依次出现抬头、翻身、坐、爬、站立以至行走;从大肌肉动作到小肌肉动作,如从头部、躯干动作到灵巧的手部小肌肉动作;由正性动作到负性动作,如先握后放,先向前走后退着走。其中,手的动作的发展是巨大的,而手的动作的发展推动了大脑结构和功能的日趋完善,更有利于孩子智力水平的提高。

表 5 - 1 　全身动作发展顺序①

月　龄	动作名称	月　龄	动作名称	月　龄	动作名称
2.1	稍微抬头	5.8	独坐前倾	9.3	从卧位坐起
2.6	头转动自如	6.1	扶腋下站立	9.4	独自能爬
3.7	抬头及肩	7.2	蠕动打转	10	扶一手站
4.3	翻身一半	7.2	扶双手站	10.1	扶两手走
4.7	扶坐直立	7.3	俯卧翻身	11.2	扶物能蹲
4.8	手肘支胸离床	7.3	独坐自如	11.3	扶一手走
5.5	仰卧翻身	8.1	给助力能爬	12.4	独站片刻

3. 认知的发展

认知指通过心理活动(如形成概念、知觉、判断或想象)获取知识。婴儿主要是通过知觉来丰富自己的认识,了解事物和环境。婴儿从半岁以后常常发出各种声音,像是与人对话,但这并不是婴儿说话,只是一些连续的音节而已,时而出现,时而消失,我们称为发音阶段。之后婴儿经过一定的训练,可以按成人的要求做一些简单的动作,如"谢谢"会两手合拢上下摇,用手去指育婴师、妈妈问的"灯"等,通过做手势开始与人交流,表达他需要的东西,他也会模仿许多他见到的成年人的说话姿势。与孩子经常交流的育婴师能够很好地"翻译"婴儿的一些单音话,并用完整的话重复他的意思,鼓励他说出来。如果向接近1岁的孩子要东西,他会作出反应并给你。这表明他已经能够听懂一些词语的简单含义,这是理解说话阶段。渐渐地,婴儿也会自己发出一些声音表示自己的意愿。有的婴儿会说少量的单词,如叫"妈妈"、"爸爸"、"拿"……这就开始了牙牙说话阶段。

随着年龄的增长,婴儿神经系统不断地成熟,婴儿的记忆能力也越来越强,如1~4个月的婴儿手中的玩具被人拿走会无表示,而到4~8个月时则有有所失的表现,甚至会作极短暂的寻找,而8~12个月时就会较长时间去寻找。其记忆特点是:首先,记忆内容少,只限于日常接触的少数人和事;其次,记忆时间较短,一般只能保持几天。思维是人脑对客观现实间接的和概括的反映,婴儿期的思维活动只能说是一种萌芽。在婴儿周岁时,你会观察到他将新的认知行为与游戏融合,产生一种新的迷恋。例如,不再将一个玩具电话作为一个用来咀嚼或敲打的玩具,当他看见别人打电话时,他将模仿打电话的动作。

4. 情绪和社会性发展

此时的婴儿有了愉悦、失望、害怕的情绪体验,并与熟悉的人有交流活动。婴儿最早认识的人是抚育他的人,每次喂奶,婴儿都会和妈妈或育婴师对视,由于他们不断满足婴儿的需要、他会对其表情、动作和语言做出积极愉快的微笑、愉快的声音及手脚的活泼动作。这就是最早的交往需要。半岁以后的婴儿会表示出对亲人的依恋,更加依恋育婴师和母亲,分离带来的焦虑会令孩子感到痛苦;对陌生人表示拒绝或表示出害羞、恐惧,这是婴儿社会认知能力发展的表现。在不断的实践中,他会有成功的愉悦感;当受到限制(尤其是成人总说不要、不能……),遇到"困难"时,仍然以发脾气、哭闹的形式发泄因受挫而产生的不满和痛苦。执拗行为发生较多,使育婴师感觉孩子越来越不"听话",但是孩子并不理会育婴师讲的"不"这个词。在这个阶段,孩子会与育婴师玩推球的游戏,这是与人交往的能力发展的一种表现。

5. 自理能力发展

进入这个阶段的孩子用勺子的动作逐渐平稳。很希望自己吃饭而不用别人帮忙,他们能用勺子盛上饭,放进嘴里1~2勺。吃饭时,孩子仍会闹腾得一片狼藉,但这是日后孩子自己吃饭的基础。

---

① 许政援,沈家鲜,吕静,曹子方.儿童发展心理学.长春:吉林教育出版社,1991.

第二节　1岁婴儿的营养与保健

从出生至1周岁的这段时期是婴儿生长发育最快的一年,一年内体重增加至出生时的3倍,1周岁身高增加了50%。不仅是身高体重的增长,身体组织的组成也发生巨大变化,新陈代谢旺盛,营养素需要量比成人要高,但消化能力比成人弱,故饮食供给必须结合其消化功能特点,合理喂养,才能避免营养不良及消化功能紊乱,保证婴儿健康成长。

一、婴儿合理膳食

从宝宝出生到1周岁期间,母乳将是他们的主要食物和营养来源,同时这一阶段又是宝宝大脑发育的关键时期,因此为宝宝提供高质量的母乳是非常重要的。据研究,0~1岁宝宝的脑重量几乎平均每天增长1000毫克。出生后6个月内平均每分钟增加脑细胞20万个。出生后第三个月是脑细胞生长的第二个高峰。为了促进宝宝的大脑发育,要保证母乳的足量和高质,因此也需要给妈妈添加一定量的健脑食品,以保证母乳能为宝宝大脑发育提供充足的营养。

1. 喂养

母乳是婴儿唯一理想的均衡食物,而且独具免疫物质,有利于婴儿的正常生长发育。也有利于母子双方的亲近和身心健康。保证母乳喂养至少4个月或一年,条件允许的话,可以坚持到婴儿两岁。对于母亲不能授乳的情况下,应为婴儿选择合适的、各种营养素齐全的、经卫生部门许可出售的婴儿配方奶制品或其他同类制品,并根据产品使用说明进行喂养。对于婴儿哺喂次数的安排,母乳喂养与人工喂养是不尽相同的。目前的研究表明,母乳喂养婴儿没有定时的哺喂安排,哺喂次数取决于婴儿的要求,什么时候饿了,就可以什么时候哺喂。如果是人工喂养儿,由于牛奶不如人乳易消化,一般可考虑每日安排6~7次喂哺时间。每次喂奶间隔为3.5~4小时,在喂奶间隔中,还应给小儿喂1次水。人工喂养的小儿在2个月以后就应加菜汁了,一般在喂奶的间隔中每天加1次,以补充牛奶中维生素的不足。小儿在4个月以后,基本与吃母乳的孩子一样加辅食,喂奶次数也同样的可减少至每日4次,减下的喂奶次数用辅食补充。婴儿要求哺喂的时间就逐渐具有一定的规律了。在满4个月以后,开始增加辅助食品时,一般可考虑安排4次哺喂时间,在2次喂奶的间隔中,可添加蛋黄、米汤、菜汁等辅助食品。在11个月左右,可将喂奶时间减少为3次,再增加喂辅食的次数。

2. 添加辅食

在母乳喂哺4个月至一岁断奶之间,是一个长达6个月的断奶过渡期。此时应在坚持母乳喂养条件下添加辅食,以满足婴儿迅速生长发育的需求,保证婴儿的营养和健康。不添加辅食的,会导致婴儿食欲下降或食欲异常,体重减轻,发生各种营养缺乏症,这些都会影响婴幼儿智力发育,故必须适时添加辅食。8~12个月是断乳适当的时期。断乳需逐渐进行,断乳前应逐渐添加辅食,4~5个月后的婴儿渐加蛋黄、菜泥、烂面、烂粥、肝泥等食物,6~8个月起哺乳次数可先减去1次,而以其他食品替代,以后逐渐减去母乳,可避免因突然断奶而引起的消化功能紊乱、代谢失调以及营养不良。

有步骤地补充为婴儿所接受的辅助食品。婴儿辅助食品又称为断乳食品。断乳是一个逐渐过程,婴儿随月龄增长,单纯用乳类喂养不能满足其正常生长发育需要,因此须逐步添加辅助食品以补充营养成分的不足,并给断乳打下基础。对于婴儿来说,没有任何一种食物或营养食品能满足其营养需求,即没有一种食物含有婴儿所需的所有营养素。因此,必须学会合理地搭配婴幼儿的食物。

辅助食品的添加应随婴儿生长发育营养需要、消化机能成熟情况,遵循从一种到多种,由少量到多量,由稀到稠,由细到粗的原则。由于4个月的婴儿消化吸收能力较差,胃肠适应能力弱,容易出现过敏,因此每次供给先从一种食物开始,并从很少量开始,观察3天以上,然后才增加分量,或试用另一种食物。这些食物应该加入适量的食用油,但不必加入食盐。添加辅食不宜在盛夏时间,同时,婴儿身体不适或天气炎热时要延缓增加食品以免孩子消化不良。

3 个月后要开始补充维生素 A、D,给宝宝补充鱼肝油。另外,可以加番茄汁、果汁、青菜水,每天 1～2 汤匙。鱼肝油中含有维生素 A 和 D,维生素 A 缺乏可能影响宝宝皮肤和视力的发育,缺乏维生素 D 则有可能导致佝偻病的发生,因为维生素 D 可促进食物中钙质的吸收,对宝宝的骨骼发育有重要作用。母乳和牛奶中维生素 A、D 的含量都比较少,为了满足宝宝生长发育的需要,无论是母乳喂养还是人工喂养的宝宝,都应该添加鱼肝油。宝宝服用,最好选用滴剂。特别注意不能补充过量,否则有可能会发生中毒。夏季宝宝室外活动较多,日照时间长,补充鱼肝油的量可以酌减。4～5 个月开始加入米汤、1/4 鸡蛋黄泥、豆制品、代乳粉、果泥等;6～7 个月后搭配烂粥、整个鸡蛋、碎菜末、较粗的果泥等;8～10 个月添加瘦肉末、肝末、鱼肉、豆腐、豆浆等;11～12 个月加软米饭、包子、面包、馒头等,肉、蛋、蔬菜等都不可以缺少。

表 5－2　添加辅食参照表

月　龄	辅　食
2～3 个月	菜水、水果汁、米汤
4～5 个月	鸡蛋黄、米粉或代乳粉、菜泥、鱼泥、水果泥
6～8 个月	鸡蛋、稠粥、烂面条、鱼泥、肝泥、瘦肉末、豆腐、饼干、馒头片、碎菜
9～12 个月	鸡蛋、软饭、小饺子或小馄饨、碎肉、碎菜、豆制品、小块蔬菜。

3. 补钙

近年来,随着缺钙而引发的一些疾病被相继证实,引起人们对缺钙危害性的重视。例如:儿童缺钙会引起佝偻病,发育迟缓;缺钙引起骨质疏松症,严重者甚至骨折;此外,缺钙还可导致牙齿脱落、神经痛、外伤后流血不止等。那么,如何保证婴儿充足的钙呢?俗话说得好,药补不如食补。小宝宝所需要的钙最好从食物中获得。众所周知,宝宝最主要、最好的钙来源是奶制品。一般来说,如果采用母乳喂养,只要妈妈没有严重缺钙的情况下,每 100 毫升母乳中含钙 30 毫克,平时可以多给宝宝准备些富含维生素 A、D 的食物,如动物肝脏、蛋黄、虾皮、胡萝卜、含维生素 A、D 的奶类等。按每天摄入约 900 毫升计算,那么通过母乳,小宝宝就已经可以得到比较充足的钙源。一般情况下,小宝宝从 4 个月大时开始添加辅食,这时由添加的辅食中也可以得到一部分钙源,如黄豆及豆制品、海产品、胡萝卜及一些绿叶蔬菜含钙量亦较高。对于人工喂养的宝宝,婴儿配方奶粉含有的钙是母乳中的 2～4 倍,虽然由于其中的磷较高导致钙磷乘积较高以及含有较多的酪蛋白会导致钙的吸收率相对较低,但是如果宝宝没有消化道的问题,他通过配方奶粉获得的钙源也是充足的。

4. 补铁

婴儿时期生长发育迅速,血容量增加快,所需要的造血物质多,对铁的需求量大。铁分不足可严重降低血红蛋白的生理活性,影响大脑中营养素和氧的供给。往往婴儿体内铁的含量会因为以下几点而不足:(1) 铁的储备不足:新生儿体内铁的含量主要取决于血容量和血红蛋白的浓度,婴儿体内的铁量与其体重成正比,故出生体重越低,体内铁的量越少,发生贫血的可能性越大。(2) 铁的补充不足:婴儿的饮食以乳类食品为主,乳中含铁量较低,牛乳含铁量则更低,不易吸收,如不及时添加铁剂就容易发生缺铁性贫血。(3) 铁的丢失:各种急慢性感染、经常性腹泻,以及一些慢性的失血,如流鼻血、有血小板减少性紫癜或钩虫病等,可造成铁的丢失而导致铁性贫血。故在小儿 6 周后就容易发生缺铁性贫血,所以婴儿应及时补充铁分。我国婴儿铁供给量为 10 毫克。对婴儿过早补充铁不仅不必要,而且会干扰乳铁蛋白的抗病能力。如出生一年的婴儿应该根据备注检查来决定服用铁剂的量;当婴儿能够吃离乳食物时可根据食物进行调整。动物肝脏、血、肉、鱼中等都含有丰富的铁,如豆腐蒸肉、猪肝泥、牛肉羹、猪血汤、银鱼白菜羹等。

5. 优质蛋白质

医学证明,饮食中的四种健脑物质,即色氨酸、谷氨酸、铁元素和维生素C,对大脑和智力发育有极为重要的影响。如果食物中缺少这四种物质,将影响大脑发育,引起记忆力下降、脑功能减退,甚至大脑发育不全。反之,若食物中这几种物质充足,就会明显促进幼儿的大脑发育,提高儿童的智力和记忆力。

脑的发育过程中,不仅需要能量,更重要的是需要蛋白质。此时脑细胞中的氨基酸代谢及蛋白质的合成很活跃。蛋白质是脑细胞的主要成分之一,占脑干重量的30%～35%,是脑组织发育代谢的重要物质基础,是主持脑细胞的兴奋与抑制过程的主要物质,在记忆、语言、思维、运动、神经传导等方面都有重要作用。婴幼儿蛋白质摄入不足,更会直接影响到脑神经细胞发育。因此,婴幼儿要摄食足够的优质蛋白质食物,医学认为,当婴儿6个月以后,开始发展神经、肌肉协调能力,此时期一定要提供丰富的蛋白质。

6. 补锌

小儿缺锌可导致免疫器官发育不良,主要表现味觉减退、厌食、消瘦和生长迟缓。锌是人体中80多种酶的组成成分和激活因子,直接参与蛋白质的合成、能量代谢及氧化还原过程,母乳中锌的吸收率高,可达62%。尤其是初乳含锌量高,平均浓度为血清锌的4～7倍。至少母乳喂养婴儿3个月,然后再逐渐改用牛乳或其他代乳品喂养。婴儿容易缺乏锌的原因是:(1)婴儿对锌的需要量增加:生长发育迅速期、营养不良恢复期均可出现锌需要量增加。(2)肠吸收功能障碍:慢性腹泻影响食物中锌的吸收。

预防方法:(1)提倡母乳喂养,初乳中含锌量最高。(2)对早产儿、人工喂养儿、营养不良、长期腹泻、生长发育过快等,均应适当补充锌,可以硫酸锌及葡萄糖酸锌为主。(3)平衡膳食,适当添加辅食。据测定,动物性食物的含锌量高于植物性食物,而且动物蛋白质分解后所产生的氨基酸能促进锌的吸收,吸收率一般在50%左右;而植物性食物所含锌,可与植物酸和纤维素结合成不溶于水的化合物,从而妨碍人体吸收,吸收率仅20%左右。人工喂养的婴儿应从4个月起开始添加容易吸收的富锌辅食,如瘦肉末、蛋黄、鱼泥、动物肝、牡蛎、花生米粉、核桃仁粉等。

7. 不宜摄入过量锰

锰是人体所需要的,但吸收过量可能影响6个月以下婴儿的脑发育。据美国食品与医药管理局公布的标准,婴儿每天可吸收锰0.005毫克,成年人则可吸收1.2毫克,即相当于婴儿的240倍。所谓的200氏症即是大量锰在大脑基底神经积累的结果。所以,不要给婴儿摄入太多锰,有研究发现豆奶中锰的含量高于母乳50倍,不适合婴儿饮用。

8. 维生素K

婴儿通常只吃母乳,奶汁虽然营养充分、全面,唯独维生素K含量偏低,仅为牛奶的1/4。因此,如果给婴儿单纯喂养母乳而不增加其他辅食的话,出生后24小时至3个月最容易维生素K摄入不足。因为母乳是婴儿期1～4个月时的唯一食物来源,乳汁供给维生素K匮乏,又会使得小儿出生后处于"维生素K后天失养"状况。维生素K严重缺乏的婴儿会出现脐带残端渗血不止,无故流鼻血,皮肤出现淤斑等症状,出血可因轻微伤引起,也可自然发生。一般多为渗血,即皮肤黏膜形成瘀点、瘀斑或血肿,但如果有外伤则出血不易止住。严重者可引起胃肠道出血,可吐出咖啡样物,便血也较常见。最严重的是颅内出血。颅内出血虽然从表面上不容易发觉,血块却可能压迫大脑中枢,直接威胁婴儿的生命。

针对小儿晚发性维生素K缺乏性出血的预防,首先的问题便是积极调整孕母和乳母的饮食结构,克服传统饮食习惯中的不足,增加新鲜蔬菜和水果的摄入,特别是富含维生素K的蔬菜和水果,如胡萝卜、青椒、西红柿、菠菜、油菜以及苹果、桃、橘子等。每日饮食中有一定品种数量的蔬菜,饭后吃一两个水果,可以大大提高维生素K及其他维生素的体内水平,使母血和乳汁中有丰富维生素K来满足胎儿及新生儿需要,将有效防止小儿维生素K缺乏性出血的发生。美国儿科学会营养委员建议,对所有新生儿在出生后 1 小时内即预防性注射 0.1～1 毫克维生素 K。近年来多数科学家认为口服和肌肉注射维生素 K 有同样的效果,从而避免了注射的痛苦和副作用。另外,也可在分娩前 24 小时内给孕妇肌肉注射 10 毫克维生素 K。

9. 水果

水果中含有丰富的维生素、矿物质、膳食纤维和一些生物活性物质,经常食用含丰富水果的膳食,对保持心血管健康、增强抗病能力、减少儿童发生干眼病的危险及预防某些癌症等方面,起着十分重要的作用。有充分、一致的证据表明,富含水果的膳食能降低多种癌症如口腔和咽癌、食管癌、肺癌、胃癌、结肠和直肠癌等癌症的危险性。水果中含有丰富的维生素 C 和类胡萝卜素可以预防坏血病和干眼病;水果中的维生素 C、类胡萝卜素和其他抗氧化剂能预防白内障,也能减少体内胆固醇的氧化,从而预防心血管疾病。例如:生苹果对于腹泻有治疗效果,苹果会吸收肠胃的一些有害物质,并将它们排出体外;春天吃樱桃对身体很有益;杏仁含丰富的铁和铜;无花果含有丰富的纤维素钙和维生素 B_1;柑橘类水果含有丰富的维生素 C,它产生的柠檬酸有利于对钙的吸收。1 岁以前的婴儿怎么吃水果呢? 可以选择新鲜、成熟的水果,如柑橘、西瓜、苹果、梨等,用水洗净后去掉果皮,把果肉切成小块,或直接捣烂放入碗中(先去果核),然后用汤匙背挤压出果汁,或者用消过毒的纱布挤出果汁,也可用榨汁机榨取果汁。也可将水果洗净后去果皮,用刀切成小块,放入沸水中,盖上锅盖,煮 3～5 分钟即可,等稍凉后再打开锅盖食用果水。3、5 个月大的婴儿即可吃果泥,先将水果洗净,然后用小匙刮成泥状。最好随吃随刮,以免氧化变色,也可避免污染。

10. 注意的问题

(1) 母乳喂养时间不宜过长。由于孩子的迅速生长,母乳不能提供足够的营养,还要影响孩子接受添加辅食。一般 8～12 个月就可以断乳或以婴儿喝完奶后,还不饱,那么就应该给婴儿断奶。断乳前逐渐增加辅食及减少母乳量及次数,断奶后在适合其消化能力的基础上合理安排膳食,保证各种营养素的供给。

(2) 鸡蛋不能代替主食。鸡蛋虽含蛋白质、脂肪、脂溶性维生素以及铁元素多,但也不可作为主食。因为宝宝胃肠功能差、消化性的酶(如蛋白酶、脂肪酶和淀粉酶)少,易引起腹泻或维生素 K 缺乏,还可增加体内含氨物质,打乱氮平衡,损害肾脏。一般每天 1 个即够。

(3) 水果不能代替蔬菜。以苹果和青菜比较,前者钙含量仅为后者的 1/8,铁含量仅有 1/10,胡萝卜素 1/25,而这些养分均是孩子发育的“黄金”物质。更不用说蔬菜尚有促进食物中蛋白质的吸收等独特的生理作用。水果、蔬菜两类食物只能互相补充,不可偏废,更不可互相取代。

(4) 软食不能代替硬食。孩子出世后 4 个月,颌骨与牙龈已发育到一定程度,足以咀嚼半固体食物。乳牙萌出后咀嚼能力进一步增强,此时相应增加食物硬度,让其多嚼,有利于牙齿、颌骨的正常发育。专家认为,高度的咀嚼功能是预防畸形牙最自然有效的方法之一。

二、婴儿护理

1. 皮肤护理

初生婴儿的皮肤需要 3 年的时间才能基本发育成熟,它的功能和结构都与成人的皮肤有很大的差别。宝宝的皮肤显得特别娇气、敏感,很容易受刺激,引发各种疾患。在宝宝 3 岁前,特别是最初 1 年,父母和育婴师一定要重视宝宝皮肤的日常护理。以下是婴儿皮肤的特点和护理方法。

(1) 婴儿皮肤容易吸收外物,对于同样量的洗护用品中的化学物质,宝宝皮肤的吸收量要比成人多,同时,对过敏物质或毒性物的反应也强烈得多。所以,保护好宝宝的皮肤,第一步就是选择合适的洗护用品。(2) 婴儿皮肤容易摩擦受损。婴儿的皮肤仅有成人皮肤十分之一的厚度,表皮是单层细胞,而成人是多层细胞;真皮中的胶原纤维少、缺乏弹性,不仅易被外物渗透,而且容易因摩擦导致皮肤受损。所以,为了宝宝的皮肤避免伤害,第二件事情是仔细选择和宝宝皮肤经常接触的日用品。如选用纯棉、柔软、易吸水的贴身衣物和尿布;用弱碱性肥皂清洗;选用细腻优质的婴儿爽身粉涂,并涂抹皱褶处。（3）控制酸碱能力差。婴儿皮肤发育不完全,仅靠皮肤表面一层天然酸性保护膜来保护皮肤,防止细菌感染。因此,一定要注意保护好这层皮肤外层的保护膜。不用碱性洗护用品清洗宝宝的皮肤,涂抹润肤露。选择 pH 值中性或婴儿专用的洗护用品。（4）皮肤的色素层单薄。婴儿皮肤黑色素生成很少,因而色素层比较薄,很容易被阳光中的紫外线灼伤。但阳光有利于宝宝的健康,可以预防佝偻病,这里指过分强烈的紫外线会损伤宝宝肌肤中的天然组织。因此,婴儿不能过度暴露在阳光下。外出时,需要涂抹婴儿专用的防晒剂。（5）体温调节能力弱。宝宝的汗腺及血液循环系统还处于发育阶段,体温调节能力远远不及成人,所以,当环境温度升高时,宝宝的体温也会随之升高。所以,要特别注意宝宝的冷暖。不要给宝宝穿戴得太多,被褥也应厚薄适中,即使在寒冷的冬天也不要包裹太严实。（6）抵抗能力差。婴儿自身的免疫系统尚未完善,抵抗力较弱,因此较容易出现皮肤过敏,如红斑、红疹、丘疹、水泡,甚至脱皮等。所以,应该避免宝宝皮肤遭受刺激。尽量使用不含刺激物的婴儿沐浴露和婴儿香皂;宝宝需要每天洗澡,但是,沐浴露和婴儿香皂绝不是每天每次都需要的,最好应隔天或隔 3 天使用。宝宝泪腺发育还不成熟,不能分泌足够的泪水保护眼睛,因此,他们的眼睛很容易受到外界刺激物的伤害。妈妈应该选用专为婴儿设计的洗发精或洗发沐浴露,尽量避免使用成人洗发精或二合一洗发精。应选购不含香料、酒精、无刺激,能保护皮肤水分平衡的护肤品。

2. 牙齿护理

6～8 个月的婴儿上下两个乳门牙萌出,8～10 个月上下两乳侧门牙萌出。当然每个宝宝有自己的成长特点,并不完全一致,一般不晚于 10 个月出牙属于正常。正确的口腔护理是宝宝拥有整齐、漂亮牙齿的关键。

宝宝吃过食物后,再喝白开水,清洁口腔。早晚用纱布裹住手指沾些清水擦拭宝宝牙齿。另外,有了牙齿要利用和锻炼它。有意给孩子吃些较为粗糙、干硬、含纤维较多的蔬菜、水果、馒头等,咀嚼中可以摩擦、洁净牙齿,刺激牙齿生长还可以使窝沟变浅,增强牙周组织结构,减少和防止龋齿发生。再者,不接触含糖量高的食物,不含奶瓶睡觉。避免婴儿入睡后,因唾液分泌和吞咽动作大大减少,留在口腔的奶汁使腐蚀性细菌繁殖,助长龋齿形成。最后,不要嚼食物喂孩子。大人有龋齿会传染细菌,即使没有也不卫生。

3. 婴儿床不宜过软或过硬

人的脊柱的生理弯曲是在生长发育的过程中逐渐形成的。新生儿的脊柱几乎没有弯曲,随着年龄的增长,静止和运动机能的发展,逐渐出现生理弯曲。出生后 3 个月能独立支撑头部时,才形成颈曲,6 个月能独立坐时,形成胸曲,到 1 岁开始行走时形成腰曲,但这些弯曲尚未固定,卧床时即消失,一般到 7 岁后上述弯曲才被韧带固定。幼儿脊柱椎骨之间的软骨层特别发达。所以,当婴幼儿体位不正或长时间一侧紧张等都会引起脊柱变形。事实证明孩子长期睡在不符合生理卫生要求的床上,是造成脊柱畸形的原因之一。当婴幼儿仰卧睡时,因身体躯干部较重,压迫弹簧向下凹陷,增加了脊柱生理弯曲度,脊柱呈弧形状态,使脊柱附近的韧带和关切负担较重。久而久之,易引起驼背。当孩子侧睡时,很容易造成脊柱侧弯畸形,从而引起胸廓畸形;同时,对孩子的肺、心发育都不利。

可见,床太软,对孩子的健康是不利的。既然睡软床不好,是不是睡硬床好呢?德国整形专家认为,睡硬床无论对睡眠还是人体健康都是不利的。因为坚硬的床面不能适应人体曲线的需要,结果会对肌肉和脊柱造成严重的负担和各种各样的损害。所以,床过软过硬对孩子健康都不利,也就是说,不软不硬的床是合适的。理想的床应该是能适应人体表面曲线需要,在仰卧时,臀部不过度下陷为宜。

4. 疾病预防

婴儿自身的免疫力还没有发育成熟,特别是 6 个月以后,母体带来的免疫力逐渐消失,所以,他们很容易被各种病菌感染而患病,其中一些传染病是可以预防的,如麻疹、水痘、百日咳等。因此,孩子不同的年龄阶段需要有计划地进行预防接种。医学上称之为计划免疫。疫苗分为计划内疫苗和计划外疫苗两种。计划内疫苗免费疫苗,是从宝宝出生后必须进行接种的。计划免疫包括两个程序:一个是全程足量的基础免疫,即在1周岁内完成的初次接种;二是以后的加强免疫,即根据疫苗的免疫持久性及人群的免疫水平和疾病流行情况适时地进行复种。这样才能巩固免疫效果,达到预防疾病的目的。计划外疫苗是自费疫苗。可以根据宝宝自身情况、各地区不同状况及家长经济状况而定。如果选择注射二类疫苗应在不影响一类疫苗情况下进行选择性注射。要注意接种过活疫苗(麻疹疫苗、乙脑疫苗、脊灰糖丸)要间隔4周才能接种死疫苗(百白破、乙肝、流脑及所有二类疫苗)。目前,我国实行计划免疫的疫苗有:卡介苗、脊髓灰质炎疫苗、百白破三联疫苗、麻疹疫苗和乙肝疫苗。出生时:乙肝疫苗(第一次)、卡介苗;1月龄:乙肝疫苗(第二次);2月龄:脊髓灰质炎疫苗(第一次);3月龄:脊髓灰质炎疫苗(第二次)、百白破(第一次);4月龄:脊髓灰质炎疫苗(第三次)、百白破(第二次);5月龄:百白破(第三次);6月龄:乙肝疫苗(第三次)、A群流脑疫苗(第一次);8月龄:麻疹疫苗(第一次)、乙脑疫苗(非活第一、二次)、(减活第一次);9月龄:A群流脑疫苗(第二次);12月龄:乙脑疫苗。接种卡介苗,可以增强宝宝对结核病的抵抗力,预防严重结核病和结核性脑膜炎的发生。目前我国采用的是减毒活疫苗,安全有效。在宝宝出生24小时以后接种。在出生后3个月时要到防疫站做OT试验,如果检查结果呈阴性,需要补种卡介苗。如果婴儿出生时没能按时接种,可在2个月内到当地结核病防治所卡介苗门诊或者疾病预防控制中心的计划免疫门诊补种。脊髓灰质炎疫苗,简称脊灰糖丸,是一种减毒活疫苗。婴儿出生后按计划服用此糖丸,可有效地预防脊髓灰质炎,即小儿麻痹症。共服用三次。注意不能在哺乳后2小时内服用,该疫苗是经肠道吸收的,服用后至少30分钟内不能吃热的东西。服用后发生呕吐会导致疫苗服用剂量不足,应补服。百白破三联疫苗是将百日咳菌苗、白喉类毒素及破伤风类毒素混合制成,可同时预防百日咳、白喉和破伤风。不能终生免疫,所以,以后还要继续接种。一旦有高热、局部硬结等症状较为严重的副反应,孩子以后不可再接种此疫苗。麻疹疫苗是一种减毒活疫苗,接种反应小,抗体产生快,免疫持久性好。乙型肝炎在我国的发病率很高,慢性活动性乙型肝炎还是造成肝癌、肝硬化的主要原因,让孩子接种乙肝疫苗是非常必要的。我国于2002年将乙肝疫苗纳入计划免疫。乙脑疫苗用于预防流行性乙型脑炎(简称乙脑)。由于流行性乙型脑炎在我国流行较广,目前我国已将此疫苗纳入计划免疫程序之中,所有健康宝宝均予以接种。

所有疫苗的接种都要注意,孩子必须是在健康、正常的情况下方可接种。同时,所有的疫苗接种都有一定的反应,如发烧、红肿、腹泻等,要注意护理。避免感冒、出入公共场所、多喝开水、热敷等,反应严重者要就医。

5. 日常护理要注意

(1) 不要抛摇婴儿玩耍

从婴儿的发育看,婴儿大脑发展较早,头部比较重,但颈部肌肉松软无力,抛扔婴儿容易使婴儿脑部受到强烈的震动,不利于智力发展,甚至使脑部受到伤害。所以,不要用力摇着婴儿入睡或抛着婴儿玩耍。

(2) 婴儿不宜看电视

婴儿的视力距离随年龄变化逐渐由近及远。3个月前的婴儿视力在60厘米左右,只能看到放在近处的玩具和物品,以后逐渐可以注视到1米左右的物体,以及更远的活动着的物体。看电视的适合距离为2米以外,这对婴儿是不适合的。婴儿看不清楚,增加眼睛的疲劳度,降低视力,所以婴儿不宜看电视。

第三节 1岁婴儿的教育策略

婴儿的心理发展无疑是在环境的影响和教育下发展而成。0～1岁是宝宝出生后,在生理、心理、社会意识等方面的觉醒期,从混沌走向开明,从无知到探索认知,如能及早得到外界的适当刺激和激励,将能最大限度地开发婴儿的多元智力,而这时期大脑的发育也是他们一生中尤显突飞猛进的一年。如果我们依据婴儿生理成长的规律,为他们创设更合理的教育环境,那么,将激发婴儿各方面的潜能,促进其成长和发展得更加完善。

一、积极锻炼婴儿动作发展

1岁以内的婴儿动作发展变化特别快,每个月都有新变化,这一年是婴儿动作能力发展最迅速的时期,所以动作训练成为这一年龄段教育指导的重点。动作发展包括大动作技能和精细动作两个方面,大动作技能发展遵循从整体动作到分化动作。最初的大动作技能常常是全身的、笼统的、弥漫性的,以后才逐渐形成局部的、准确的、专门化的动作。婴儿精细动作的发展主要体现在手指、手掌、手腕等部位的活动能力。精细动作的发展顺序,从用满手抓握到用拇指与其他四指对握,再到用食指与拇指对握,代表着婴儿大脑神经、骨骼肌肉、感觉统合的成熟程度。精细动作的训练应该依据发展顺序,逐步进行。选择和设计婴儿精细动作训练的基本规律:屈伸规律、左右规律、旋转规律、对称规律、五指共用规律、速度规律。

动作技能训练是婴儿身体生长、智力发展、社会行为培养的基础和重要途径,是训练婴儿大脑成熟的"催化剂"。通过运动,将使人脑各有关部位的神经联系更加丰富、更加精确。

动作技能训练能够增强婴儿的体制和体能。抬头、翻身等动作可提高婴儿动作的准确性、灵活性、协调性和平衡性。有利于培养婴儿的毅力、胆量、自信心、自控能力和良好个性。可以增加婴儿与同伴的交往机会,促进其更快从自然属性向社会属性发展。概括地说大动作技能训练的好处有:(1)促进身体和智力的增长;(2)促进大脑成熟;(3)增强婴儿体质和性能;(4)有利于婴儿个性的培养;(5)有利于婴儿人际交往的发展。

(一)婴儿被动体操

1. 准备

做操前,室内先通风,室温保持在 22℃左右,摘掉手上的戒指、手表等饰物,温水洗手,播放适合的音乐,脱去宝宝多余的衣服,与宝宝亲昵拥抱交谈,做好做操前的预热。2~4 个月婴儿只做 1~4 节;4~6 月婴儿可做 1~8 节。

2. 婴儿被动操操节

(1)第一节:双手胸前交叉

预备姿势:成人两手握住宝宝的腕部,让宝宝握住成人的大拇指,两臂放于身体两侧。

动作:第 1 拍将两手向外平展,与身体成 90 度,掌心向上,第 2 拍两臂向胸前交叉,重复共两个8 拍。

注意:两臂平展时可帮助宝宝稍用力,两臂向胸前交叉动作轻柔些。

(2)第二节:伸屈肘关节

预备姿势:同(1)。

动作:第 1 拍将左臂肘关节前屈;第 2 拍将左臂肘关节伸直还原;第 3、4 拍换右手屈肘关节,重复共两个 8 拍。

注意:屈肘关节时手触宝宝肩,伸直时不要用力。

(3)第三节:肩关节运动

预备姿势:同(1)。

动作:第 1、2 拍将左臂弯曲贴近身体,以肩关节为中心,由内向外作回环动作,第 3、4 拍还原;第5~8 拍换右手,动作相同,重复共两个 8 拍。

注意:动作必须轻柔,切不可用力拉宝宝两臂勉强做动作,以免损伤关节及韧带。

(4)第四节:伸展上肢运动

预备姿势:同(1)。

动作:第1拍两臂向外平展,掌心向上;第2拍两臂向胸前交叉;第3拍两臂上举过头,掌心向上;第4拍动作还原,重复共2个8拍。

注意:两臂上举时两臂与肩同宽,动作轻柔。

(5)第五节:伸屈踝关节

预备姿势:宝宝仰卧,成人右手操作宝宝左踝部,左手握住左足前掌。

动作:第1拍将宝宝足尖向上,屈伸踝关节;第2拍足尖向下伸展踝关节;连续做8拍,后8拍换右足,做伸展右踝关节动作。

注意:伸屈时动作要求自然,切勿用力过度。

(6)第六节:两腿轮流伸屈

预备姿势:成人两手分别握住宝宝两膝关节下部。

动作:第1拍屈宝宝左膝关节,使膝靠近腹部;第2拍伸直左腿;第3、4拍屈伸右膝关节;左右轮流模仿蹬车动作,重复共2个8拍。

注意:屈膝时稍稍帮助宝宝用力伸直时动作放松。

(7)第七节:下肢伸直上举

预备姿势:两下肢伸直平放,成人两掌心向下,握住宝宝两膝关节。

动作:第1、2拍将两下肢伸直上举成90度;第3、4拍还原,重复共2个8拍。

注意:两下肢伸直上举时,臀部不离开桌、床面,动作轻缓。

(8)第八节:转体、翻身

预备姿势:宝宝仰卧并腿,两臂屈曲放在胸腹部,左手垫于宝宝背颈部。

动作:第1、2拍轻轻将宝宝从仰卧转为左侧卧,第3、4拍还原:第5~8拍成人换手,将宝宝从仰卧转为右侧卧,后还原,重复共两个8拍。

注意:仰卧时宝宝的两臂自然地放在胸前,使头抬高。

(二)婴儿主被动操

婴儿主被动操适用于7~12个月的婴儿,每天可做1~2次,做时少穿些衣服,注意不要操之过急,要循序渐进。操作时,动作要轻柔而有节奏,可配上音乐。也可在户外锻炼。

(1)第一节:起坐运动

预备姿势:婴儿仰卧,成人双手握住婴儿手腕,拇指放在婴儿掌心里,让婴儿握拳,两臂放在婴儿体侧。

动作:

① 让婴儿双臂伸向胸前,两手间距与肩同宽。

② 拉引婴儿,成人不要过于用力。

③ 让婴儿自己用力坐起来。

(2)第二节:起立运动

预备姿势:婴儿俯卧,成人双手握住婴儿肘部。

动作:

① 握婴儿肘部,让其先跪再立。

② 扶婴儿站起,然后再由跪到俯卧。

(3)第三节:提腿运动

预备姿势:婴儿俯卧,成人双手握住婴儿两小腿。

动作:

① 两腿向上抬起,做推车状,随月龄增大,可让婴儿两手支持抬起头部。

② 重复2个8拍。

(4) 第四节:弯腰运动

预备姿势:婴儿同成人方向一致直立,成人左手扶住婴儿两膝,右手扶住婴儿腹部,在婴儿前方放一玩具。

动作:

① 使婴儿弯腰前倾。

② 拣桌或床上的玩具。

③ 拣起玩具成直立状态。

④ 成人放回玩具。重复2个8拍。

(5) 第五节:托腰运动

预备姿势:婴儿仰卧,成人左手托住婴儿腰部,右手按住婴儿踝部。

动作:托起婴儿腰部,使婴儿腹部挺起,成桥形。

注意:托起时头不离桌(床)面,并使婴儿自己用力。

(6) 第六节:游泳运动

预备姿势:让婴儿俯卧,成人双手托住婴儿胸腹部。

动作:

① 悬空向前后摆动,活动婴儿四肢,做游泳动作。

② 重复2个8拍。

(7) 第七节:跳跃运动

预备姿势:婴儿站在成人对面,成人用双手扶住婴儿腋下。

动作:

① 把婴儿托起离开桌(床)面(让婴儿足尖着地)轻轻跳跃。

② 重复2个8拍。

(8) 第八节:扶走运动

预备姿势:婴儿站立,成人站在婴儿背后或前面,扶婴儿腋下、前臂或手腕。

动作:

① 扶婴儿学走。

② 重复2个8拍。

3. 婴儿做被动操和主被动操注意事项

(1) 应选择在婴儿情绪较好时做。(2) 时间选在两餐之间,宝宝醒来后或喂奶半小时后进行。(3) 动作要轻柔,有爱心,坚持与宝宝愉快交谈。(4) 如果宝宝有不适现象应停止。(5) 贵在坚持,坚持时间越长越有效果。

(三) 婴儿爬行训练

1. 爬行的意义

爬行是很多动作发展的基础,首先婴儿利用四脚爬行时,因为他的颈部需要抬高,并且还会左右转动,这样会对颈部的发展有很大的帮助;另外,婴儿爬行时用手腕支撑身体重量,锻炼手腕的力气,对孩子将来拿汤匙吃饭、拿笔涂鸦都有益处。在宝宝爬行的过程中,更可锻炼宝宝膝、臂动作的协调与四肢关节的灵活度。因此,让孩子爬行几个月的时间是很有好处的。美国医生丹普尔等人联合倡导被动爬行模式,他们认为,爬行需要四肢和大脑的充分协调,这是一个非常好的外界信息刺激,对开发孩子的智力有明显的效果。爬行经验对婴儿客体永久性的发展具有明显促进作用。婴儿爬行动作有助于训练婴儿眼睛、手部及脑部协调的发展,对日后其他活动,如写字、玩玩具均有帮助。此外,有的研究人员通过同龄婴儿的对比观察发现,不会爬的婴儿,由于接触新鲜事物少,往往显得较为呆板、迟钝,动作也缓慢些,且易烦躁。研究发现扶手车延迟婴儿学会爬行行走的时间。权威专家指出:婴儿在1周岁前没有经过爬行是不宜学走路的,应该让他爬,否则会影响他视力的正常发育。因此,应该给孩子足够的爬行时间。

2. 爬行发展过程及锻炼

一般而言,婴儿爬行能力的发展要经过三个阶段。分别是抵足爬行、手膝爬行和手足爬行。抵足爬行是用手抵住婴儿的两只脚,使腿成蛙形,使之乘势以腹部为支点向前爬行。8～12个月的婴儿能用身体和膝盖支撑身体爬行,即手膝爬行。1岁左右的婴儿能用两手和两脚支撑身体,向前爬行,也就是所说的手足爬行。所以,当婴儿4、5个月时,应开始锻炼婴儿爬行,使其协调全身动作,扩大视野,增进婴儿活动的主动性。如让婴儿在床上、床下爬。成人可以用手推助婴儿的脚,帮助婴儿爬行,或用东西、玩具引逗婴儿爬的渴望。一直到周岁以后,孩子都可以加强锻炼。

二、认知能力发展教育

婴儿最初的认知活动主要体现在感知觉和动作发展上,因此,要为婴儿提供丰富多彩的适宜刺激,如色彩鲜艳的玩具,动听悦耳的音乐。还要为婴儿提供足够的活动空间,让他们在"摸爬滚打"中发展自己的动作,为以后的认知发展打好基础。0～6个月加强识别熟悉的面孔、认识身体主要部位。6～12个月发展婴儿的记忆力,让其了解因果相关性。成人可以教婴儿认形状、认红色、分大小、认图等。

三、语言表达能力发展教育

0～1岁婴儿的语言发展是处于前言语阶段。为正式说话做好充分的准备,在10个月的某一天,孩子的"话"就像春天出土的小草跃出大地。所以,这一阶段一定要对婴儿进行口语表达能力的准备培养。

(1) 丰富婴儿的语言环境,为婴儿说话做好准备。用多种语音和声音来刺激婴儿,与婴儿面对面地、简短而清晰地讲话,睡前倾听摇篮曲等乐曲,训练婴儿的有意倾听能力,多开展一些听音和发音的游戏。

(2) 鼓励婴儿说话。当婴儿用手势表达要求时,成人要鼓励他说出来,如果孩子说不出来,就帮助他说出来,以明确地教婴儿学习正确的表达;如果孩子能说而不愿意说,可以暂时不满足他的要求,而激发他说出来。

(3) 教婴儿说规范话。教婴儿说话时,一定注意要规范化,不说"儿化",如"吃饭饭"、"喝汤汤"等等。吐字要清晰、用词要准确,说普通话。

(4) 开展早期阅读。和婴儿进行"平行"的亲子阅读活动,初步激发婴儿阅读的兴趣,为养成良好的阅读习惯打下基础。成人要坚持与孩子一起听、读、说儿歌、故事等。有韵律的诗歌是儿童所喜欢的,容易引起他们的兴趣。可以选择短小的诗歌反复地说给婴儿听,要说得缓慢、清晰、有感情,诗的韵味和语言声音能引起婴儿愉快的感受、留下深刻的印象。或者,成人和婴儿可以边看图片或画册边讲述图片中的故事、名称。给婴儿看的图片、图册要特征明显、画面简单、色彩鲜艳。帮助婴儿建立语言、图形、色彩的印象。

四、生活能力教育

学习吃饭、用勺;独立坐盆、逐渐控制大小便;配合成人穿脱衣服、学习有顺序地放东西等。此时的婴儿每时每刻都在学习模仿成人的一言一行,成人想让孩子做事有条理、懂礼貌,就要以身示范。很多事情需要成人"做"给宝宝看,注意给孩子做个好榜样。同时,由于婴儿的认知和能力所限,很多时候不尽如人意,不要着急,要适度要求,面对现实,慢慢来。一定注意坚持重复正确的要求和做法,坚决纠正错误的做法,拒绝不合理的要求。

五、良好情绪及交往能力培养

1. 给婴儿以积极的情绪体验

愉快的情绪可使婴儿健康地生长发育,成人要以愉快、亲切、温柔的态度和情感照看婴儿,给婴儿提供身体和精神上的满足感。4～6个月的婴儿的情绪、情感已具有社会性,特别是5个月时,已认识母亲或经常抚育他的老师,喜欢看他们的脸、听他们的声音。所以,妈妈或育婴师要心情愉悦地为婴儿哺乳,并在哺乳过程中对婴儿轻柔地抚摸、交谈,引逗他发声,强化母子、师生情谊。还可以播放轻音乐、悬挂色彩鲜艳的玩具等都可以让孩子产生愉快的情绪体验。

2. 加强婴儿的社会交往能力

今天的婴儿大多是独生子女,婴儿阶段交往机会少,尤其是同伴交往。很多孩子有"社交恐惧症"。交往能力是一个人快乐生活的基础,在婴儿成长过程中,需要成人恰当的引导,帮助婴儿过良好的社交生活。例如,为婴儿树立良好的榜样,给婴儿学习、模仿的示范;进行交往内容的游戏,让婴儿尝试交往的态度、言行、规则等;多带婴儿到公共场所,实践接人待物等。

六、美感及艺术教育

成人要利用大自然丰富的内涵,以及丰富的生活事物引导婴儿感受美,体验美的乐趣,陶冶性情。在公园里看到漂亮的花朵、清清的湖水、回廊小径不觉的赞叹;听到虫鸣鸟叫,莺声燕语要体会生命的崇高。鼓励孩子用涂鸦、欢笑、模仿等方式来表达自己的情感和兴趣爱好。多为孩子准备优美的音乐、好看的图书、鲜艳动感的玩具等,锻炼孩子乐观向上的性情,勇于表达自己的感受和要求。

七、为婴儿选择适合的玩具

1岁的孩子是吸收性思维和各种感知觉发展的敏感期,是器官协调、肌肉发展和对物品发生兴趣的敏感期。孩子开始尝试运动自己的身体,喜欢到处探险,开始学站立、走路。有一定的独立意识,好奇心逐渐增强,很多事更愿意自己去做。逐渐懂得周围人与人之间的关系,喜欢模仿大人的动作,能听懂很多话,还喜欢听大人的赞扬。这时需要用玩具和游戏来帮助他发展,来增加他全身和四肢的活动。锻炼孩子各方面机能的发展,并增加了游戏的机会和内容,更有助于孩子的成长。

下面的玩具比较适合这个年龄的婴儿。

悬挂的灯笼、气球、吹塑玩具等有利于孩子视力的发展。婴儿满月后就可以挂在他仰卧时的前胸上方,不宜太多,色彩要鲜艳、简单;而各种具有响声的哗铃棒、拨浪鼓、音乐盒及能拉响的悬挂玩具等可以培养孩子的听力。从逗孩子玩过渡到让孩子自己摆弄着玩。但吹响的玩具不宜给孩子玩,不卫生。而积木、摇铃、积塑、敲打玩具等可以用来锻炼婴儿手的抓握及抓握的准确性、手眼协调的能力的发展。而球类、小推车、滚筒等在婴儿9个月以后比较适合练习蹲、站立、走路,加强动作的协调和灵活性,使腿脚更有力量。当然也需要成人的帮助和保护,以防摔伤和碰伤。现在的许多电动及惯性玩具,因为伴有音乐、声音及动感也很受孩子欢迎,增进孩子快乐情绪。而家中的许多东西也可以用来玩耍和游戏,如纸盒、瓶子等,一岁前的孩子对撕纸尤其感兴趣,喜欢听撕纸的声音、撕纸前后的形状的变化等,可以锻炼孩子双手的协调能力。成人还可以有意识地撕成不同的形状,说给孩子听、引起孩子的模仿等。选购一些套塔套碗等套叠玩具,让婴儿将其拆开,再套上去,不一定要求按大小次序套好。还可让婴儿练习将套环套在自己手臂上,然后取下等。积木可以帮助孩子在玩积木的过程中,认识图形,学会正确分类。提高了他们的思维能力和促进了他们智力发展。按红、黄、蓝、绿颜色把积木块分成类,然后把积木块配成对,还可按大小、长短、颜色多个标准统一起来,进行更复杂的分类组合排序的游戏,进而将积木块组成大小不一、颜色不同等各种类型的正方体、长方体等。在孩子玩玩具时,成人作为孩子安全的保护者、观察者、帮助者就好,切忌代替。

八、游戏介绍

(1) 2个月宝宝的游戏:挠痒痒

【方法】 用一些不同质地的物品如毛巾、海绵球或浸满温水的干净海绵,轻轻拂过宝宝的皮肤,看他的反应。

【点评】 触觉是宝宝探索世界的基本途径之一,宝宝在接触各种质地物品时,成人也有机会练习辨认宝宝的身体语言,相互间的协调反应,有助于建立宝宝的安全感。

【目的】 触觉锻炼、身体认知和社交能力的开发。

(2)6个月宝宝的游戏:找宝

【方法】 将宝宝喜爱的玩具的一部分藏在毯子下,然后边发问边引导宝宝将毯子翻开把它找出来。

【点评】 通过游戏"藏"的强化和延伸,帮助宝宝理解暂时看不到与事物客观存在的概念。

【目的】 精细动作技能、物体客观存在和表象记忆。

(3)10个月宝宝的游戏:追影子

【方法】 用电筒照射将成人用手作出的各种形态如动物等投射到墙上、地板上或低矮的家具上,鼓励宝宝"抓"。

【点评】 无论宝宝爬或走着去"抓住光束",都能促进宝宝的手眼协调,增强灵活性。

【目的】 追逐光线需要专心和身体的协调,锻炼平衡能力、手眼协调和大动作发展。

思考与作业

1. 一岁婴儿需要适当补充哪些维生素?

2. 怎样给6个月以上的婴儿添加辅食?

3. 一岁婴儿的饮食需要注意的问题是什么?

4. 一岁婴儿需要接种的疫苗及时间?

5. 一岁婴儿教育指导重点有哪些?

6. 爬行对婴儿的发展有何意义?爬行要经过那几个阶段?成人怎样帮助婴儿爬行?

7. 怎样促进一岁婴儿语言的发展?

操作训练

1. 练习掌握婴儿被动操和主被动操,模拟操作。

2. 为婴儿制作适龄的辅食。

第六章

2岁婴儿的发育、护理及教育策略

本章学习重点

1. 阐述2岁婴儿的成长发育指标。

2. 探讨2岁婴儿的喂养特点及建立饮食习惯的方法。

3. 阐述2岁婴儿的日常护理重点及习惯培养办法。

4. 讲解2岁婴儿的常见疾病及护理方法。

5. 探讨指导两岁婴儿成长的教育重点。教孩子学习生活自理;教孩子学规矩、养习惯;进行最初的性别教育等。

本章学习建议

1. 本章的重点是掌握两岁婴儿的营养与保健,正确理解合理营养、膳食对婴儿成长的重要意义,掌握照料婴儿饮食和日常保健护理的办法。在学习过程中还要多方吸收经验,相互交流学习,丰富对婴儿教育问题的看法,形成科学的教育理念、掌握恰当的方法。

2. 在学习基本内容的基础上,多阅读有关书籍、资料,丰富婴儿保健常识和技巧。

3. 大部分内容可以通过自学交流的方式学习,突出重点问题和个别问题。

4. 在学习过程中要将理论与各阶段婴儿成长实例、实际生活结合起来,既能生动活泼、易于掌握,又能拓展知识,加深理解。

5. 观察某一阶段的婴儿,做一项记录,并评析发育指标和成长情况。

第一节 2岁婴儿的发育指标

1～2岁的婴儿已经是一个会走路、会说话、爱发问、好探险的小家伙。经过一年的成长和学习,婴儿已经掌握了许多的本领。一岁以后学会走路,他的生活就发生了急剧的变化,从被动的、不能自主的生活,变为主动的、可以到处走动的生活,活动范围大大扩展,出现了不断闯祸、捣乱的现象。1岁半时,不仅会正着走,还会倒着走,2岁时已经走得很稳,并能扶着墙上楼梯。喜欢翻箱倒柜,只要他能打开柜子和接触到的东西,他就会拉出来,丢的到处都是。乱撕图书是他的一大喜好,且乐此不疲。喜欢听故事,听成人讲话,1岁多的某一天,他也开口说话了,而且进步很快,会说单词、短语,能与成人简单交谈了。1岁多的孩子可以听懂自己的名字,可以听懂一些简单的词汇,会叫爸爸妈妈,能同成人一样可以分辨声源,有了明显的回忆能力,可以想起很久前记住的事情,将之运用于当前的"工作"中。

可以模仿大人的动作。这时能随着节奏鲜明的音乐自发地手舞足蹈、做动作,会初步分辨颜色,喜爱色彩鲜艳的玩具,爱看漂亮的人脸,爱看图画书和大而鲜艳的图片。能听懂育婴师的话,可以听懂常用物品的名称,开始学说话,可以用简单的词汇表达自己的意思,如用"汪汪"代表小狗。他们害怕陌生人,害怕陌生、怪模样的物体,害怕未曾经历过的情况。这时有明显的依恋情结,喜欢"跟"育婴师的"脚",育婴师去哪里,他就跟着去哪里,喜欢与成年人交往,知道大人是高兴还是生气,会设法引起大人的注意,如主动讨好大人或者故意淘气。一岁半到2岁的孩子,不管看到或听到什么,总是会问:这是什么?那是什么?从这个时候开始,孩子的语言能力急速成长,几乎把所有精力都花在记事物的名称上。孩子一旦知道所有的东西都有名称后,就开始胡乱提出问题想要记起新的名字,而大人对此询问法通常不加理会。不过2岁前后的"问题阶段"所问内容都相当单纯,只是令大人感到啰唆罢了。孩子就是用这种方法来记人名及事物的,这也是一种聪明的表现。接近2岁时,喜欢自己做事,不喜欢成人干涉,所以,只要不危险就不要干涉或阻止他。手眼活动从不协调到协调,如可以自如地自己喂食饼干,五指从不分工到有较为灵活的分工,如可以用食指和拇指对捏糖块。双手从"各自为政"到能够互相配合,如可以一同摆弄玩具。精细动作获得发展,如可以独自抱着奶瓶喝奶,打开瓶盖,把圈圈套在棍子上等。和小朋友有了以物品为中心的简单交往,还不是真正意义上的交往,有了最初的自我意识,可以把自己和物品区分开,可以意识到自己的力量。有了最初的独立性,会拒绝大人的帮助,愿意自己动手,而且可以做些简单的事情。这时的孩子对时间的知觉有较大含糊性和局限性,他们从成人那儿模仿学到了一些有关时间的词语,但却不能把它用在正确的地方。这说明了孩子对时间概念的认识还不清晰。他们的注意力从1岁起就开始不断地发展,一般来说,1岁半时能集中注意力5~8分钟,2岁10~20分钟,能长时间地注意一个事物,自己也能独立地玩较长的时间。这时应让孩子更多地参与日常生活,在这些活动中,既能促进一家人之间的亲密关系,让你感受到孩子给家庭带来的无尽快乐,而且还能在活动中教孩子数数、认识事物,教孩子说话,培养他独立的能力,爱清洁、整齐的生活习惯。

一、体格发育指标

1~2岁的婴儿,从身体的形态上看,头比较大、躯干长、四肢短,显得头重脚轻,重心不稳。这一年与第一年相比,生长速度缓慢许多,身高约增长10厘米,体重增加2.5~3.5千克。男婴为85~89.91厘米,女婴为84~88.81厘米。体重比第一年增长2千克,男婴为12.89千克,女婴为12.33千克。2周岁时,男婴头围约为48.83厘米,女婴头围约为47.67厘米,达到成年时的90%。男婴胸围约为49.89厘米,女婴胸围约为48.84厘米。在1岁半时,前囟门关闭,头骨骨缝完全接合。2周岁时,已经长出16颗乳牙;睡眠时间为每天13~14小时。脑重增加,神经细胞增大,神经纤维的生理功能迅速完善,这时的婴儿神经系统基本上适应了外界环境。肌肉逐步发育,婴儿时期的脂肪逐渐减少。胳膊和腿逐渐加长,脚不再扭向一边,而是走路时朝前了。脸变得比以前更有棱角,下巴也显露了出来,样貌改变了许多。

二、心理发展特征

1. 动作发展

1岁的婴儿学会了独立行走,能蹲、能坐,能弯身拾东西;1岁半以后,行动更加自如,能攀上小滑梯,由人扶着走平衡木;1岁半到2岁的婴儿直立行走比较自如,接近2岁时,基本能跑了,但由于头重脚轻,平衡能力差,所以,跑时摇摇晃晃、频率快、两脚之间的距离也比较宽。可以运东西走、绕障碍走等。1~2岁婴儿的手眼协调和双手协调能力已经有了较好的发展,会玩各种套叠玩具,能将积木搭高,且独自一人可以重复玩半小时以上,喜欢拿着笔随意乱画,看图画书,用勺吃,端杯子等。特别喜欢扔东西,通过扔东西进一步锻炼了手眼协调能力和手腕、上臂、肌肉的发展,并且初步了解自己的行为对其他物体产生的影响,从而产生了最早的自我意识的萌芽。

2. 语言发展

儿童掌握语言的过程大约经历了两个阶段：言语准备期和言语运用期。1～1.5岁的婴儿处于言语准备期，这一时期的婴儿喜欢听成人说话、讲故事，逐渐理解成人语言的意思，说话的积极性不高。处于单词句时期，即理解言语阶段，特点是：(1) 单音重复。如"狗狗"。(2) 一词多义。如"灯"，可能是表示灯亮了；灯在那；或灯灭了。(3) 以音代意，而且多数是名词。如"饭"，表示自己想吃饭；"班"，表示爸爸上班去了。1.5～2岁的婴儿明显说话了，这是语言的跃进阶段，掌握最初步的言语，即简单句阶段。其特点是：句子不完整，次序颠倒。例如："阿姨打针"；"没有狗狗"等等。

3. 情感的发展

1岁以后的婴儿已经有多种情感的表现，如高兴、害怕、害羞、生气等。喜欢接近亲人，喜欢与熟悉的成人一起做游戏、交谈、交往，这使他们感到愉快、安全。离开亲人和熟悉的家庭环境，他会感到很不习惯，产生恐惧感而放声大哭。婴儿的社会性正是在与人的接触中成长起来的。他们的愿望得不到满足，会懊丧、生气。同时，此时婴儿的情感表露也是短暂的，更替很快。看到自己喜欢的玩具就会忘记刚才的不悦。

4. 交往能力的发展

1～2岁的婴儿主要是与亲人及同伴的交往。此时的婴儿和母亲有着最密切的交往关系，对母亲表现出依赖、顺从、求助等态度。同时，一岁多的婴儿开始喜欢与同伴交往，对与其年龄相仿的孩子有一种天生的兴趣，碰在一起，会主动相互注视、抚摸，表现出很高兴的样子。但是，由于此时的婴儿自我意识刚刚萌芽，没有除"我"之外的"你"、"他"的概念，常常表现出"自私"的行为，不打招呼就拿走别人的东西、破坏别的小朋友的"杰作"等，所以常常会发生争端，这也是婴儿社会性发展中必然的过程，无须太在意或去纠正。

5. 思维发展

一岁以后的婴儿的各种心理活动都具有明显的直觉行动思维的特点，即对事物的感知、注意、记忆、思维活动都是在直接与此事物的接触或在与其交往的活动中进行的。离开具体活动或事物，则不能认知。如拿走他正在玩的玩具，他会不知该做什么，直到你再给他一样玩具。18个月以后思维能力进一步提高，可以不用明显的外部尝试动作就能解决问题或延迟模仿能力的产生。

6. 自理能力的发展

这个时期的婴儿开始学习做一些必要的事情，具有很高的积极性。1岁半左右学会自己用杯子喝水、用勺吃饭、自己擦嘴，自己坐盆大小便等。婴儿通过工具的应用发展了心理和智力。感受自己的力量，萌发自我意识和主动性。而且一旦开始尝试，积极性就很高，不喜欢别人帮忙。但是，他们做事的动作很缓慢、不熟练，常出错。这需要较长时间的练习后才能逐渐的熟练起来，所以成人不要因为着急而取而代之，以避免剥夺婴儿成长的权利并妨碍了婴儿独立能力的形成。

第二节　2岁婴儿的营养与保健

一般来说，婴儿在出生后第一年，需要经过母乳喂养、泥糊状食品和固体食物3个阶段。而到了1岁以后，应该以粮食（谷类）为主，配以鱼、肉、蔬菜等。这时，不要再给孩子喂流食或半流食了，要尽量提供半固体、固体食物，让他们学会自己咀嚼。1～2岁的宝宝将陆续长出十几颗牙齿，主要食物也逐渐从以奶类为主转向以混合食物为主，而此时宝宝的消化系统尚未成熟，因此还不能给宝宝吃大人的食物，要根据宝宝的生理特点和营养需求，为他制作可口的食物，保证获得均衡营养。2岁前婴儿生长发育速度很快，婴儿在6个月时体重增加到出生时的2倍；一岁时达3倍；两岁时达出生时的4倍。婴儿的骨骼、神经、脑、肌肉、血液以及各个器官也都在迅速发育成长，要消耗大量的营养物质。尤其是脑的发育,这一时期的营养状况是构筑一个完好健全的脑的保证。而脑的发育是智力发育的物质基础,科学家曾用大白鼠的实验证明营养对脑发育的重要性,从中我们得到启示:生长中的脑对营养特别敏感,在脑发育最快的关键时期,营养不良会造成脑发育障碍。生活中我们也有类似的情况,1岁左右的婴儿因营养不良而患贫血,造成智力迟钝。研究表明,蛋白质、糖类、锌、铜等对脑的发育有很大的作用,所以,务必保证婴儿必需营养素的供给,重视饮食营养,这样不仅使婴儿体格健壮,智力也得到高度的发展,健康而聪明。

一、膳食营养

(一)喂养特点

安排合理而科学的膳食,保证婴儿获得生长发育必需的营养素和热量,需要制定一个平衡膳食的计划,均衡搭配膳食中营养素的种类和数量。1~2岁婴儿每天可以吃5顿,3餐加上、下午点心各1次,1岁半以后减为三餐一点,点心时间可在下午。但是加点心时要注意适量,不能过多;时间不能距离正餐太近,以免影响正餐食欲,更不能随意给宝宝零食,否则时间长了会造成营养失衡。晚餐后一般除水果不再进食,尤其不能睡前吃甜食,以防龋齿。此时,婴儿的膳食安排尽量多样化,荤素搭配,粗粮细粮交替,保证每日摄入足量的蛋白质、脂肪、糖类及维生素、矿物质等,适量摄入动植物蛋白。在肉类、鱼类、豆类和蛋类中含有大量优质蛋白质,可以用这些食物炖汤,或用肉末、鱼丸、豆腐、鸡蛋羹等容易消化的食物喂宝宝。1~2岁的宝宝每天应吃肉类40~50克,豆制品25~50克,鸡蛋1个。蔬菜是宝宝每天营养的主要来源之一,特别是橙色和绿色蔬菜,如西红柿、胡萝卜、油菜、柿子椒等。可以把这些蔬菜加工成细碎软烂的菜末炒熟调味,给宝宝拌在饭里喂食。还要多吃水果,但是水果不能代替蔬菜,1~2岁的宝宝每天应吃蔬菜、水果共150~250克。从小要让孩子养成吃清淡食物的习惯,盐、味精、酱油应尽量少用。含钾、钙的食物要多吃,如胡萝卜汁、虾皮、海带、紫菜、豆制品、乳类等。

(二)养成良好饮食习惯

培养孩子的良好饮食习惯能使孩子保持较好的食欲,避免孩子挑食、偏食和依恋零食。因此,在选购和烹饪食物时要注意选择有益于身体健康的食物和适宜的烹调方法,保存其营养素,为孩子消化和吸收。

(1)要选择新鲜、营养丰富的食物。特别是蔬菜,选择刚上市的,维生素含量高。清洗时,不要在水中浸泡太久,先洗后切,现切现炒。用急火炒菜可减少维生素的损失,还可少加一点醋,保护维生素B、C。加热时间不宜过长,5分钟即可。

(2)色香味花样繁多。烹制食物时尽量做到颜色漂亮、鲜香可口,经常变换花样,促进孩子食欲。孩子想吃,胃就会分泌大量的消化液,有利于食物的消化和吸收。

(3)少食或忌食辛辣油炸的食品和甜食。点心主要由淀粉、糖、油脂制成,婴儿不宜多吃。过甜的食品易引起龋齿,使婴儿食欲不振,如巧克力、糖果、蜜饯等。辛辣油炸食品较难消化,不宜给婴儿吃。

(4)婴儿不宜吃汤泡饭。米饭里不仅含有脂肪、蛋白质、矿物质、维生素,还有许多糖,只有经过细嚼慢咽,唾液参与,才能把食物中的糖分水解为双糖,胃肠才能吸收。汤泡饭,米粒顺滑,得不到咀嚼就进入胃肠道,增加胃、肠的负担,时间长了,会消化紊乱,导致胃肠疾病和营养不良。汤应放在饭后喝,帮助胃肠消化吸收。

(5)少给婴儿吃冷饮。婴儿的胃肠发育还很不成熟,对冷的刺激特别敏感,吃大量的冷饮食品后,胃内温度骤降,会引起胃黏膜血管收缩、胃液分泌过少,剧烈腹痛。同时,夏季炎热,大家喜欢吃冷饮降温,但夏季也是肠道传染病多发季节,吃过多冷饮,胃液分泌过少,杀菌能力降低,容易引起婴儿腹泻、肠炎、痢疾、伤寒等肠道疾病。所以,婴儿吃冷饮一定要适量。

(6)水果不能代替蔬菜。蔬菜中含有大量的维生素和矿物质,是婴儿生长发育不可缺少的。例如,500克西红柿含有52克维生素C和丰富的钙、磷、铁;茄子富含维生素D。另外,蔬菜中的纤维素能促进肠蠕动,帮助消化和保持大便畅通。水果虽然也含有丰富的营养,但维生素和矿物质含量比较少。而且,只要烹制得法,蔬菜还可调制出各种色、香、味俱全的美味佳肴,这是水果不能代替的。

(7) 不要让婴儿边吃边玩。为婴儿创造一个安静、愉快的进餐环境,定时吃饭,饭前不让婴儿玩得太兴奋,让婴儿坐到桌前的小椅子上。不要说与吃饭无关的话,使婴儿的注意力集中在吃饭上。成人要指导、帮助婴儿学习自己用勺吃饭,不要在吃饭时责怪孩子。

(8) 养成不剩饭的好习惯。养成吃饭定时定量的好习惯很重要,婴儿时就要定时按顿吃饭,少吃零食。避免可口的多吃,不可口的少吃。暴饮暴食或饥饱不均,都会影响食欲。

(9) 不挑食、不偏食。婴儿本能上对食物的选择是均衡的,他们的饮食习惯大多是模仿成人而形成的。第一,注意不要在孩子面前议论什么好吃什么不好吃;第二,避免单调、缺少花样;第三,孩子爱吃的食物,吃得过多,造成"伤食"。

(10) 适当吃零食。婴儿新陈代谢旺盛,需要充足的营养,而他们胃容量小,每餐进食后,很快会有饥饿感,总想吃东西,同时,婴儿的味蕾需要一定的食物刺激。所以,适当地、适时地给婴儿一些零食是必要的。为他们选择一些富含铁、锌、钙、铜等的食品是有利于他们生长发育的。但要注意掌握时间,适可而止。如水果、点心之类,不宜过多,而且,饭前一小时不要给零食吃。睡觉前禁止吃零食,尤其是甜食。

二、日常护理

1~2岁婴儿正是身体迅速发育阶段,此时培养他良好的生活习惯,使其生活有规律,就能使大脑皮质兴奋和抑制过程有规律地活动,使神经系统正常发育,形成婴儿对时间的条件反射,更容易适应生活,为儿童日后形成良好行为奠定基础。认真执行合理的生活制度是保证婴儿精力充沛,食欲旺盛,情绪愉快,身心健康的重要内容。不同的孩子需要不同长短的睡眠时间。不过总的来说,2岁孩子每24小时需要13小时睡眠。通常,他们会在晚上睡11~12小时,然后会在下午睡上2小时。一日进餐4次,每次间隔4小时。全日活动时间4~5小时,其中户外活动3小时以上。

(一) 睡眠习惯

睡眠是使婴儿全身组织器官,尤其是中枢神经系统得到休息、消除疲劳最有效的生理措施。睡眠时,婴儿的全身组织器官处于低代谢、低耗氧的抑制状态,使体力、精力得到恢复,生长激素分泌量多,促进生长发育。高质量的睡眠要有足够的时间和深度,为醒来后的各种活动积蓄力量。对于1~2岁的婴儿来说,睡眠时间从14、15小时到13小时,午睡2小时左右;要养成孩子按时、单独入睡、起床的习惯;睡觉姿势可采取仰卧或侧卧,但不要俯卧。床垫要干燥软净,被子不要过重,枕头不宜太高,更不要用被子蒙脸。睡觉之前要养成给孩子洗手脸、完成大小便的习惯,睡前应注意不要使孩子过于兴奋,以免影响入睡。婴儿如果睡眠充足,会在清晨自动醒来,精神状态好,活泼好动,食欲好。

照料婴儿睡眠的方法:睡觉前,要开窗通风,根据气温增减被褥,关上窗户,脱去外衣,穿内衣安静入睡。入睡后,保持室内通风,注意被褥不要捂住婴儿口鼻,起床时,关上窗户,给婴儿穿好衣服,整理床铺。为婴儿能有良好睡眠,晚饭不宜吃得过饱,清淡为好,睡眠过程中也不用再喂奶,睡前避免喧闹或看恐怖图画听恐怖故事,避免精神过度兴奋,到睡觉的时间,要提醒孩子收拾玩具、图书等,洗脸、洗脚、漱口、换好衣服,入厕后上床,自动入睡。每日坚持这样做,孩子就会养成良好的睡眠习惯。

(二) 大小便的习惯

从婴儿会坐后,应在固定的时间训练婴儿坐盆,1岁以后,可以训练他自己按时坐盆大小便。1~2岁的婴儿每天大便1~2次,排尿约12次。掌握了这个规律,注意观察,摸准孩子的撒尿、排便的时间,每到这时要及时地把尿或叫婴儿坐便盆,使他养成习惯。在孩子坐到便盆上以后,家长可以像原来一样发出"嘘嘘"、"嗯嗯"的声音,促使婴儿排便,经过反复练习,就会形成排便的条件反射。随孩子活动能力的增强,成人减少陪伴的时间,使其学会自己控制大小便。当然,根据孩子发育的早晚,坐便盆的时间也有早晚,不能强求一律。便盆摆放的地方要固定、明亮,免得孩子害怕,让孩子能方便、及时地找到它。同时,孩子坐便时间不宜过长,大约 5 分钟,孩子拒绝时不要太勉强。外出和睡前提醒孩子排便,既保证成人和孩子安宁的睡眠,又减少许多烦琐的事。同时,这本身就是一种良好的生活习惯。

（三）三浴锻炼的习惯

正确利用自然界的各种因素,如空气、日光、水来锻炼身体,能增强婴儿体质,提高抵抗力及适应自然环境的能力,从而预防疾病、促进婴儿身心健康发展。1 岁以后的婴儿进行三浴已经比较方便。可以直接与散步、玩耍同时进行。

（1）日光浴。气温在 20～24℃为宜,可根据婴儿体质和气候灵活掌握。1～2 岁的孩子每天 20 分钟,大约在上午较暖的时间里进行。冬季可在上午 10 点和下午 3 点。不要穿太厚的棉衣,暴露面部及手臂,避免直接照射头和面部。夏季可裸体,在上午 7、8 点钟和下午 6 点后。

（2）水锻炼。可分为温水浴、冷水浴、游泳、用凉水洗手、洗脸。温水浴和游泳及用凉水洗手、洗脸比较适合 1～2 岁婴儿。在水中时间 7～12 分钟,水温在 37～38℃为宜,冬春每日一次,夏秋每日两次。浴后及时用毛巾包裹婴儿。

（四）良好清洁卫生习惯

孩子会走后,每天在屋里东串西跑,忙于探索,他的眼界开始扩大,他的学习机会逐渐增多,他学习的积极性很高,此时,让孩子主动参加一些盥洗活动,正是从小培养孩子清洁卫生好习惯的时机。既可以减少疾病的发生,也能使孩子有良好的精神面貌。

（1）洗手的习惯。养成洗手的习惯应从 1 岁半开始。鼓励小儿主动参加盥洗,洗前卷袖口,洗时不溅水,洗后擦干手。有时,孩子会洗着洗着便玩起水来,享受玩水的乐趣,大人此时无须太追究而责骂孩子,但是,要让孩子明白洗手和玩水并不一样,是一件重要的事。家长不仅要留意孩子有没有洗手,还要和孩子一起洗,示范给他看,并告诉他不仅是手掌,指甲和指尖也要仔细清洗,还要抹上肥皂,彻底清洗干净。最重要的是,在吃东西之前,上厕所后,一定要养成洗手的习惯。家长不妨检查小孩的双手,适时鼓励,使孩子更容易养成习惯。为孩子准备一条可爱的专用毛巾,可吸引孩子养成洗手的好习惯。2 岁以后,教孩子用肥皂自己搓洗手,大人拧干毛巾让其模仿洗脸动作,开始培养饭后冷开水漱口。大人教时要耐心,边讲解,边示范,并给以必要的帮助。婴儿的卫生习惯不是一天两天就能培养起来的,大人应经常督促、提醒。为了使婴儿引起兴趣,并能更好地掌握盥洗方法,家长可将盥洗过程编成儿歌,如洗手歌、洗脸歌、刷牙歌等教唱给孩子。大人要持之以恒,才能经过不断地重复、巩固,养成孩子的洗手习惯。

（2）口腔卫生习惯。每日三餐后及吃点心、水果、零食后均应用温开水漱口,以清洁口腔、保持口腔卫生。

（3）卫生习惯。不随地吐痰,不随地大小便,家长还要耐心纠正孩子吮手指、挖鼻孔、抠耳朵等坏习惯,这些坏习惯既不利健康,看起来也不文明雅观。

总之,2 岁婴儿应养成每天早晚洗手、脸、刷牙,晚上洗会阴和肛门,饭前便后洗手,饭后擦嘴,手脏了要主动去洗,定期洗澡、洗头、理发、剪指甲,每日随身带干净手帕,咳嗽和打喷嚏时用手帕掩住口鼻,用手帕擦鼻涕,注意环境的整洁,不随地丢果皮、纸屑,不随地吐痰,东西用完后放回原处,排列整齐等清洁卫生习惯。

（五）改穿满裆裤

从护理婴儿的角度出发,换尿布、把尿或大便,穿开裆裤比较方便,但是随着婴儿年龄的增长,1 岁半左右的婴儿会用手势或简单的语言表示大小便,家长就可以及时照料。所以,在婴儿 1 岁半左右可以改穿满裆裤了。如果此时还穿开裆裤,孩子一有尿意或便意,就蹲在地上随地大小便,易养成不良习惯并难以纠正。而且穿开裆裤,外生殖器暴露,使一些婴儿有意无意地玩弄外生殖器,脏的东西也很容易进入尿道口或阴道口,尤其女孩子的尿道短,容易泌尿道感染。穿开裆裤在室外活动,使臀部及小腹部暴露在外,前后不保暖,腹部容易受凉,易感冒或腹泻。所以,婴儿应早些穿上满裆裤为好,不要延长穿开裆裤的时间。

（六）安全

婴儿会到处走了，他们不再安分地听从成人的支配和摆布，而是不断地尝试和探索，只要醒着，就一刻不停地活动，探索给他们带来无穷的欢乐。父母在欣喜的同时也多了担忧，这摇摇晃晃的"小不点"，动作还不协调，不懂得保护自己，什么都想摸，什么都想动，非常容易发生意外。所以，安全是每个父母、老师首先要考虑的。重新设置房间摆设，消除各种隐患。把易损物品、危险物品、易塞进嘴里的东西、会扎到他的东西收拾起来，让孩子可以在家中自由探索、发现和学习。

注意慎防婴儿烫伤烧伤、触电、中毒，预防摔伤、溺水等。成人在端热饭锅、热汤、倒开水时，一定小心，离孩子远点。放置时注意不要露出桌边，防止孩子碰掉、碰撒，防止孩子烫伤或砸伤。电源插座位置低，婴儿易碰到，不用时要封起来，家庭用药、洗涤剂、杀虫剂等要存放在孩子够不到的地方。不能将孩子独自放在床上或高处去做别的，窗子一定要插好，洗澡或外出时不要将孩子撒在一边。生活在城市的婴儿更要防止高空玻璃窗的安全。

三、常见疾病防治与护理

（一）常见疾病与防治

1. 龋齿

1岁以后婴儿的饮食越来越丰富，一般的食物都可以吃。与此同时，食物残渣也会侵蚀牙齿，形成龋齿。孩子出牙后，在睡前不要让他吃糖果、饼干等食物，喝点开水或淡茶水，清洗口中的残渣。2岁左右，早晚要漱口，培养良好的卫生习惯。纠正孩子用奶瓶喝水、吮手指、吸假奶头儿、偏侧咀嚼、偏侧睡眠、舔牙等不良习惯。

（1）爱护牙齿。牙齿保健应从婴儿时期就做起，习惯是经由时间累积而成的。起初，育婴师可用沾湿的毛巾或纱布，每天一次为婴儿清洁口腔、按摩牙肉，使宝宝从小习惯清爽感觉，对清洁牙齿有快乐的印象。当婴儿开始学习自己刷牙，育婴师可选择手柄较粗大的儿童专用牙刷，其较好抓握且操作方便，婴儿学习使用时不致产生挫折感；而各式各样的造型牙刷，其可爱的外形，也会让婴儿乐于接受。婴儿模仿力强，育婴师、父母可以定个时间，让婴儿和自己一起刷牙，这样既可以增加孩子的参与感，也可以提高孩子对刷牙的兴趣。一定要教婴儿正确的刷牙方法，这将使婴儿终身难改。为了使婴儿对刷牙感兴趣，可以编些小儿歌，如"左刷刷，右刷刷，上上下下都刷刷，天天刷牙牙齿好，牙膏乐得变泡泡"。婴儿自己刷完之后，育婴师可以让孩子躺下，头向后仰再检察一下，是否刷干净。早教中心和家中都应为婴儿准备一套专用的洁牙工具，包括牙刷、牙膏、漱口杯等；并写上名字作上记号（如贴上贴纸），表示这套用具是孩子个人专有，使孩子对其产生归属感。尤其不要因为怕麻烦而让孩子共用大人的牙膏，成人牙膏成分较为刺激、味道重。可以选择儿童专用牙膏，含氟牙膏更适合婴儿。平时可选一些有关刷牙的书籍或卡通碟片，陪孩子阅读或观赏，并讲解基本常识，让宝宝了解刷牙是必须的、每一个人都喜欢做的事情。

（2）预防龋齿。新生牙齿的牙釉质尚未成熟，对酸性物质的抵抗力较弱，较易被蛀；1岁时，易患龋齿的部位是上门牙；2岁时，磨牙的咬面凹凸不平，容易堆积食物残渣，因此易患龋齿。

防止婴儿发生龋齿的方法：第一，尽早进行口腔卫生保健。如一日三餐后刷牙，每日2次饮适量茶水，取0.5克茶叶末加入1000毫升开水，每次饮茶约100毫升。第二，给婴儿局部涂氟。用小棒棉球蘸75%氟化钠甘油剂或2%氟化钠溶液涂擦牙面4分钟，一个月擦一次。第三，教会婴儿刷牙方法，可用牙模做示范，监督婴儿刷牙，可观看录像等。第四，尽量减少幼儿吃糖的频率，吃糖最好不要在孩子学会刷牙之前吃，吃后及时漱口。要多吃蔬菜，选择有营养丰富的食品。1～3岁儿童乳牙萌出后，至少每半年检查一次，3岁以后每年检查一次。对发现患上龋齿的婴幼儿，要及时去医院治疗，填补上龋洞。

2. 腹泻

2岁以下的婴儿容易患腹泻，饮食不当是婴儿腹泻的主要原因之一。婴儿的胃肠功能不完善，适应能力差,喂食量超过婴儿消化能力,食物、食具污染,添加辅食,气候突然变凉,患某些疾病,病毒感染等等都会引起腹泻。每日大便次数增多,黄绿色,像水或蛋花汤样,轻度腹泻可以不禁食,调整饮食就可以了,要给婴儿补充水分,喝淡盐水或糖水。较重的,伴有呕吐,需禁食几小时,让婴儿喝水或"补糖溶液"。防止婴儿腹泻需注意平时婴儿的饮食、食具要消毒,注意饮食卫生,进食要定时定量,增加辅食要循序渐进,使婴儿的消化能力逐渐适应。

3. 感冒

90%左右感冒是由病毒感染引起的,目前病毒感染尚无特殊治疗,主要是对症处理。因此,加强对小儿的护理,减少并发症的发生、缩短病程是最重要的,护理中应注意以下几点。

(1) 让孩子多喝水,尤其是高热时更应多次饮水以补充水分的损失及起到降温作用。

(2) 给孩子吃营养丰富且易消化的食物,可以少食多餐。由于生病时各种营养素消耗增加,如不补充就会造成缺乏,尤其病程长、持续高热的孩子更应注意补充营养。由于高热时孩子的食欲差,易发生呕吐、消化不良等情况,因此,在每次退热后精神、食欲好转时及时给孩子加餐。食物要软、易消化、清淡,如乳制品、豆制品、鱼、蛋、蔬菜和粥、面条等,也可吃少量水果,要少荤少油腻食物。如仍未断奶,要增加母乳喂养次数。并在孩子病愈后每天增加1～2餐,增加营养,让孩子尽快恢复由于生病造成的体重减轻,提高机体的免疫力。

(3) 增加休息时间,保证充足的睡眠,增强孩子的抗病能力。

(4) 感冒发热时衣着被褥要适宜。不要在孩子高热时穿得过多、盖得过严过厚,因为这样一方面不易散热,使体温反而升高;另一方面在出汗退热时,捂得太多会使孩子出汗过多,造成水分丧失过多引起虚脱,并削弱孩子的抵抗力,反而欲速则不达。正确的做法是:发热时衣着适宜,睡觉时应脱去一些衣服以免起床后着凉,盖的被褥可比平常多一点,但不要太多,在出汗退热时应适当减少些。在夏季可通过降低环境温度,如空调、电扇等,帮助降低体温。

(5) 在小儿患病期间,每天数呼吸次数,观察有无胸凹陷,如发现呼吸增快,或出现胸凹陷,应及时到医院进一步诊治。

4. 咳嗽

小儿呼吸系统最常见的病症,几乎所有肺系疾病均有咳嗽症状。小儿咳嗽易发生的主要原因是肺脏娇嫩,抵御能力弱造成的。

临床上经常看到不少孩子不能适应气候的骤变而反复感冒咳嗽。这些孩子对外界环境适应能力差,抵抗力薄弱,特别易为各种致病因素所感染,除与小儿正处在生长发育未成熟阶段有关外,还因为这些孩子多数偏食甜食油腻,加之居室气温过暖,或过于娇惯,影响了孩子的自行散热能力,而形成肺胃蕴热的体质,这样的孩子易出现烦急哭闹,两颊欣红,睡眠不安的症状。夜受凉风,则表现为发热、流涕、咳嗽、咽痛,痰不易咳出等。有部分孩子,由于饮食不当,过食冷饮冰食,逐渐形成寒冷伤脾的厌食症。由于长期食欲不振,脾胃虚弱,消化吸收功能减弱,营养不能满足身体需要,而使抵抗力下降,此时若受风寒外邪,易引起感冒。疾病反复发作,往往鼻塞流涕,咳嗽痰多。用消炎药、止咳化痰药治疗,效果不好,因而病程拖延较长。可见,家长合理喂养孩子是十分重要的。

孩子感冒咳嗽,应注意以下几点:

(1) 在流感流行季节,孩子发烧,感冒咳嗽,应该有一个较长的病程,在医生诊治后,按医生的指导在家服药、护理。不要因为孩子发烧不退,反复到医院去,而增加重复感染的机会。

(2) 孩子感冒初期,病情不重时,可以先吃些小儿感冒药;发烧达38.5℃以上时,及时吃退烧药,尽量安静休息,多喝开水。当病情加重时,要及时到医院求治,这时就不宜自己处理了,尤其不要随便服用成人药物。

(3) 育婴师对孩子的护理非常重要,孩子睡不着不必强迫,可以坐着玩。对伴有呕吐、腹泻的病儿第一天应给流食。对一般的发烧、咳嗽病儿,要吃些可口的、清淡的、有营养的饮食,冬天务必给热的饮食,面条、片汤都很好。发烧出汗体液消耗多,要多喝水和果汁,多吃水果。孩子病时不要洗澡,因为洗澡会使血液循环旺盛,于安静不利,且会再受凉。痰多的孩子确会因洗澡而增加分泌物,但只能在患病一周后,早晨稍有咳嗽,食欲也好,能玩,不发烧时,可在入睡前洗一次澡。如睡得好,以后就可以隔一天洗一次。

5. 营养不良

2 岁以下婴儿的体重低于正常体重标准的 15% 即为营养不良。表现为食欲减退、抑郁不安、消瘦、躯干、大腿内侧脂肪变薄、面色无华。一般发生在断奶后,添加辅食不当,婴儿不适应,蛋白质摄入不足所致。婴儿营养不良可能同时发生抵抗力低,消化不良和感染疾病。主要的治疗方法是调整饮食结构,要循序渐进地进行。三度营养不良的婴儿应住院治疗。

6. 肥胖儿

有些父母对孩子过于宠爱,又不懂得营养搭配的重要,认为给孩子吃得好,就长得好。所以,什么营养好就给孩子吃什么,多多益善。结果,营养过剩,形成肥胖儿,现在这种现象并不少见。由于太胖,心脏和呼吸都增加了负担,活动费力,懒于活动和锻炼,缺乏对环境的适应。所以,肥胖儿并不健壮,并容易缺钙。由此可见,成人在喂养婴儿时一定要注意营养调配,按婴儿所需,适量供给食物,保证食物质量。减少面点,甜食类的食物,而代之以含蛋白质丰富的瘦肉、豆制品等。注意体格锻炼,多到室外活动,婴儿才能真正健壮。

(二)计划免疫

2 岁婴儿的免疫疫苗有以下几种要种:麻疹疫苗、百日咳、白喉、破伤风三联菌苗;乙型脑炎疫苗;流脑疫苗。应按防疫部门的规定按时接种。

(三)喂药和病儿护理

婴儿抵抗力弱,常常容易感染疾病。一旦生病,最令父母头痛、烦心的便是喂药。首先,正确选择喂药时间,一般选择在饭前半小时至一小时进行,有利于药物吸收和避免小孩服药后呕吐。对胃有强烈刺激作用的药物可放在饭后一小时服用,以防止胃黏膜损伤。1～2 岁大的孩子对药物已逐渐敏感了,开始哭闹挣扎,不肯吃药。这时育婴师可以把丸、片剂研成粉末,用糖水调成稀糊状,一般 3 岁前的婴幼儿不主张使用普通片剂、丸剂、胶囊剂等固体口服剂型,以免引起咳嗽、呕吐、甚至被窒息的危险。然后,把孩子抱在怀里,呈半仰卧状,左手扶着小孩头部,右手持食匙,每次取药半勺,慢慢喂下。如果小孩哭闹挣扎得厉害,可以先喂一点甜米粥,等他愿意继续吃粥后,在小勺米粥中掺入药粉喂下。对于特别苦的药,可以在小勺里放点糖,盖上药,准备好糖水,灌入小孩口中随即下。注意在喂药的时候,禁止在小孩哭闹中或捏鼻子灌药,因为这样做容易把药和水呛入气管。有的父母在喂药的时候掺一些牛奶或果汁,想改善口感。牛奶中含有较多的无机盐类物质,可与某些药物发生作用而影响药物吸收。果汁口味甘甜,但与健胃药和止咳药等同用会降低药效。所以,这样的做法是错误的。只要吃药以后立即多喝水,苦味就会被稀释逐渐消失,而且也利于药物尽快到达胃肠,及早吸收。刚喂过药的小儿不宜马上躺下,应该让其直立或坐几分钟,以利于药物迅速进入小肠而被吸收。小儿用药必须严格掌握剂量,按说明或医嘱定时定量服用。

"三分病七分养"。孩子得了病,需要药物治疗,护理也很重要。特别是对 1～2 岁的婴儿,而且,有些病关键在护理。护理病儿需要掌握一定的护理方法。第一,饮食调理。孩子在生病时,肌体的消耗量大,而消化机能降低,食欲下降,胃口不好。要给孩子补充足够的营养,在原来饮食的基础上吃些富于营养、容易消化的食物,如牛奶、豆浆、煮蛋、粥、面等。如孩子体温较高,不肯吃,可采用少食多餐,每次吃得少一些、次数多一些。如孩子实在不思饮食,家长不要过于勉强。第二,要给孩子测量体温。一般说体温高低是疾病变化的标志之一。体温高时每隔 4 小时测量一次,如体温在 38℃ 以下,上下午各测量一次就可以了,采用腋下测量比较安全。体温的波动有一定的规律,一般早上起床时体温比较低,上午 8～9 时开始体温逐渐上升,到晚上 9～10 时达到最高,以后又慢慢下降。病儿体温一般呈波浪形,但是像下楼梯一样,逐步下降到正常。假若病儿的体温变化符合这个规律,家长可不必担心了。第三,充分休息。休息是恢复身体疲劳、减少身体能量消耗的最好方法。根据病情的轻重安排孩子适当休息,活动量以孩子不感觉疲劳为宜。婴幼儿身体的调节机能还未完善,有时往往出现孩子发烧至40℃,精神却很好,因此很难做到卧床休息。为了不使孩子出去玩耍而能好好休息,尽可能让他在房间内或床上听音乐、看画、讲故事、搭积木等,当孩子对游戏不感兴趣的时候,适当地抱抱他。第四,多喝开水。水分在身体组织成分中占很大的比重,年龄越小比重越大,婴幼儿身体内水分的总量占体重的70%～75%。由于发烧,出汗较多,水分消耗增加,这就需要多喝水及时加以补充。多喝水能促进血液循环,有利于体内的毒素从大、小便中排出,多喝水还能起到降低体温作用。对大便稀薄的孩子,不宜多喝糖水,可喝些淡茶水,茶叶内有鞣酸,对大便有收敛作用。

第三节　2岁婴儿的教育策略

孩子长到1岁以后,从被动接受照顾、保护,到逐渐要脱离成人的怀抱,自己去认识世界,他身体的各器官及功能不断发展,内心活动变得复杂、隐蔽。如果成人还是凭直觉和老人的经验来教育孩子是不够的。所以,学习育儿知识,了解孩子身心发展的特点和规律是重要的前提,可以帮助成人在教育孩子过程中更好地发挥自己的作用。当然,教育是一门科学、一门艺术,孩子千差万别,教育孩子不可能有绝对固定的模式可以效仿。所以,成人应根据实际情况不断创造出各种各样的新方法、好方法。对于1～2岁婴儿的教育要重视习惯的养成,活动积极性的培养,认识事物的发展和各种动作的灵活性、协调性的训练。

一、生活能力教育

（一）学习自我服务

1岁左右的婴儿喜欢跟成人在一起上桌吃饭,不能因为怕他“捣乱”而剥夺了他的权利,可以用一个小碟子盛上适合他吃的各种饭菜,让他尽情地用手或用勺子喂自己,即使吃得一塌糊涂也无所谓。其实,婴儿在自己动手的过程中,慢慢就学会了吃饭技巧。当然,老师会在这个过程中帮助他。如果孩子总喜欢抢勺子的话,老师可以准备两把勺子,一把给宝宝,另一把自己拿着,让他既可以练习用勺子,也不耽误把他喂饱。教宝宝用拇指和食指拿东西,给宝宝做一些能够用手拿着吃的东西或一些切成条或片的蔬菜,以便他能够感受到自己吃饭是怎么回事。如食用土豆、红薯、胡萝卜、豆角等,还可以准备香蕉、梨、苹果和西瓜(把籽去掉)、熟米饭、软的烤面包等。1岁左右的宝宝最不能容忍的就是成人一边将其双手紧束,一边一勺一勺地喂他。这对宝宝生活能力的培养和自尊心的建立有极大的危害,宝宝常常报以反抗或拒食。宝宝并不见得一定是想要自己吃饱饭,他的注意力是在“自己吃”这一过程,宝宝自己吃饭时,要及时给予表扬,即使他把饭吃得乱七八糟,还是应当鼓励他。家里或幼教中心做饭时,在准备放盐和其他调料之前,应该把宝宝的那份饭菜留出来。给宝宝选择一个自己就餐的座位,最好让他坐在安静不受干扰的固定地方,不玩、不看电视以免吃饭时分散注意力。餐桌上,成人谈话的内容最好与宝宝吃饭有关,以吸引他的兴趣。吃饭时最忌责骂宝宝,允许宝宝吃完饭后先离开饭桌,但不能拿着食物离开,边玩边吃,这样他才会明白,吃和玩是两回事,要分开来做。宝宝比大人容易饿,但因为能力有限吃得比较慢,所以可以让他先上饭桌吃。为了养成孩子良好的饮食习惯,大人不要在孩子面前议论某种食物不好吃,某种食物好吃,以免造成宝宝对食物的偏见,这可是挑食的前提,几乎所有的孩子都会认为大人认为不好吃的东西一定不好吃。培养良好的进餐习惯:如饭前、便后要洗手;吃饭时安静不说话,不大笑,以免食物呛入气管内等。要适时地、循序渐进地训练孩子自己握奶瓶喝水、喝奶,自己用勺、筷、碗进餐,熟悉每件餐具的用途,尽早养成独立进餐的习惯;不能养成边吃边玩,边吃边看电视的习惯;饭前不吃零食,尤其不要吃糖果、巧克力等甜食,以免影响食欲。另外,1岁宝宝吃饭时往往喜欢用手抓,许多家长都会竭力纠正这样“没规矩”的动作。但是,育儿专家提出,只要将手洗干净,家长应该让1岁的宝宝用手抓食物来吃,因为这样有利于宝宝以后形成良好的进食习惯。"亲手"接触食物才会熟悉食物。宝宝学"吃饭"实质上也是一种兴趣的培养,这和看书、玩耍没有什么两样。起初的时候,他们往往都喜欢用手来拿食物、用手来抓食物,通过抚触、接触等初步熟悉食物。用手拿、用手抓,就可以掌握食物的形状和特性。从科学角度而言,根本就没有孩子不喜欢吃的食物,只是在于接触次数的频繁与否。只有这样反复"亲手"接触,他们对食物才会越来越熟悉,将来就不太可能挑食。手抓饭让宝宝对进食信心百倍。1岁宝宝手抓食物的过程对他们来说就是一种愉悦。专家建议,只要将手洗干净,1岁左右的孩子甚至可以"玩"食物,比如米糊、蔬菜、土豆等,到18个月左右再逐步教宝宝用工具吃饭,培养宝宝自己挑选、自己动手的愿望。这样做会使他们对食物和进食信心百倍、更有兴趣,促进良好的食欲。另外,这一阶段孩子要开始学习自己穿鞋、袜子、拉拉链;自己洗手,独立如厕,摆放整理东西等。

（二）养成良好的行为习惯

1～2岁的孩子理解能力有限,对孩子最有效的教育不是对他说的话,而是你的一言一行。所以,要做好孩子的第一任教师。你的生活态度、工作态度、兴趣爱好、情绪都在影响他。你要求孩子不要骂人,可他恰恰是跟你学会了骂人。当你要求孩子讲卫生时,自己首先要做到。这个年龄段的孩子最易模仿,你不说,久而久之,他都会学会讲卫生,而成为习惯。要让孩子生活有规律,自己首先要过有秩序的生活;要让孩子有责任感,自己首先要对自己及工作、家庭负责;希望孩子养成活泼开朗的性格,就要给孩子建立一个快乐、恬静的家庭环境,家庭成员间的和睦、体贴最适合孩子健康地成长,孩子也会快乐健康。对于1～2岁的孩子来说,生动的形象远比单调的训斥、说教更易理解和学习。在孩子做正确后,别忘了及时表扬他。亲亲宝贝、竖起大拇指,你的孩子一定更愿意坚持去做,而且做得更好。当孩子即使不流利地说出了词汇或短句,也要真诚地表示你的惊喜,紧紧地抱抱他,说:"说得好!"孩子一遍一遍尝试把积木搭高,就要鼓励孩子:"做得好,我们把积木再搭高。"他的坚持才能变成一种品质。也只要这样才能培养孩子对亲人的好感和爱戴,真正建立你的权威。

俗话说:"童年时人是习惯的主人,成人后人是习惯的奴隶。"婴儿期养成良好习惯最重要。婴儿的学习主要通过两种方法:一是观察模仿,二是直接学习。一般情况下,1周岁的婴儿会给妈妈拿东西,随着妈妈一起洗衣,扫地;婴儿在模仿中学会了许多技能和本领,产生了操作和探索的兴趣,从而也提高了认知水平。同时也可以对婴儿的模仿给予适当的强化,这样能促进其学习行为。这个时候更为有益的教育就是通过条件作用让婴儿直接学习。在婴儿偶然做出自理意识的活动时给予夸奖或奖励,他们就会不断地因得到奖励而重复这种活动,养成自理的习惯。成人要给孩子指出行动的方向,规定其要达到的目的,并经常检查督促。同时在婴儿收拾玩具等活动时给予正面强化,要通过有规律的"按时吃饭"、"按时睡觉起床"和"饭前便后要洗手、常剪指甲"等,对孩子进行反复的实践锻炼和必要的夸赞,这样久而久之,婴儿就能形成良好的自理习惯了。培养孩子的自理能力,要做到"管"与"放"相结合。所谓"管",就是在宝宝有感兴趣的事情做时,要充分的给予关注,估计一下有什么困难,预先做一些必要的准备;所谓"放",就是要放手让宝宝去做。在做的过程中,孩子才会增长才干。培养孩子生活自理能力不是一朝一夕就能完成的,家长要从生活中的小事开始培养,要持之以恒。孩子刚开始劳动时,往往做得很慢,有时甚至"闯祸",家长不要因此就不让孩子动手,而要给孩子示范正确的动作,耐心教他们怎样做,鼓励孩子坚持劳动,养成习惯。例如:教孩子自己穿衣服、系扣子,家长要先教给孩子正确的方法,要及时地鼓励,耐心地帮助。采用多种形式,形象地教孩子学习各项生活、劳动技能。例如:(1)通过讲故事"自己的事情自己做"、"我长大了",与孩子一起唱"劳动最光荣",念诗歌"别说我小"以及看相关的电视节目等,让婴儿知道自己的事情应该自己做,激发孩子动手参与的欲望。(2)可以通过游戏来调动孩子的积极性。例如:教孩子叠衣服,可以"给衣服宝宝做操"引发孩子兴趣,如伸伸臂(整理衣服的袖子)、抱抱肩(叠衣服袖)、低低头(叠好帽子)、弯弯腰。在游戏的情景中,调动孩子的积极性,生活能力得到锻炼。

（三）立规矩

现在每对夫妻一个孩子，个个都是家里的宝贝，几个大人围着一个孩子，惟恐让孩子受委屈，百依百顺，但孩子却越来越不听话，让成人头疼的事越来越多。这不能怪孩子，全是大人惹的祸。但是，如果对其太严厉，也不利于孩子的成长。最好的办法就是从孩子1～2岁时，就给孩子立一些明确而可行的规矩，让这些既定的规矩来指导孩子的行为，逐渐习惯按规矩约束自己不合理的欲望。1岁以后，孩子听话的能力越来越强，快2岁时，对成人的允许、不允许的要求都可以听懂，这时就要耐心地教导他"可以"做的事和"不可以"做的事。坚持一贯地执行，从而形成习惯，以后稍加提醒他就可以照办。当然，规矩一旦提出，家人之间一定保持一致，不能轻易破坏。对1～2岁的孩子来说，应是一些简单、有限的规矩：如按时睡觉、把饭吃干净、大小便后要洗手等。尽量提出正面的要求，而减少禁令的数量。在规矩执行的过程中，成人一定要耐心，并且掌握一定的方法。如该做的事就不一定要采用商量的态度。"看，手太脏了，我们洗手去。""宝宝该起床了"等等。也不要和孩子解释太多的理由，毕竟孩子尚小，对于你认为浅显的道理并不明白。例如，孩子要摸电吹风，仅仅是好奇，讲多了，他也不明白，只要不让他碰到就行了。如果不会出危险，可以让他通过尝试而明白。如果盛上桌的热汤，在较热时，可以握着孩子的手摸一摸，告诉他烫，不能摸。

二、锻炼婴儿动作发展

1周岁以后的婴儿走得越来越稳，大动作发展越来越完善，精细动作也在不断分化和完善。

（一）练习走、跑

10个月～2岁是学会独立行走的年龄，是孩子从摇摇晃晃走几步到掌握身体平衡行走的阶段。当宝宝开始走路就代表着：（1）宝宝能自主性地握拳，并随其意志使用手指及脚趾；（2）宝宝腿部肌肉的力量已经足以支撑本身的重量；（3）宝宝已经能灵活地转移身体各部位的重心，并懂得运用四肢，上下肢各动作的发展也已经能协调得很好。

孩子学独自行走时，成人在一旁的保护和鼓励必不可少。训练的方法要遵循循序渐进的原则。可逐步做到移步行走、扶东西走、跨越障碍。让宝宝面对成人，握住成人的双手或成人扶着宝宝的腋下，双脚踩在成人的脚背上，左右交替向前迈步；一段时间后让孩子背对着成人，扶住他的腋下向前行走。训练孩子扶床沿、栏杆、家具或墙壁移步。此时宝宝扶着东西能够行走，接下来必须让宝宝学习放开手也能走2～3步，此阶段需要加强宝宝平衡的训练。完成上述训练后，可以在地上摆一些书、枕头之类的障碍物，让婴儿跨越过去，以练习单脚站立的能力。

在宝宝学习走的过程中还可以编一些故事，让孩子模仿长颈鹿走路的样子，踮起脚尖走路，增加练习的趣味性。学走路的宝宝所碰到的危险比前面几项动作接触的危险来得更多了，在环境安全的注意上，成人可要费更多的心思。除了居家环境的安全外，也可帮宝宝穿上防滑的鞋袜，以防止宝宝跌倒。

当婴儿能行走自如时就要接着进行跑的练习。一般婴儿在1岁半左右开始学习跑。训练时可以分成几个小的步骤进行，包括抱着跑、牵手跑、逗着跑、放手跑、自动停稳跑。

抱着跑指成人抱着婴儿变换不同的速度、不同的方向跑，刺激婴儿耳内半规管的适应能力。牵手跑时，成人和婴儿面对面，牵着婴儿的两只手，慢慢向后退，待其适应后只牵一只手，跑时不要用力握婴儿的手，尽量让宝宝自己掌握平衡。逗着跑常用一只皮球或叮当响的铁罐用力向前滚作为目标，成人和婴儿一起抢那个东西。放手跑则是指成人在离婴儿两公尺的地方蹲下来，鼓励婴儿快速跑过来，到达后将婴儿抱起来。在自动停稳跑中，在婴儿跑时喊口令"一、二、三、停"，使其渐渐学会将身体伸直、步子放慢，平稳地停下来。

以下是一些学习跑的游戏。

1. 与小儿玩捉迷藏、找妈妈的游戏。在追逐玩耍中有意识地让小儿练习跑和停，渐渐地孩子学会在停下之前放慢速度，使自己站稳。逐渐使小儿能放心地向前跑，不致因速度快，头重脚轻而向前摔倒。

2. 把小球滚出 2 米之外,让孩子跑过去拾回来,再滚出去,再拾回来,反复练习。

3. 展翅飞翔。带孩子去户外宽敞的地方,同孩子一起张开双臂当翅膀学鸟飞。一面同孩子唱歌,一面有节奏地使双臂上下运动,两腿快快地小跑和跳,使上下肢同时活动,让孩子高兴。

4. 跑与停。在跑步熟练的基础上,继续练习能跑能停的平衡能力,如对小孩喊"开始跑,一、二、三、停",要反复练习。注意,大人要站在小孩的前方,使小孩易于扶停而不易摔倒。

5. 自如地走、跑、跳。我是勇敢的小宝宝。与小儿玩"你来追我"游戏,可与小儿互相行走追逐、躲闪,边跑边说:"你都追上我了,我快跑。"练习自如地走、跑、跳,以及长距离走路。

荡秋千、扔球、滚球、上下楼梯、捉迷藏、抓老鹰、赛跑、推车、骑车、捡珠、涂鸦等游戏,孩子们总是玩起来乐此不疲,并不是有什么目的才去玩游戏,而是运动本身给孩子带来的快乐吸引着孩子。游戏使孩子全身肌肉放松、眼手腿动作逐渐协调,头脑的灵敏性和反应能力越来越好,也让孩子感受到成功的快乐。我们可以有意识地和孩子玩"拉大锯"、"开火车"、"划船"等游戏,锻炼孩子大肌肉的发展。会走以后的孩子对运动游戏是最感兴趣的。

(二)手的动作

1 岁以后,孩子的手更加灵活,从整体、笼统的动作向分化、精细的动作发展。这种发展意味着孩子可以更灵活地做更多的事情,丰富刺激,开发智力。所以,成人应帮助孩子进行锻炼,让孩子在摆弄玩具、实物的过程中发展手的精细动作,促进大脑神经细胞的发展,孩子会"心灵手巧"。撕纸、随意涂抹、穿珠、捡豆等都能很好地帮助孩子锻炼精细动作的发展。如"入瓶",1 岁左右可以让婴儿捏起小糖丸放入直径约 3 厘米的透明玻璃瓶内,训练手指的灵活度以及准确地将东西放入瓶中的技巧。又如"逐页翻书",学习看书翻页。此时宝宝的手仍太笨拙,总是一下翻几页,可由大人帮助更正。要经过多次练习才能学会一次只翻一页。再如"捏橡皮泥",锻炼手的灵巧,学习捏出形状。让孩子跟着大人的样子将橡皮泥搓圆,用手掌压扁,或者搓成条等。大人可示范给孩子学做许多花样,如先搓圆,再压扁,然后捏成盘子和碗。搓成圆球,插根火柴,变成苹果或梨。捏一个大球,在上面放一个小球变成不倒翁,可在小球上画上五官,并用纸剪一顶小帽。捏时可玩一些游戏,如藏硬币。原来桌上有个小硬币忽然就找不着了,桌上、地上到处都找不着,原来硬币藏在橡皮泥里面了。用完放回装橡皮泥用的盒子或塑料袋中,以便下次使用。注意在宝宝捏橡皮泥时成人一定要在身边,以免宝宝把橡皮泥放入口中。

(三)手眼协调训练

手眼协调能力的训练是利用各种玩具在宝宝 6 个月～3 岁间进行。宝宝能用眼睛看到自己的双手后,你会发现在宝宝清醒时经常在玩自己的双手,两手在眼前握着,手指乱动,会抓脸抓衣被。大人可在他手能够着处吊一个小球,大人拿着婴儿的手去拍打吊着的球,使球前后晃动,引诱他再去拍它。宝宝伸出手时有时会因位置不对而经常拍不到吊球,但练习多次后他就会调整手的位置和伸出的长度,逐渐击到小球。击中小球,这是手眼协调的结果。除了拍打吊起的球外,大人还可以一手竖抱婴儿,另一手提起宝宝的一只手去碰房间里悬挂的一些物品,大人可以说一些话以提高婴儿碰物的兴趣,碰一下讲一句,如"碰得高,碰得响,碰一碰,响一响,碰一碰,跳一跳"。大人可以轮流举起他的左右手碰物,当有些经验后,可以被动主动相结合,逐步过渡到主动碰物,为以后主动抓握物体打下基础。宝宝稍大一些后可以让他坐在成人腿上,成人坐在桌子旁,把玩具放在桌子上逗引宝宝伸手去抓,成人不断从宝宝手中拿回玩具,并不断改变玩具的位置点,看宝宝是否能目测距离,指挥手去抓物,是否能根据距离和角度调整手臂的伸缩长度和躯干的倾斜度;再如击打不倒翁等等。在宝宝 1 岁左右可以适当增加练习的难度。主要的游戏包括穿珠子、画画、折纸、用筷子、剪贴画等。

三、语言发展教育

1～1.5 岁的婴儿处于单词句阶段,此时理解语言迅速发展,包括呼应、述事、述意;会给常见的物体命名,词义泛化、词义窄化、词义特化;继续讲"小儿语",常用省略音、替代音和重叠音等。所以,此时成人应该帮助婴儿掌握新词,扩大词汇量;多跟孩子交谈,提供语言模仿的榜样;自制或购买图书,促进婴儿阅读兴趣和阅读能力的提高;鼓励婴儿多开口,成人要耐心倾听并予以应答;开展多种形式的语言游戏,如猜猜看、打电话等。

1.5～2岁的婴儿处于双词句阶段。此时,他们能理解的词汇数目和种类"与日俱增";语言理解逐步摆脱具体情境的制约,词语理解能力不断提高;喜欢提问,语言上出现"反抗行为";掌握新词的速度突飞猛进,进入突发期阶段。此时,成人要为婴儿提供良好的言语榜样和言语示范;主动告诉婴儿一些问题,对婴儿的提问和讲述要正确对待;倾听文学作品的诵读,观看儿童美术片或动画片;继续开展早期阅读指导。在游戏中进行词语练习如词语接龙、小喇叭等。

总之,1岁以后,成人要给孩子创造说话的机会,如果孩子仍用手势、动作表达意愿,家长要拒绝,并教他用正确的语言。孩子发音不准,不要笑话,而要纠正,并利用讲故事或读儿歌的形式教孩子练习发音。例如,和孩子玩"小鸭子"的游戏,学小鸭子的叫声"嘎嘎嘎、嘎嘎嘎"。婴儿在一岁半以后对学说学唱的积极性特别高。他们的背诵活动比主动的语言活动出现的早,所以,更要注意给孩子创造多听多说的机会,加强练习,早期的记忆印象深刻。成人和孩子一起讲故事、看图书、朗诵儿歌、说绕口令,用提问题、对话来复述故事等等,都可以起到训练语言发展的作用。爱说话的孩子往往比沉默寡言的孩子智力发展更好。

四、认知发展教育

1～2岁的宝宝开始认识越来越多的事物,他对什么都好奇,几天不见,你会发现他进步很大。因为只要他醒着,他就不停地探索和认识。此时,要教宝宝记住事物的特点及名称,如大象有长鼻子、兔子有长耳朵、汽车有车轮等等。人类认识事物是用"语言"来表达的。1～2岁的婴儿的思维处于萌芽阶段,没有概括、抽象的能力。所以,教孩子认识事物,必须与实物、情景相结合。例如,指着图片上的鱼告诉孩子:"这是鱼,鱼在水里游。"洗手的时候可以告诉孩子:"这是香皂,宝宝洗手、洗澡用的。"还可以指着宝宝身体的部位教孩子认识身体的部位,记住它们的名字。这样的游戏随处可行,走在小区里,可以告诉孩子手指的花是什么颜色;跑过来的小狗会"汪汪"地叫;刚买的香蕉是黄色的、长的、剥了皮吃又香又甜,"宝宝来咬一口"等等。一有机会你就可以让孩子按你说的"词"或"要求"指认,聪明的小家伙用不了几次就全记住了。这既促进孩子对语言的理解和记忆,又有助于孩子认识和适应环境。但是,切记不要教孩子不该叠音而叠音的词。如饭饭去、嘀嘀来了、拿拿等,即使孩子说,也不要随着他说,而要说正确的语言,用标准的说法来指导孩子的行为和认识事物,这有利于孩子尽快地掌握完整的句子。1～2岁婴儿的思维带有明显的直觉行动的性质,对事物的记忆及思维离不开与该事物直接的接触或在活动中进行。1～2岁的婴儿只能形成一些数量的概念,如多、少;学习数数,如1～10的数字,但不能完全了解每个数字代表的意义;认识大小,并加以区分;认识几种颜色,如红色、绿色。认数的游戏很多,我们也可以根据身边的物品自己来编游戏。如吃饼干时可以将饼干分成一样多的两半,教孩子认识一半的概念,也可以分成多少不均的两部分,来认识多和少的概念。而孩子的各种积塑玩具色彩很鲜艳,可以边玩边教孩子认识一两种颜色,一次不能多,熟悉以后再增加。如让孩子将红色的积塑挑出来,这可以为以后学习分类和归纳打基础。再如,妈妈可以和孩子比一比谁的扣子多;也可以让孩子挑出与自己手中拿的一样多的苹果,如两个。再请宝宝拿其中一个给奶奶送去。来了解"两"、"一"的含义等等。我们可以根据需要编出很多的游戏来帮助孩子锻炼思维的发展,培养一个聪明的小宝宝。

五、情绪、情感和交往能力培养

(一)丰富婴儿情感

1～2岁的宝宝已经有了简单的同情心,他的同情心看起来比较"泛滥",因此,看到别人笑,他会笑,看到别人哭,他也会哭。这种情绪的产生是高级社会情感的基础,对宝宝将来的社交行为会产生深刻的影响。宝宝还发展出惊奇和害羞的情绪。当他看到新异事物时,他会感到非常惊奇。他已经能够准确地理解熟悉与陌生环境的差异,对生人感到害怕而且更加粘人。在这个年龄段,他想要什么就必须立即得到,让他等待简直是不可能的事情,因为他还没学会如何控制自己的情绪。当宝宝处于这个年龄段时,父母就可以逐渐培养宝宝的同情心以及对新事物的兴趣,同时要创造尽可能多的条件让他更广泛地接触周围环境和人群,更多地融入社会。当离开宝宝时,要明确地告诉他你去哪里,什么时候回来。当你回到他身边时,要给予他一些特别的关注;要及时地满足宝宝合理的需求,不要让他养成依靠哭闹等手段来要挟父母的习惯。

（二）鼓励孩子交朋友

人始终要生活在人群当中,交往能力是不可缺少的。孩子从什么时候开始学习交往呢? 我国目前城市家庭中,绝大多数是独生子女,缺少同龄玩伴,这对他的性格、交往技能及智力的发展不利。所以,当孩子长到一两岁,开始对同伴感兴趣时,就要鼓励孩子多与小伙伴交往、玩耍。研究表明,与小伙伴玩耍会让孩子玩的时间更久、玩法更多、进步更快。1岁以后,孩子能走会说了,交往范围扩大,他开始对同龄的孩子感兴趣,见了小伙伴会去摸一摸、拽一拽。1~2岁的孩子还缺乏交往能力,不懂得分享和合作。所以,他们只能一起玩片刻,而且是自己玩自己的,看见小伙伴玩的花样,自己就想玩,而去抢夺小伙伴的玩具,这是常见的现象。所以,成人最好为孩子多准备一些同样的玩具,并且引导孩子逐渐学会与小伙伴分享玩具、合作着玩,从中体会合作的快乐,进而培养孩子的合作和交往的技能。在婴儿15~18个月时,他可以自己玩了,并不非要和其他小朋友一起玩。他会对家人、宠物或者玩具表现出喜爱之情。作为父母必须赞赏他这些表达爱的行为,并且鼓励他继续这么做。在婴儿18个月~2岁时,小宝宝会对"分享"这个概念感兴趣,所以成人可以尽量让你的小宝宝和其他小朋友在一起玩耍。一般情况下,宝宝总是在与他人分享之前最先和自己最亲近的人分享。当成人看到他与别人分享的时候,应该马上对他这种行为表示赞赏。如果有的宝宝连抓带打那只是为了想引起成人对他的注意,那么这时最好不要去严厉地责怪他。

六、美感和艺术教育

大多数宝宝在早期的艺术表现是多方面的,在发展的不同阶段可能会表现出不同的艺术兴趣,这是很正常的。不要过早将宝宝的艺术兴趣定位。因为"儿童的艺术是儿童把握世界的一种方式",是儿童认识世界、表达自我的一种形式。成人要仔细观察宝宝的艺术兴趣点,找出他的艺术敏感点,然后创设相应的环境,为宝宝艺术发展的潜在可能向现实转化提供条件。

1. 让宝宝多听自然声音

音乐是一种声音的艺术,成人可以利用各种自然界的声音,如风声、雷声、各种动物的叫声或乐器模仿的声音,让孩子对自然界的声音有一个初步了解,并告诉孩子分别是什么声音,试着让孩子模仿、听辨。在家庭中,家长还可以安排固定的时间,精选不同形式、风格的音乐,播放给孩子听,给孩子创造一个良好的音乐氛围。但是,一定要注意音量控制得当,不要将音乐变成噪声。

2. 鼓励宝宝跟着节拍舞动

孩子喜欢不同种类的音乐、歌曲,这些可以配合孩子的动作,包括幽默的和安静的。为孩子选歌曲时,最好选择歌词少、节奏和旋律不断重复的。这是最容易学的,也是孩子们最喜欢的。家长可以带着孩子一起随音乐动起来,比如拍手、踏脚、摆头、扭腰等等,让孩子感受身体每个地方都在舞动的快乐。另外,每次播放动画片的片头曲和片尾曲时,家长带着孩子随音乐节拍自由舞蹈,也可以让孩子即兴发挥,家长在一旁跟着学,这样孩子的表现欲得到满足,还能增强孩子的自信心。

3. 随孩子的意愿任意涂鸦

成人可以利用节假日尽量带孩子多观察,然后让孩子将观察到的东西按照自己的意愿画出来,不要规定过多的框架,比如孩子画鸟,站在不同的角度画出的鸟肯定是不一样的,这个时候就需要家长尽量给孩子鼓励,增加孩子自主性绘画的过程,培养孩子的观察能力和思维能力。

注意不要把发展艺术潜能同化为技能技巧的训练,宝宝艺术潜能的发展重在艺术的审美体验。

七、性教育

1~2岁的孩子没有"性"概念,生殖器和他身体的其他部位是一样的,成人过分的逗弄才让孩子产生了过分的注意。而孩子无意识玩弄自己的生殖器时,就训斥"不许摸""真丢人"等,这会让孩子产生这个部位是脏的、不好的等感觉。这些做法都是错误的。当发现孩子玩弄生殖器时,性教育就开始了。成人应像教孩子身体其他部位时一样,告诉他们部位名称。这样孩子就不会对这些身体部位产生异样的感觉。另外,帮助孩子认识性别,是性教育的另一个方面。男孩和女孩都要按明确的性别穿衣、打扮和引导。这样才能有利于孩子日后健康的情感和性格的建立。

思考与作业

1. 两岁婴儿的饮食特点及饮食要求是什么?
2. 两岁婴儿日常护理的重点是什么?
3. 怎样预防婴儿龋齿?
4. 婴儿容易发生哪些意外? 相应采取什么急救措施?
5. 两岁婴儿教育指导的重点内容是什么?
6. 怎样教婴儿独立进餐?
7. 简述两岁婴儿的动作发展的特点及锻炼方法。

操作训练

1. 设计两则符合两岁婴儿的语言游戏。
2. 为两岁婴儿编一首训练口语的儿歌。

第七章

教学课件

3岁婴儿的发育、护理及教育策略

本章学习重点

1. 阐述3岁婴儿各项发育指标,探讨3岁婴儿的饮食特点和照顾技巧。
2. 探讨怎样保护三岁婴儿的五官及易发生的问题和防范办法。继续做好计划免疫工作。
3. 探讨3岁婴儿的成长发展需要的适当指导。包括怎样在婴儿语言发展关键期发展婴儿的语言能力;接触学习生活中的数学;接受一些艺术熏陶;养成良好的品格特征等等。

本章学习建议

1. 教师讲解与学生自学相结合,在学习过程中要将理论与各阶段婴儿成长实例、实际生活结合起来,既能生动活泼、易于掌握,又能拓展知识、加深理解。在学习基本内容的基础上,多阅读有关书籍、资料,丰富婴儿保健常识和技巧。
2. 观察某一阶段的婴儿,做一项记录,并评析发育指标和成长情况。

第一节　3岁婴儿的发育指标

　　婴儿快满3岁了,他无论是身体还是心智都发生很大飞跃。从摇篮里的牙牙学语到口齿伶俐,从蹒跚学步到奔跑自如,宝宝终于迎来第3个生日。俗话说:三岁看大,七岁看老。宝宝的各方面优劣表现已经为父母所熟悉,不同的兴趣爱好和个性差异也已显露无遗。总体上,2～3岁的孩子天真、幼稚、活泼、纯洁,身心迅速发展,是最惹人爱的。2岁的孩子开始用语言与人交往,虽然带着奶气又极为简单,但却标志着掌握人类交际工具的新里程。这时的孩子最容易接受成人的教育,顺从和遵守规则及要求。但是,也表现出出生以来第一次反抗,开始有了个性,会发脾气,不服管教。喜欢自己做事情,如脱衣、洗手绢、穿鞋等等,并为自己能做的事情而自豪。他们非常乐于助人,如帮老师递勺子、摆碗筷等等,都会做得很起劲。这时的孩子有很好的记忆力,快速而持久,如背儿歌、小故事、歌曲、古诗、广告词等,可以达到几百、上千字。好奇心强,总爱问"为什么"。婴儿长到3岁可以说是完成了人生的第一个发展时期,身心两方面都进一步成熟和充实起来,是走向具有个性的人生的起点。在2岁孩子的成长中,最明显的是运动功能的发达,所以当孩子眼睛一睁开就开始吵吵闹闹。这时他们的思想也逐渐成熟,而且趋于复杂化,大人这时不可再一味地认为孩子什么都不懂。他们喜欢凡事都有规律性,睡觉及看电视的时间若加以分配,让他在固定的时间做该做的事他会很高兴。

　　这时的婴儿我们又该怎样呵护呢?他们又有着什么样的生长发育特点,哪些表现是正常的,哪些又是我们必须注意的呢？

一、生长发育指标

3岁婴儿身高、体重都增加了不少,体重在2～3岁间增加约2千克,男婴体重为14.73千克,女婴体重为14.22千克;身长增长5～7.5厘米,男婴身长为97.26厘米,女婴身长为96.28厘米。头围约增加1厘米,男婴头围为49.93厘米,女婴头围为48.65厘米;男婴胸围为51.17厘米,女婴为49.91厘米。为了便于计算和掌握婴儿的体重、身高增加情况,可用计算体重、身高的公式:体重(千克)=年龄×2+8(千克)或(7千克);身高(厘米)=年龄×5+80(或75)。2岁半时,婴儿乳牙已经出齐,共20颗。3岁时婴儿脑重已接近成人,小脑发育基本完成,能维持身体平衡和动作的准确性。

二、心理发展特征

2～3岁是儿童心理发展的一个转折期,心理学家称这一时期为人生"第一反抗期"。不少育婴师及父母也感到2岁左右的孩子不听话、不服管、脾气大。

1. 感知能力发展特点

2～3岁时婴儿感知迅速发展,感知的范围扩大,感知能力提高。视觉、听觉、触摸觉迅速发展,能认识基本色、辨别亲近者的声音、知道今天的意思等等。但在感知的方向性和精确性上还有待提高,如2～3岁婴儿在看图片时,如果你问他"图片上有小宝宝吗",他可能根本不理会你问什么,而是指着另一页的皮球说"我也有",或者看着别的而不回答你。他们的观察是笼统的、泛泛的。

2. 认识能力的发展

2岁左右的孩子开始出现"头脑"中的心理活动,也有表象、想象和思维。这些都是属于高级的认识活动,也就是说,这个年龄有了高级认识活动的萌芽,使他们的认识能力发生了质的变化,并导致他整个心理发展的转折。2岁左右儿童是表象出现的时期。表象是指人头脑中所保持的客观事物的形象。如1岁左右的孩子虽离开妈妈时会哭,但容易哄,因他过一会儿就忘记了妈妈。2岁左右的孩子就不同了,他会在头脑中回忆起妈妈,看到与妈妈相关联的东西也会想起妈妈,因此2岁的孩子爱哭,可能因为孩子的表象和回忆发展了,不能笼统地指责孩子不服哄、任性。

延迟模仿也是2岁左右出现的。它比直接模仿水平高,即使榜样不在眼前时也能模仿见到过的榜样。因而,有时2岁左右的孩子会做出一些莫名其妙的动作。随着思维的真正发生,孩子会出现探索和求知的萌芽,通常会说出一些育婴师认为的"歪理",其实这是随生活经验和思维的发展,孩子在头脑中形成的自己的标准。育婴师切勿认为这是孩子对你的反抗。

3. 自我意识的发展

孩子到2岁左右时,最主要的特征是有了逃避育婴师及父母的保护和自我意识强烈,正在尝试独立自主,育婴师及父母若不马上适应这种急速的变化,只会带来泄气和灰心,如果顺着他,也许反抗心还不至于太强,其实一个可爱且有依赖性的孩子试着反抗,这对大人而言也算是件可喜的事。多少产生点反抗意图,能激起他应对人生冲突的意志而增加思考能力。这时孩子开始出现自我意识的萌芽。自我意识是指对自己的认识,自己认识自己,就是使自己既成为主体,又成为客体。要把自己和外界区分开,意识自己和外界的关系,特别是自己和别人的关系。这是比较高级的心理活动,2岁孩子只是处在萌芽阶段。其出现的主要标志是能够运用代词"我"。自我意识主要表现在以下四个方面。

(1)产生了强烈的独立性需要,出现了自己行动的意愿。其独立行动的意愿表现为坚持自己的主意,不听从育婴师的要求和意见。会出现独立行动的需要,常说"我来"、"我拿"等。

(2)开始"知道"自己的力量。会用语言指使别人。

(3)能说出自己的行为,有时也能用语言控制自己的行为。

(4)出现占有意识。两三岁的孩子开始能够意识到哪些东西是属于自己的。

此外,随着自我意识的萌芽,孩子也会出现新的情感萌芽,如自豪感、自尊心、羞愧感、同情心等。

4．思维的发展

以感知动作思维为主。进入3岁的婴儿总是先做后想或边做边想，思维形式离不开具体的动作和行为。如孩子拿着积塑要插着玩，如果你问他，"想想，宝宝想插个什么呀?"他说不出来，而且觉得扫兴；但如果他自己在插完以后，拿给你看，你再问插的是什么，他会告诉你是汽车或者别的什么。这说明3岁前的婴儿的思维是由行动和动作引起的活动，边动作边思维。再如两三岁的孩子特别爱听故事，但他会边听边学故事里小动物的声音或描述的动作，特别喜欢成人一边讲一边表演，他也就边听边看、边看边演。同时，2～3岁的婴儿思维缺乏可逆性和相对性。他只能听懂简单而直接的语言，不能理解否定的句子或反话。如你嫌孩子吃饭弄得小脸都脏了，说他简直像个小花猫，他可能会高兴，因为他觉得小花猫很可爱，而不理解你是在说他脏。所以，这时不要和孩子说反话，要用正面的语言来阻止或指导婴儿做事。

5．情绪情感的发展

2～3岁婴儿的情绪、情感外露、不稳定，易冲动、易改变，而且直接影响他的活动。高兴了就笑，急了就哭，心理活动在很大程度上受情绪支配。一方面，他们的情绪情感非常容易受周围人的情绪情感的影响和感染，另一方面也很容易冲动。如得到自己喜欢的玩具时会喜形于色，高兴得笑出声，而当别人没有满足自己的要求或玩具被抢走时，会急得哭出声，一旦拿回来，又马上会转"雨"为"晴"。同时，注意这一时期的孩子有很强的依恋情感。情感依恋是指儿童对经常和他在一起的照料他的亲人的依恋，时刻离不开他们。在入园时表现很明显：大哭、拉着大人的手不放。

6．社会性的发展

3岁婴儿的社会性继续发展，他们与他人的关系和交往更为多样化。交往的范围扩大，从与亲人的交往扩大到与更多的成人尤其是同伴的交往上。很愿意与小朋友在一起或看别人玩，并有一定的参与意识，经常将小朋友的事告诉爸爸妈妈，甚至管别人的闲事。闲事是指与孩子没有关系的而他却很感兴趣的事。孩子天性活泼好动，如果没人和他交谈、交往，他就觉得寂寞、无聊，所以他要想办法和人交往，"管闲事"常常会替他找到交往的对象。另外，这个年龄的孩子最富有同情心，看到有人恃强欺弱，任性霸道，他们往往会"路见不平，拔刀相助"。这都表明他的社会性发展了。他们知道自己的性别及性的表面差异，知道等待、轮流，但常常不耐心。喜欢同别人交换东西；大吵大闹和发脾气已不常见，持续时间短；友好、有幽默感；讨好家长、老师。

总之，两三岁是儿童心理发展上一个比较大的转折阶段，他既遗留着两岁以前的某些心理特点的痕迹，又开始出现新的心理特点的萌芽，新旧交替在孩子身上就面临矛盾。如果父母不了解这一年龄阶段的心理发展特点，不按身心发展规律实施正确的教育，那么，父母与孩子之间的矛盾必然激化，后果是导致孩子出现真正的执拗、任性等不良性格。

第二节　3岁婴儿的营养与保健

2～3岁婴儿的生长速度仍处于迅速增长阶段，尤其两岁半以后，各种营养素的需要量较高，肌肉明显发育，骨骼中钙磷沉积增加，乳牙已长齐，咀嚼和消化能力有了很大进步，但胃肠功能仍未发育完全。所以，要为他们选择营养丰富而易消化食物。饭菜的制作要细、碎、软，不宜吃难消化的油炸食物。要有充足的优质蛋白质。每天的饮食要平衡搭配，这样才便于身体吸收利用。每顿应以主要供热量的粮食作为主食，也应当有足够提供蛋白质的食物，作为孩子生长发育所需要的物质。奶、蛋、肉类、鱼和豆制品等都富含蛋白质，人体所需的20种氨基酸主要从这些食物中获取。蔬菜和水果是提供维生素和微量元素的来源，每顿饭都应有一定数量的蔬菜才能符合身体需要。早饭应有一片馒头或饼干之类的淀粉供热源用，使牛奶鸡蛋的氨基酸能被生长利用。

一、饮食

（一）饮食特点

3岁左右的孩子具有较特殊的进食心理,在照顾孩子进食时,一定要注意照顾孩子的心理特点,以免造成孩子偏食、挑食、拒食等现象。如3岁的孩子喜欢固定不变的饭食习惯,他们喜欢用固定的餐具,坐固定的座位,按原来的进餐顺序进行,甚至他们还爱吃固定不变的饭菜。如果原来的饮食习惯突然改变,孩子会感到不安、不快,甚至大哭大闹拒食;他们比较喜欢吃味道鲜美、色彩鲜明的食物,而不喜欢吃黑色的、酱糊糊、油腻、滑溜的食物,如木耳、紫菜、海带、熘肝尖等;他们比较喜欢吃肉丸子、带馅食物,及拌有肉、蔬菜煮的混合米饭;不喜欢吃那些不常接触的食物。

（二）照顾3岁婴儿膳食的方法

（1）定时定量定地点。一日三餐定时定量,对孩子来说尤其重要。消化过程实际就是消化系统各器官协调一致的连续反应过程。三餐的时间是根据胃肠的消化规律而形成的。两餐中间相隔4～6小时,使消化系统处于有规律的活动状态,如果三餐定时,并形成规律,一到进餐时间就会有饥饿感产生食欲。胃肠蠕动起来,使食物中的营养得到充分的消化和吸收,并保证孩子有旺盛的食欲。根据孩子的食量给孩子准备饭菜,尽量要求他们吃完。不能依着孩子,喜欢吃的吃得过量,不喜欢吃的一口不进。不要随便给孩子换餐具和座位,尽可能为孩子准备自己的餐具和安排固定的就餐位置。不能边走边吃、边玩边吃。成人绝不能过分迁就孩子的不良行为,要重视良好饮食习惯的养成。

（2）安排丰富的多样化的食物,食物单调必然造成孩子营养失调。营养来源于食物,食物的营养成分概括起来有六种:蛋白质、脂肪、矿物质、维生素、水、糖类。科学合理地为孩子调配食物最重要的就是平衡膳食,从食物中全面地摄取各种营养素。《黄帝内经》中说"五谷为养,五果为助,五畜为益,五菜为充",就是说谷、畜、果、菜都重要,不可偏废,缺一不可。为了避免改变饭菜花样时孩子的反抗心理,在安排新花样的饭菜时,事先要告诉孩子,如在准备饭菜时让孩子参与一些活动,如择菜、挑菜,并且告诉孩子新食物有哪些特点,如准备吃胡萝卜,可告诉孩子:"胡萝卜颜色多漂亮,营养最好了!"吃饭时可告诉孩子:"小白兔最爱吃胡萝卜,宝宝也喜欢吃,对不对?"让孩子乐意配合。

（3）当孩子出现拒食时,不要强迫孩子,否则可能造成孩子厌食,对孩子不愿意吃的食物,应讲究方法。如果家里经常吃这种食物,父母吃得津津有味,对模仿性强的孩子来说很快就会接受。同时还可以将这种菜做成馅。千万不要因孩子不吃某种食物,就不再为孩子准备。

（三）3岁孩子1日的膳食量

牛奶或豆浆250克;瘦肉40～50克;鸡蛋1个;动物肝或血25克;豆腐或豆制品25～50克;黄绿色蔬菜100克;其他蔬菜50～100克;水果50～100克;糖5～10克;烹调油5～10克;主食(粮谷类)150～200克。3岁孩子每日进餐次数和间隔时间,应根据孩子胃的消化能力、胃液分泌及胃的排空时间而定。一日三餐两点分配是:7:30～8:00早饭;11:30～12:00午饭;14:30～15:00午点;17:30～18:00吃晚饭;19点以后吃点心一次。

二、保健

（一）保护好五官

（1）眼睛。孩子在3岁时应当进行第一次视力检查。我国大约有3‰的儿童发生弱视,孩子自己和家长不会发觉。如果在3岁时能发现,4岁之前治疗效果最好,5～6岁仍能治疗,12岁以上就不可能治愈。视力检查可以发现两眼视力是否相等,发现异常,要及时治疗,使视觉尽早恢复。

（2）牙齿。每个妈妈都希望宝宝有一口洁白整齐的牙齿,但是根据历年儿童体检的结果看,龋齿已列为3～6岁儿童缺点矫治项目中的第一位。龋齿主要是细菌在口腔内生存而引起的。口腔中最常见的是乳酸杆菌和链菌,这些细菌残留在牙缝和牙床表面生存、繁殖、腐蚀牙齿的牙釉质、牙本质,逐渐蛀成一个洞,就发生了龋齿。宝宝口腔保健的主要问题是预防龋齿,需要采取的措施就是刷牙。

婴儿3岁时,就必须培养他早晚刷牙、饭后漱口的好习惯,尤其要注意睡前刷牙。教宝宝刷牙,首先要让他掌握正确的姿势。开始时可以让他观察大人的刷牙动作。然后再手把手教他。刷牙正确的方式是采用竖刷法,刷上牙时要从上往下刷,刷下牙时要从下往上刷,并且牙齿里外,每个牙面都要刷。宝宝有时会采取横刷法,这种方法容易损伤牙龈,也达不到清除牙缝食物残渣的目的,因此是不正确的,要及时纠正,以免宝宝形成习惯。与此同时,还要选择合适的牙刷、牙膏。牙刷要选择适合3岁宝宝使用的保健牙刷,2排毛刷,每排6~7束,毛质软,牙刷头和牙刷把的长度均适合宝宝。另外,牙刷在使用一段时间后,要及时更换,一般3个月一次。牙膏可以选用氟化物牙膏、含酶牙膏及中药配方牙膏等。含氟牙膏是预防龋齿的最佳选择。另外,牙膏应交替使用,长期固定使用1种牙膏,会使牙细菌产生耐药性。刷牙是每个宝宝必须做的,不能想起来刷一次,只有坚持不懈地养成习惯,才能拥有一口整洁完美的牙齿。

(3)耳朵。耳朵是人的重要感觉器官,婴儿的耳烟管较直、短而且宽,开口又低,细菌容易通过这个管子进入中耳,引起化脓性炎症,出现耳膜穿孔。因此,在日常生活中要净化孩子的生活环境,减少噪声。幼教中心或家里的音响音量要适度,特别不要在孩子近处放高音。洗脸时要防止水进入耳朵,教会孩子一个鼻孔一个鼻孔地擤鼻涕,不要将鼻涕挤进耳管。同时,孩子活动时,要防止孩子将小粒物塞入外耳道,小心尖锐物扎耳朵,不要随便使用链霉素、庆大霉素等药物,保护好孩子的听力健康。

(4)鼻孔。鼻孔里长有许多绒毛,可以阻止外界细菌、灰尘等进入鼻腔,是鼻孔的卫士。教育孩子不要经常用脏手挖鼻孔,这容易带入细菌,更容易使鼻孔内的绒毛脱落,引起鼻炎。教孩子用鼻呼吸,不挖鼻孔,不捏着鼻子擤鼻涕,以免鼻涕进入鼻窦,引起鼻窦炎。所以,要教会孩子正确的擤鼻涕的方法,擤完后,用手绢擦干净鼻和手或用流水冲洗干净。

(二)培养孩子的独立性

3岁左右是培养其独立生活能力的关键期。

首先,培养孩子单独睡觉的习惯。1.5~4岁是孩子的自我意识和独立性开始萌芽和发展的时期。此时,他们学会做某件事情会很兴奋,育婴师及父母不能错过这个培养孩子独立生活能力的"关键期"。单独睡对培养孩子的独立能力、减少对父母和育婴师的依赖十分重要。开始父母可以在夜间照看几次,发现问题,及时解决并提醒孩子。通过一段时间的锻炼,孩子照顾自己的能力就会增强。

其次,培养孩子良好的盥洗习惯,包括刷牙、洗手脸、洗屁股、洗脚、洗袜子等。

再次,教孩子自己穿脱衣服和鞋袜,做整理。孩子自己穿脱衣服和鞋袜能够训练全身动作的协调、准确、灵活,促进大脑的发育,发展孩子的方位知觉、观察力、记忆力等。使其习惯于自己的事情自己做的习惯,避免形成依赖性。经过1岁多开始的有意引导,到3岁时孩子完全可以自己穿脱简单的衣服了,如松紧口的裤子、肥大的衣服、扣纽扣等。

最后,指导孩子妥善放置衣帽。孩子外出或睡前应将衣帽放在固定的地方,培养孩子做事有条理、认真、细致等品质。

(三)生活照料的注意事项

1.加强卫生保健,减少生病的几率

婴儿在成长过程中有两个易生病的高峰,家长应加以注意,帮助孩子渡过难关。第一个生病高峰期在婴儿1周岁左右,第二个生病高峰期在3岁左右。帮助婴儿度过这一生病高峰期,可以有以下几种方法。

(1)不常带婴儿到人众密集的公共场所,尤其是在传染病流行季节,以减少感染疾病的机会。

(2)3岁婴儿活泼好动,独立意识增强,育婴师要加强对幼儿的监护,以免小儿发生外伤和事故。

(3)注意婴儿营养和口腔卫生,防止"病从口入",安排婴儿身体锻炼,以增强抗病能力。

(4)积极配合卫生所家庭护理,及时对婴儿完成计划免疫。

2.科学观看电视,预防"电视婴儿"

当今社会、家庭条件决定了婴儿一出生就处在电视环境中,成人应该注意科学指导婴儿看电视。

（1）时间的问题。让孩子看电视的持续时间最长只能30分钟；如果看太久,会造成眼疲劳,因此30分钟后必须有一段休息时间。另外,3岁婴儿喜欢凡事都有规则性,让他在固定的时间内看喜欢的节目他最高兴。对熟悉的节目,他犹如和好朋友见面一样充满兴趣,这时候是让孩子养成节制习惯的最好时机。如果有时间,家长尽可能陪孩子一起欣赏,制造一些亲子间共同的话题。

（2）距离的问题。孩子的座位要比电视位置稍高,距离大约是画面对角线的8倍长,室内的光线和画面相比不可太暗或太亮。

（3）尽可能选择适合孩子的节目,避免有冲击性的节目。这类节目不利于婴儿的心理健康,易造成恐惧或敌视等不良情绪情感。

（4）预防"电视婴儿"。所谓的"电视婴儿"不只是长时间看电视的小孩,还包括电视对小孩的影响。孩子整天守着电视,把电视当作好朋友,这会使孩子在成长、学习上和社会现实呈现脱离状态。由于电视是机器,并不了解小孩的心思,亦不能和小孩促膝对谈地相互交流,因此孩子无法真正吸收知识和培养感情,妨碍了孩子社会性的正常发展。

3. 避免意外伤害,掌握急救措施

3岁的小孩儿活泼好动,照顾不周很容易受伤。所以,一方面要加紧看护,教孩子意识到安全性；另一方面对于生活中易发生的意外,成人应掌握简单的急救措施。

（1）骨折

① 不要尝试自己去把断骨接好或移动它到不同的位置；保持受伤部位固定；安慰孩子,为他保温,找人帮助；不要给孩子吃或喝任何东西。

② 用夹板固定。如果送孩子到医院需要颇长时间,夹板可以帮助固定断骨。很多东西都可以做夹板——木条、木板、折叠的报纸、伞。用毛巾、衣服、毯子垫在皮肤和夹板间。用领带、绳子、围巾、手帕、皮带等把夹板绑好(但不要太紧)。

注意：如果你认为颈部或后背受伤,不要移动孩子。为了不让头部移动,用卷起的毛巾围在颈部的周围,尽快求助。

（2）头部碰撞

由于婴儿行动不稳,常跌倒,碰撞。一旦孩子碰撞了头部,要用冷毛巾或冰袋减轻肿痛；该天晚间每两小时唤醒孩子,看他有没有知觉；如果孩子失去知觉,不管是数秒还是数分钟,立即送他去医院。如果发现孩子有不平常的瞌睡、呕吐、手臂和腿部不稳定、口齿不清、头痛厉害、抽筋、耳鼻出血或有液体流出、一只眼的瞳孔比另一只大、双眼的眼珠不是同时转动等危险的现象,即使是数天以后,也要带孩子去医院。

（3）噎着

孩子噎着时,要将孩子脸朝下放在你手臂上,用手托住他的头和颈；用另一只手掌用力击打两肩骨之间的部分5次。如果以上动作不起作用,将婴儿的脸向上放在手臂上,用手托住头部。将托住婴儿头的手臂放在大腿上,使婴儿的头不高过他的胸部；在孩子的两个乳头之间假想一条直线；将两指放在胸骨上,位置在假想直线部位稍下一些；用力急按那些部位5次。如有必要,连续击打背部及按胸部直到噎住的东西吐出来。

（4）脱臼

小儿关节活动范围较大,但韧带松弛,关节囊比较柔韧且富有弹性,牵拉负重后易引起脱位。如小儿突然跌倒,家长牵着孩子的一只手向上提起来,结果使关节脱臼；外出散步时,突然有辆车从拐角开出来,惊慌的妈妈会吃惊地猛拉孩子的胳膊,引起脱臼；用手拉睡懒觉而不想起床孩子的一只胳膊时,也会发生脱臼。

肩关节脱臼的孩子往往会叫"痛",被拉的胳膊悬挂着,完全不能动弹,一碰就痛。肘关节脱臼时,孩子会大声哭闹,不让人触摸他的肘部,不敢抬臂上举。这种情况最好去医院。肩关节脱位和肘关节脱位复位后应在屈肘位用三角毛巾悬吊或石膏固定3周后,开始练习肩部和肘部伸屈活动。桡骨小头半脱位复位后不需固定,但很易复发,即使是多次脱臼,也很容易治好。桡骨小头半脱位复位手法是:用一只手的拇指压迫在向外凸出的桡骨小头上,同时另一只手握住小儿手腕,将前臂向外侧旋转,并慢慢屈曲肘关节,如果关节处发生较轻微弹响声,说明桡骨小头已复位,小儿马上就可用受伤的手去拿东西。曾经有过脱臼的孩子,以后一不小心容易再次脱臼,因此,成人一定要避免用力或过猛地牵拉小儿的肢体。给孩子穿衣服时,成人动作要轻,要顺着孩子,不要生拉硬拖;牵着孩子的手走路或上下台阶时,不能像提东西那样提起小儿的手臂;平时也不能拉着孩子的手臂把他提起来玩。

总之,这一时期的婴儿活动力很强,很不安分。成人要时刻注意他们的安全和健康。

第三节 3岁婴儿的教育策略

2～3岁是婴儿各方面发展都很关键的时期。而这个关键期培养的焦点是他们的"养成"。这里我们可以暂时摒弃对孩子启蒙学习的各项指标的要求,但是养成教育恰是他们生活、交际的一种需要。因此,制定这个时期的养成教育目标与构建养成教育的内容并加以实施,便是一件十分有意义的事情。这无论是对智力的培养还是品格的养成都具有受用一生的作用。

一、培养生活自理能力,养成良好的生活习惯

生活自理能力,简单地说就是自我服务、自己照顾自己的能力,它是一个人应该具备的最基本的生活技能。生活自理能力的培养,对促进婴儿各方面的发展都有非常重要的意义。在动手操作中,婴儿的手指灵活性,动作协调性,手眼协调一致的能力都能得到有效锻炼,其他各方面知识也能融会贯通,从而促进婴儿智力发展。更主要的是,婴儿生活自理能力的形成,有助于培养婴儿的责任感、自信心以及自己处理问题的能力,对婴儿今后的生活也会产生深远的影响,是孩子一生的财富。两岁的孩子凡事都想自己来,这正是培养孩子自理能力的好时机。吃饭、穿衣、大小便、刷牙、洗手、穿脱衣物、穿脱鞋子、收拾床铺、开、关门窗、扫地、擦桌椅、自己取放玩具、图书、其他用具等等。此时孩子都愿意自己做,而且通过成人的适当指导会做得很好。所以,成人要相信孩子,多鼓励、多创造机会、多练习操作,培养一个聪明懂事、勤劳的好孩子。

独立性是指一个人独立分析和解决问题的能力,它是社会生存及进行创造性活动必备的心理品质。早教专家指出,生存教育的根本在于培养独立性,包括独立意识和独立能力,重点培养自理生活能力。独立性的培养必须从小抓起。2～3岁婴儿自我意识开始萌芽,言语和动作的发展迅速,对周围世界的认知范围扩大。他们喜欢到处看到处摸索,不要成人抱着,甚至不愿让人拉着手走路。要求"摆脱成人控制"。他们已经能用语言表达自己的意愿,对成人要他做的事,往往回答"不"。对自己要做的事又说:"我会,我自己来。"渴望与同龄伙伴交往。交往是婴儿的一种发展性需要,2～3岁的独生子女尤其明显。他们特别喜欢与邻里的小孩子玩,甚至会说"没人陪我玩,没劲"等。而成人往往以不放心、不安全为由限制他的行动。这些都将阻碍他们独立性的发展。应该让他们自己的事情自己做,提供机会让他决定一些事情,比如:穿衣服给他两件衣服,让他自己选择喜欢的;出去玩可以让他选择玩的地方。平时他要自己做事情,尽量不要拒绝,如果要拒绝,必须告诉他原因,并对他的这种热情给予肯定。

二、积极锻炼婴儿动作发展

满两岁的宝宝走路已经很稳了,能跑,能自己上下楼梯。这时孩子很喜欢大运动量的活动和游戏,如跑、跳、爬、跳舞、踢球、爬高等等。两岁半以后可以单脚站立几秒钟,平衡能力越来越好,可以提起脚后跟用脚尖走路,可以训练孩子先一只脚走再学习两只脚脚尖走路。这有助于促进各神经系统

之间的协调,为更复杂的体能动作打基础。3岁的宝宝可以双脚交替上下楼梯,原地双脚跳,跨越30厘米高的障碍物。此时,孩子需要成人帮助他进行相应的训练,尽快完成过渡,可以进行平衡木练习,由成人扶着走道牙子,也可以在家中地板上放一些可以踩踏的东西,拉着孩子的一只手来回走动,逐渐放手让孩子独自走。为保持平衡,可以让孩子张开双臂走。"跳皮筋"也是很好的锻炼方法,配合歌谣一边说一边跳,孩子会很高兴。还可以和孩子比赛上下楼梯、玩过桥、走曲线、跟着音乐节拍跳舞等等。

此时,宝宝的手眼协调能力越来越好,只要是他想做的事,都会尝试着去做,而且有一定的耐心坚持把事情做完。凭借自己的想象画简单而有意义的图画,能搭更多层积木、拼插图,在成人指导下折纸、给玩具娃娃穿衣服等。31个月以后,随孩子小肌肉的发育,大多数孩子能握笔画线,能叠搭八块积木、拍球、扣大一些的扣子等。这时宝宝很喜欢剪纸,可以准备多种材料满足宝宝剪的欲望。可以画上简单的线条,练习剪直线、曲线。练习熟练后可以"定形撕纸",在质地较厚的纸上画出简单的较大的图形,让宝宝按形状撕出不同的图形,熟练后也可以画上一些动物的轮廓图形,让宝宝顺着轮廓边缘撕出各种小动物。还可以为宝宝准备黏土、橡皮泥,和宝宝一起捏各种动物、物品等。练习用筷子、玩套叠玩具、倒沙、扣纽扣等都可以让宝宝手的动作更加灵活熟练,运用自如。

三、认知能力发展教育

随着心理的发展,宝宝的认知能力进一步发展,具有概括性和随意性,他们可以利用将知觉对象从背景中分出来,随着其动作的发展和活动的多样化,各种复杂的知觉初步发展起来,出现了空间知觉、时间知觉,辨别物体的远近,形成一定观察力,这是在视觉能力、听觉能力、触觉和嗅觉能力、方位及距离知觉能力等发展的基础上发展起来的。观察力能帮助孩子获取更多的知识和信息,促进宝宝智力的发展。成人可以在日常生活中引导宝宝认识时间,如今天早晨我们去买菜了,现在我们来洗菜,中午爸爸回来吃饭。早晨太阳升起来,晚上太阳落山了;利用时钟认识整点时间。以宝宝自身为参照物,认识左右、前后、上下;利用大自然认识丰富多彩的世界和景物。还可以认识家庭成员、认识自家的门牌号、认识父母的职业、认识路线等等。其中,数学能力的发展在这个时期表现突出。

数学能力主要包括数学概括能力(如计数)、数学命题能力、空间想象能力、逻辑推理能力和运用法则等。其中,数概括能力是一切能力的基础。数学是人类思维的体操,数学能力的发展水平在很大程度上代表了人的思维水平。

数概括能力水平的标志就是形成数概念,即计数。8个月~1岁,2~3岁(特别是2岁半至3岁)是儿童计数能力发展的两个关键时期。8个月~1岁,儿童开始学会区分大和小、多和少。到2岁半至3岁,儿童开始形成初步的计数能力,认识1和2,但还不能脱离实物。5~6岁又是计数能力发展的一个关键期,开始脱离实物,形成数概念。对一个数,儿童能逐步理解它的实际意义、它的顺序和组成。这是儿童数概括能力发展的一个非常重要的关键期。

(一)婴儿数学能力发展的特点

1. 背数和点数

背数和点数不同,背数时孩子只是在背唱顺口溜,只在9进10时略加注意就可以往下背诵。点数要求手口一致,如一边系扣子一边数数,或一边摆积木一边数数。两岁半之前孩子手的动作不够灵活,经常手口不一致。到33~36个月时手的灵活性逐渐增加,半数儿童能手口相符地数6~8个数,最优秀的能点数12个且做到手口一致。

2. 按数拿取

1岁时几乎所有孩子都会按大人的要求拿取1个,约半数能按指示拿取2个。2岁时几乎都能拿取3个,就算会背数到30,点数到10但按数拿取3个已是最确切的量,拿4个时就捧出一大堆数不清楚了。但两岁时孩子知道从拿取的3个当中取走1个后还剩2,拿走2个后还剩1,放下2个就有3。也知道两边都有3个就是"一样多",3个之内能分清哪边多。3岁时多数会按数拿取4个,部分会拿取 5 个。按数拿取是孩子真正识数的上限,这个限的确存在着较大的个体差异。

3. 学认数字

从 19 个月起,少数孩子会指挂历上的 1;2 岁时 72% 的孩子会指和说出挂历上的 1 和 8;3 岁前有 40% 的孩子已经学会认数字 1～10;46 个月时 9.6% 的孩子会写 1～2 个数字;到 56 个月时 72% 的孩子会写 10 个阿拉伯数字。孩子们最常写错的是 6 和 9,也常将 3 写成ε,将 6 写反,这种错误一般都能在 66 个月前纠正。

4. 复述数字

复述数字就是顺着背出大人口授的数字,这要求儿童有短暂的注意力和记忆力。据载 1987 年,在接受调查的儿童中,有 76.2% 的 30 个月儿童能复述两位数,有 78.3% 的 38 个月儿童能复述 3 位数。比内 L－M(1972 年)量表要求 2.5～3 岁复述两位数;3～3.5 岁复述 3 位数;7 岁复述 5 位数;10 岁复述 6 位数(比内以 70% 人能达到的标准规定该年龄能达到的能力)。大多数 2.5～3 岁的孩子几乎都能背诵自己家 8 位数的电话号码,许多未入幼儿园的 3 岁过 1～2 个月的孩子能背诵奶奶和姥姥家的电话号码,少数 3 岁半的孩子能背出爸妈的手机号 11 位数。这一结果显示,我国儿童复述数字的能力大大超过比内量表所规定的复述数字能力。

5. 分左右

由于孩子学习用筷子吃饭,几乎所有会拿筷子的孩子都知道拿筷子的手是右手。个别左手的孩子也知道自己用左手拿筷子,所以从 26 个月孩子就认识自己的右手了。经常同孩子做指身体部位的游戏,孩子快速指自己的左眼、右耳、左肩、右膝、右夹肢窝,左肘等部位,分左右就早。孩子分清鞋的左右最早是 23 个月,多数是 33 个月,仅有个别独立能力被剥夺者才拖到 52 个月。国外比内量表和格塞尔量表都认为儿童应在 6 岁时才能分清左右,1978 年麦卡锡的儿童游戏量表也规定 5 岁才作分左右的游戏测试。分左右是认识空间方位的感知觉。空间方位的认知受地域的影响,如果城市座位正,孩子较容易认识。

6. 知道自己几岁

从 10 个月起,如果大人问"你几岁"时,宝宝不会回答,到 15 个月时就会自己说"1 岁"。说话较迟的孩子到 28 个月时也会自己说"2 岁"。但是,比内量表和格塞尔量表都认为孩子应当 5 岁才能正确回答自己的年龄。

(二)婴儿数学能力培养方法

1. 观察

成人可以随时通过问宝宝问题来引导宝宝观察。在生活中要多对孩子进行"数量与数字的积累"教育,如和孩子一边走,一边说:"1 步,2 步,3 步……"或带孩子去动物园看动物,也可以数给孩子听,并鼓励孩子自己数一数:"1 只猴子,2 只猴子……"总之,让小孩数生活里一切能数的东西,培养孩子对数与量的理解能力,并学会数 10 以内的数字。孩子除了从小从生活中获得足够的数字经验外,还要引导孩子找生活环境中的数字,如门牌号、楼号、汽车牌号、信箱号、比赛中的计分等等,并与孩子一起讨论这些数字的用途,增强他们对数字概念的理解。在日常生活中,能够用数字准确表达的概念,成人应尽量讲得准确。同时,还应注意使用"首先"、"其次"、"第三"等序数词。再如成人和孩子各站在楼梯的两端,成人喊"开始",两人一起往上走,边上边领着孩子数:"1 个台阶,2 个台阶……"数到 10 的时候,可以重新开始数。这样反复多次,然后给出一个数字,让小孩上相同的台阶数,一般不要超过 10,都可以加强孩子对"数"的理解。

2. 比较

可以结合日常生活教宝宝学会比较。如我的碗比你的碗大;老师的鞋比你的鞋大;这个苹果比那个苹果红;这幢楼房比那幢楼房高;你的胳膊比妈妈的胳膊短等等。在玩的过程中,老师应引导宝宝边玩边说:"老师拿的是大皮球,我拿的也是大皮球",或者说漂亮的彩带上"放着一粒红纽扣,一粒绿纽扣,一粒红纽扣,一粒绿纽扣……",让宝宝边玩边说,可以使他们清楚地知道自己做了什么,又是怎样做的,使宝宝的思维和语言都得到了相应的发展。可以利用游戏加强兴趣,如"比厚薄":准备几本薄厚不同的书。让孩子拿一本小画书,你拿一本更厚一点的书,同孩子比较,说:"我的书比你的书厚。""你的书比我的书薄。"然后,鼓励孩子寻找一本更厚的书,孩子就可以说上面的话,其后你再找一本更厚的,依此类推。以后可以倒过来玩:"我的书比你的薄。""你的书比我的厚。"同时还要注意小孩逻辑能力的培养,如让孩子比较远近。家长可以问小孩:"妈妈现在离电视机近还是离床近?""你现在离爸爸远还是离妈妈远?"

3. 配对

把排列好的物体和数词按顺序配对,配对的活动可以发展孩子的对应观念。在游戏中让宝宝学习配对,如数字配对、物品配对等。将家中鞋柜中的鞋子全部拿出来,分散摆在地上,让孩子在众多鞋子中去找相同的配成对,配好对的鞋子再放回鞋柜中。可以找一样颜色的、一样长短的或是一样图案的袜子,尤其是孩子的袜子通常图案五花八门,要配成对得花一番工夫。

4. 分类

给物体分类,将物体分成具有这种属性和不具有这种属性的两类。如让孩子把红色的珠子放到红色的碗里等。可以分成以下几种。

(1) 不同物品分类:准备一些零碎杂物(3~5种),如2块橡皮、4颗棋子、5个玻璃球、6个回形针、7颗小石子等等,将这些杂物混放在一起,请孩子将它们逐一分类。

(2) 按物体的某一特征分类:准备红豆、黄豆、青豆等各种豆子,大、小盘子若干,引导孩子共同观察,让孩子发现豆子外形、颜色的不同。大人(或孩子)拿一粒豆,另一方找出相同种类(或相同颜色)的豆放在一起。随着孩子对游戏的了解,让他按颜色(按种类)将豆子分到各小盘中。

(3) 按名称分类:吃饭前,家长可将若干碗、调羹、筷子放在桌子中间,让孩子根据它们的名称,并引导孩子说说为什么这样分。

(4) 按种类分类:把衣物(如衣服、裤子、袜子等)集中摆放,引导孩子观察。把不同种类的服装分开摆放,鼓励孩子说一说这样分的原因。引导孩子尝试自由进行分类,看有几种分法,有可能孩子还会按不同人的服装、不同季节的服装等进行分类。

(5) 按事物的用途分类:告诉孩子注意听5种物名,从中找出一种与其他4种不同用途的物品。例如:苹果、香蕉、橘子、桃子、刷子。大人说后停一会儿,让孩子去挑出哪一种与其他4种不同,并问为什么。告诉孩子说,因为"刷子不能吃,它不是水果"。

5. 排序

引导宝宝学习将两种物品(如木珠与纽扣,纽扣与瓶盖)间隔排列成一条彩带;将两种颜色的物品(如红色、绿色纽扣,红色、白色瓶盖)间隔排列成一条彩带;引导宝宝学习用两种颜色的木珠(红色、黄色木珠)间隔穿成一串彩链等。可带孩子一起出去,一起到公园、广场、商店等玩一玩,观察周围的景物,找一找,看看哪些东西是有规律地排列的,并请孩子说说它们是怎么排的(如商店橱窗里手帕、毛巾、窗帘边上的花纹等,路边栅栏瓷砖的排列等)。

6. 一一对应

一人一双筷子吃饭,让宝宝帮助发。找有盖子的瓶与罐,把盖子全部拿起来放在一旁,让孩子自己去找盖子盖上瓶罐。这个游戏对孩子来说是很有趣的,在盖的过程中还要动动脑。

四、语言发展教育

2~3岁已处在语言表达的阶段,是学习和发展语言的关键时期。这时期孩子的语言发展特别迅速,说话的积极性特别高,尽管说的话仍然以简单句为主,但是说话的内容丰富了,他们已经掌握了与生活有关的最基本的词汇和语言,会正确地运用代词"你、我",如会说"不要你了,我自己睡",会用语言和人交往。3岁左右时,大多数的孩子能运用语言进行一般的交往,说出的话不再完全是简单句,出现复合句,大部分的句子都有10个左右的字,词汇量可达1 000左右,会用代词"他",会说儿歌。

这时期是孩子学习语言和发展语言的关键时期,也是孩子学习口语的最佳年龄。尽管他们已经掌握了最基本的词汇、词类和最基本的句型,所说的话也基本上符合语法,已经掌握了最基本的语言,有了初步的语言能力,但这种语言的水平还很低,经常是和活动相联系的,边活动边说话。因此,要使语言能力进一步发展,成人必须要创造有利条件,让孩子在日常生活中或活动游玩中通过模仿来学习语言,并给予正确的引导来促进孩子语言能力的发展。经过引导把话说完整,并且说得有条理一些,是完全可以做到的。语言能力的发展会产生一个质的变化,所以要把握住这个时机对孩子进行良好的语言训练。

(一)清楚正确地发音

2～3岁孩子的听觉分化能力还较差,不能区分近似音。而且发音器官没有完全发育完善,掌握舌音比较困难。所以,常常发音不清,把"姥姥"说成"咬咬";把"吃"说成"西"等等。常常是 zhi、chi、shi、g、k 不分,不能正确表达语言的内容。怎样保证孩子正确的发音呢? 首先,老师、家长要做孩子的正确模仿的榜样。无论是哄孩子的时候,还是讲故事、说儿歌都要正确发音。其次,耐心地教孩子发音。一方面可以让孩子跟着说,模仿成人练习发音。另一方面通过跟读,发现孩子不准确的发音,及时、耐心地教孩子这些音是怎么发出来的。矫正孩子错误发音时,不能急于求成,更不要训斥孩子,要鼓励孩子坚持练习。可以带领孩子一同说儿歌、绕口令、做游戏等。

(二)丰富词汇

2岁半以后的孩子的语言能力发展迅速,接受能力也增强,家长、老师不能只限于教孩子说物体的名称,而是要教会孩子物体的作用,对物体外部特点的描述,例如大小、颜色、形状、轻重等,扩展他对物体的理解。利用提问题的形式,鼓励孩子多说话,表达自己的感受和对物体的描述。平时利用讲故事、看图书、背儿歌的形式,让孩子逐渐积累词汇量,学习使用词汇,学会对事物的描述以及表达自己的体验。

(1)结合具体的事、物、现象教孩子词语及词义。根据孩子思维具体形象、直观的特点,应该在孩子看到某种物体、人或事情时,教他相应的词语。如握着孩子的手,摸着光滑的塑料玩具的表面,说"光滑","玩具的表面很光滑";孩子的手扎了刺,说"扎刺","你的手扎刺了"。使孩子对词和词代表的物体、现象等建立联系,真正掌握理解词语。

(2)鼓励孩子多运用。在日常的交往、活动中,经常启发孩子把学过的词语运用到口语中。如前面如果孩子已经了解"冰凉"这个词,当孩子吃冰激凌、喝汽水就可以启发孩子说,"冰激凌冰凉冰凉的"。学会了用语言来描述人和物的相互关系。例如,"这是我的皮球,这是你的小汽车。""这是我的,不给你"。

(3)引导孩子多观察环境和事物,扩大眼界,丰富词汇。这时期孩子的语言还不能脱离环境和活动,因此,发展孩子的语言能力还要注意丰富孩子的生活,让孩子广泛接触周围的人和事,在和人的交往说话中,发展和丰富语言。成人要有意识地引导孩子多听、多看、多尝试,在此基础上教孩子相应的词汇。

(4)教孩子背儿歌和小古诗。这个时期应该教孩子背诵完整的儿歌和小古诗,能与看到的实景联系起来学和背就更好了。如背了一首"秋天到,秋天到;红树叶,黄树叶,片片落下像蝴蝶"的儿歌,若在户外看到了秋天的落叶,就要诱导孩子边看边背这首儿歌,这样孩子背的儿歌或古诗就更有意境了,也便于孩子理解。

(5)教孩子简单复述故事中的情节。2～3岁的孩子一般都喜欢听故事,大人可以引导孩子简单复述故事中的部分或全部情节,只要能说出个大意,哪怕是几句话都要热情鼓励和称赞。刚开始孩子不知道怎么复述,大人可以根据故事过程用提问的方式加以引导。如《龟兔赛跑》的故事,可以这样问:"有一天谁和谁在什么地方赛跑?"引导孩子说出"有一天,乌龟和小白兔在草地上赛跑"的话,大人接着可以边听边附和着问:"后来呢?…嗯! 后来呢?"直到孩子讲完。当然这种训练难度较大,可以在孩子3岁左右进行。

(三)说完整的句子

我们发现孩子说话时,常有次序颠倒、成分不全的现象。孩子掌握语言的过程经历了词代句、电报句、简单句、复合句的发展过程的。教孩子用完整的语句说话是十分必要的。这不仅直接影响孩子口语表达能力的提高,还影响孩子思维的发展。怎样教孩子掌握完整的语句呢?

(1)避免跟着孩子继续说电报句,教孩子把电报句扩展成完整的简单句,将颠倒的次序正确排列。孩子说"汽水,要",教他说成"我要喝汽水"。"妈妈,走",改正为"妈妈走了"。

(2)随时教孩子说完整的句子。大人不能再用简短的语句来教孩子说话,要用完整标准的语句来教孩子正确说话,如见到汽车后,不能再对孩子只说"汽车"两字,要告诉他"这是一辆红色的汽车,那是一辆绿色的小轿车"等。平时通过给孩子讲故事、朗读儿歌、看图说话来丰富孩子的词汇,帮助孩子练习说完整的话。

(3)教孩子学习用完整的句子回答提问。成人带孩子活动时,依据看见的情景进行提问,让孩子用完整的语句回答。这非常有利于孩子语言表达能力的发展。如问:"是什么车子开过去了?"孩子可能会说:"小汽车。"成人要教孩子重复"小汽车开过来了"。这种场景提问,是孩子生活中亲眼看到的情景问题,孩子自然喜欢回答。

语言发育在幼儿期差别很大,有的孩子1岁半时就会说许多话,背儿歌,另外一些可能到了2岁多还不太会说,这种情况是常有的。说话早、说话多的孩子不能说明他就比说话迟、说话少的孩子聪明,也不能说说话迟、说话少的孩子语言能力今后就会落后。语言发育存在着个体的差异和环境教育的问题。如果这时期的孩子能完全理解父母的语言,能正确使用"我"、"你",即使说不上几句,或不会背儿歌,也没什么关系,父母不要着急,只要给以丰富的语言刺激,孩子的语言能很快赶上。

(四)学习阅读识字

对于2~3岁的孩子来说,认识一个字就像认识一个图一样,他会把这个字作为一个完整的整体来识记,并将图像与语言建立联系。教孩子识字,并不是让他们掌握字的形、音、义,只是让孩子根据字形读出字音,掌握字的形状。教孩子识字也不是作为一种学习任务来完成,而是在生活、游戏中随即进行的。教2~3岁的孩子识字多是在游戏和阅读中进行的。

教2~3岁的孩子进行早期阅读,不能期望他和成人一样达到一定的阅读目的。成人阅读是为了学习或消遣;而教孩子阅读,只要能培养起他的阅读兴趣,目的就达到了。孩子有了阅读兴趣,就会产生出更多"深入"学习的动力。只要方法得当,不仅可以扩大孩子的生活空间,增强孩子的自信心,还可以培养他们的学习兴趣。当然,这要符合孩子的阅读特点和兴趣,所以,关键要掌握以下原则。

1. 兴趣原则

我们不可能期望2~3岁的孩子用意志和努力来学习,但只要引起孩子兴趣,他们也可以长时间地专注于一项活动。只要我们发现了孩子的兴趣就能创造很多教孩子学习识字和阅读的情境。如孩子喜欢看天气预报,一到天气预报时就全神贯注跟着电视里的播音员念词。趁这个机会让他也认识一下各个城市的名称,可以指着荧屏上"北京"两个字念一遍,于是他知道了每天读的城市与荧屏上出现的汉字的关系。再如男孩子更喜欢车。买一本《小小车迷》,肯定会成为他喜爱的读物。和他一起看、读,不久他不但认识上面的各种车辆,而且连车名都能认识,即使手写在纸上他也能读出来。另外,一般来说,孩子都喜欢听故事。成人可以和他一起阅读,成人没时间时,他也可以自己阅读。选一些图画简单、字大又不多的书比较适合孩子。

2. 生活化原则

不要听到"阅读"就想到书,其实,生活中现成的"教材"在我们身边无处不在,而且孩子对他们非常感兴趣。让孩子阅读各种生活用品上的文字不但能培养他的阅读能力,而且能帮助他拓展生活空间。"你吃的是什么啊?"和孩子一起读一读包装盒上的字,等他读完再打开。通过这种锻炼,孩子很快就会读"旺旺雪饼"、"南瓜饼"、"阿尔卑斯棒棒糖"、"大白兔奶糖"、"福满多方便面"等等。在时间充裕的时候,可以带孩子到超市、商店去,让他坐在手推车上,从货架上随手取下商品让他读一读:"洗发露"、"花露水"、"钙片"……

3.教育性原则

2～3岁的宝宝正是观察、模仿能力最强的时候,但他们对行为的辨别能力还不是很强,因此教他们识字阅读也要注意教育性原则。如在街上散步时,看到垃圾箱或垃圾车,指着上面的字让他读一遍,然后问他:"你知道垃圾箱是干什么用的吗?"告诉他用途。每次孩子吃了饼干、雪糕或喝了饮料后,提醒他把包装盒扔进垃圾箱,养成不乱扔垃圾的好习惯。再如草坪、花园边的告示牌,是既方便又有教育意义的阅读材料。每次带孩子路过草坪前的告示牌,都要停下脚步读一读,一般告示牌上的话都朗朗上口而且生动,孩子很愿意读。这样不仅锻炼了语言表述能力,而且渗透了环保的意识。

4.游戏化原则

游戏是这个年龄段最热衷的。孩子常常将一个简单的小游戏重复很多次而不愿结束。将阅读识字游戏化,将让孩子更加轻松愉快。孩子一开始可能会把卡片、图书当成玩具,翻来翻去、摔来摔去。我们只要简单地变换一下方式,就会引起孩子的兴趣。如我们学着卡片上的小动物的形态和叫声,说:"喵喵,我是谁?""我是小猫咪。"然后指着卡片上的图,再指字"猫"。做两次,再问孩子,孩子就会念出来。当然,可以在固定时间,如在睡觉前进行。也可以将这种游戏扩展到其他的阅读中。

五、培养良好品格和习惯

(一)保持良好的情绪情感

2～3岁,是婴儿情绪、情感发展的敏感期。此时,情感活动伴随着他们的生活而存在。因此,在这一时期应该加强培养情感教育,对婴儿的人格形成具有重要作用。对婴儿来说,健康、积极的情感包括自信、信赖、合群、惜物、求知、求美等。为此,父母、老师要让孩子进行一些如"给妈妈过生日"、"给爷爷、奶奶、爸爸、妈妈和自己分苹果"、"我的新玩具"、"小朋友的生日"等为主题的情感体验活动,为孩子们提供表达情感、体验情感、调节情绪并产生相应行为的机会。让他体验到自己痛苦时,是朋友的帮助给自己带来了快乐。体会到家庭中、学校中的亲情,以及与大家分享的快乐,产生爱家、爱亲人、爱朋友的情感。

随着婴儿活动范围的扩大,2～3岁的孩子会逐渐意识到任意发泄自己的情绪(如哭闹、要赖等)会不受同伴和成人的欢迎。因此,教会幼儿恰当地诉说自己的委屈、表达自己的情感、调节自己的情绪就显得十分重要。对这一年龄段的幼儿,成人应多一点理解,少一点训斥;多一点关心,少一点冷漠,以引导幼儿将消极情绪转化为积极情感。例如,在玩具被别人弄坏时,小朋友经常会以吵架、哭闹、生气等方式表达自己的不满情绪。有的家长会不予理睬、漠然视之,这就会伤害儿童的情感。如果家人、老师以同情的口吻劝导:"我知道,你的玩具坏了,你很生气。"然后设法让孩子明白别人不是有意的,玩具修好了仍然好玩。同样,应对弄坏玩具的孩子说:"你看,他多伤心,下次玩时要小心些。"这样可使双方努力去理解对方。又如孩子想吃食物,但从健康角度又暂时不能满足他,我们既不能一味地迁就,也不能简单地拒绝,而要耐心地转移孩子的注意力,让他愉快地接受这种拒绝。培养婴儿良好情绪行为的方法可以概括为:

(1)经常让婴儿获得快乐,满足婴儿的合理要求。

(2)让婴儿慢慢学会控制情绪,学会忍耐和宽容。

(3)和谐美好的家庭生活是培养良好情绪的环境因素。

(4)增加爱抚和情感交流的机会,不要限制婴儿的环境探索活动。

(5)为婴儿设计一些丰富而适宜的情感游戏。

(6)对婴儿的行为进行评价,扩大婴儿的接触面。

(7)不用恐怖的表情和语言吓唬婴儿。

当然,对于处在2～3岁的婴儿,成人还要提供机会帮助他学会根据情境,恰当地调整自己的情绪。慢慢地,他就能学会遵循社会文化认可的"情绪表达规则",通过恰当地调节情绪,达成自己的目标。在这个阶段,成人需要帮助宝宝把握以下的情绪表达规则。

(1)每个人表达情绪的方式会影响到别人,所以要选择合适的表达方式。比如生小弟弟气的时候,不能打小弟弟,可以大声地说:"我生气了!"

(2)懂得以合适的方式来调整自己的负面情绪。比如,我害怕那个陌生人,那么我可以离他远一点,我还可以跑到妈妈身边寻求安慰。

(3)懂得自我控制,不能有各种过激的行为。比如当我特别生气的时候,我不能把玻璃杯子砸到地上。

(4)懂得遵循一些既定的社会规则。比如我高兴的时候,不能在地板上使劲地跳,这样会影响到楼下邻居。

总之,对2~3岁的婴儿,成人应注意观察孩子的情感表露,以平静、同情、理解、信任的态度去引导孩子,使孩子的身心得到健康的发展。

(二)独立意识

当孩子两三岁的时候,出现了最初的自我概念,开始出现"给我"、"我要"、"我会"、"我自己来"等自我独立意向,如果这时孩子的独立活动要求得到满足和成人的支持,将开始建立自我肯定情感,相反则容易产生退缩行为。大多数活动,包括学习,对于孩子来说都是新鲜而有趣的,那么厌学情绪是怎么产生的呢?这很可能是成人喜欢以"简单的命令"使然,孩子容易因此对劳动和学习产生对立情绪或厌恶心理。美国心理学家曾对1 500位儿童进行长期追踪观察,30年后发现20%的人没有取得什么成就。与其中成就最大的20%的人对比,发现最显著的差异并不在智力方面,而在于个性品质不同。成就卓著者都是有坚强毅力、独立性和勇往直前等个性品质的人。可见孩子的独立品格对成长和成材是何等重要。

(三)合作、交往与分享

与2岁时相比,3岁的孩子已经不那么自私了,对成人的依赖也减少,这是自我识别得到强化和感到更加安全的征象。

随着孩子对其他人的感觉和行为了解的增多和敏感,他会逐渐停止竞争,并学会在一起玩耍时相互合作。在小组中他开始学会轮流玩耍分享玩具,即使他不总是这样做。现在通常他可以以文明的方式提出要求,而不是胡闹或尖叫。所以,你可以期望孩子玩耍时更加平和而安宁。通常3岁的孩子会采取轮流玩耍或交换玩具的方式自己解决争端。然而,开始时你必须鼓励这种合作。例如,你可以鼓励利用语言而不是暴力来处理出现的问题,在两个孩子分享一个玩具时,也可以提醒他们轮流玩耍。当两个孩子都想得到同一个玩具时,可以提议他们轮流玩耍,或寻找另一个玩具和活动。虽然这种方法并不总是有效,但值得尝试。要帮助孩子使用合适的词语描述自己的情感和渴望,避免孩子感到挫折。更为重要的是亲自为他做出如何和平解决争端的榜样,如果你脾气暴躁,应避免孩子在场时发火。否则,他感到受到压制时,就会模仿你的行为。然而,不管你怎么做,你孩子总有很多次会将他的气愤或挫折感转化成打斗。当发生这种情况时,要避免他伤害他人,如果他不能迅速平静下来,就将他与其他孩子分开。与他谈心,尝试弄明白他为什么这样恼火。让他知道你理解并接受他的感受,但让他明白打斗不是表达这些感受的好办法。通过提醒他其他孩子打他或朝他尖叫的情况,帮助他从其他孩子的角度考虑问题,然后建议他以更加和平的方式解决问题。最后,在他理解自己做错了什么以后——不是以前,让他向其他孩子道歉。然而,仅仅说"对不起"可能不会帮助他纠正自己的行为。他也需要知道自己为什么要道歉。

(四)自制与忍耐

3岁正是培养自制力、忍耐力的时期。尽管如此,有的孩子依然会有许多要求,不合己意就会发生吵闹。如孩子不听话,该怎么办呢?(1)说悄悄话。孩子不听话时,就凑到他耳边低低讲几句话,提醒提醒他。有时这种悄悄话能收到意想不到的效果。(2)讲道理。对于3岁的孩子的要求,与其不分青红皂白一律拒绝,倒不如把理由、原因好好讲给他听,反而能使他安静下来。(3)转移注意力。将孩子的注意力引向别处,如他高高兴兴地去了,就大大表扬一番。3岁儿好戴高帽子、爱奉承,刚刚还在又吵又闹,只要一表扬,马上就高兴得笑起来,欢欢喜喜地去干其他事。(4)斥责要有方。人们常说,斥责孩子要有方;要有一致性。孩子做了同样一件事,妈妈责备,而老师却称赞;或有时斥责一顿,有时却听之任之。这种没有一致性的斥责法,会使孩子无法具有一定的价值观,不仅缺少正确的行动准则,而且会学会察言观色行事。孩子淘气并不一定就坏,但那些有可能发生危险的调皮行为或损害他人的做法则必须予以严厉责备、教训。当妈妈的不是圣人,不可能保证一直冷静地对待孩子,有时免不了要动怒。该斥责的时候,是冷静地斥责还是感情用事般的责骂。因事态及斥责的人的不同而有所异,感情用事般的责骂并不能说不好。但是,如果没有一致性,则事情就不好办。3岁的孩子尚不知好歹、不明善恶,对于小孩子来讲,区别善恶好歹的基准全在于妈妈、老师骂不骂。这种基准是不能因妈妈、老师自己的好恶而定的,必须依据社会的规则行事。

六、美感和艺术教育

(一)画画

涂涂画画是儿童的天性,是儿童表达其内心世界的一种方式。涂涂画画和其他各类游戏活动相比较,最易被儿童接受。2~3岁的孩子处于"涂鸦阶段"。这时期的孩子喜欢乱涂乱画,但他们的画带有很大的随意性,多数画的是意愿画,画出来的东西只能是象征性的。他们着迷于大幅度的手臂动作,对于绘画本身的意义完全不理解。很多时候成人根本看不懂,通常要孩子用语言和动作来补充说明绘画的内容。那么,应该如何指导2~3岁的孩子学画呢?

1. 提供物质和精神条件

成人应该为孩子提供纸张、笔等绘画材料。笔最好是蜡笔或油画棒,并教孩子认识和逐步学会使用这些材料。多观察现实生活中美的事物,激起孩子的兴趣。如有意引导孩子欣赏大自然的景色,观察不同形体的楼群、花草树木,欣赏文艺作品、阅读文艺作品等。对孩子画中表现出的稚拙,切忌责备,要善于发现孩子身上的闪光点,多鼓励,增强孩子绘画的自信心。

2. 教孩子画简单的线条

可以用游戏的形式教孩子画点、画线、画圆圈。例如:下雨了,让孩子画线条、画点;又如:点蚊香、绕毛线球时,教孩子顺着一个方向画螺旋线,锻炼孩子的手腕肌肉。

3. 教孩子画有意义、有内容的图形

在孩子掌握了线、圆圈、点的画法的基础上,成人应启发孩子观察个别简单的物体,逐渐训练孩子能画出象征性的图形,用以表示一定的物体形象。由于孩子比较容易掌握画圆形,故一般指导画简单的物体时,应该从圆形开始,如画苹果、糖葫芦等。再逐步过渡到四角形、长方形,如画手帕、窗户等。

4. 培养孩子对色彩的兴趣和敏感性

成人要有意识地在日常生活中引起孩子对物体色彩的注意,培养对颜色的兴趣,逐步认识3~6种颜色:红、橙、黄、绿、蓝、紫和褐色,并喜欢使用不同颜色的蜡笔绘画。

5. 鼓励孩子大胆涂画

孩子刚开始画画,一般不敢大胆画。画的线条一般都很轻、弯弯曲曲,成人要鼓励孩子大胆地画,尽量画大一些,最好每次都把纸画满。

(二)音乐

音乐对于宝宝来说可谓是好处多多!从小和音乐接触频繁的宝宝无论是智力发育还是情感发育都比同年龄的宝宝高。那么,如何引导孩子接触音乐呢?

1. 接触音乐

婴儿依靠听觉和其他音乐感觉体验音乐,他们应该每天接触音乐,在日常生活中培养孩子对音乐的兴趣。成人可以通过下述途径鼓励婴儿的音乐发展:给婴儿哼唱;模仿婴儿发出的各种声音;让他们广泛接触各种音响,包括身体的、嗓音的、乐器的和环境;提供经选择的音乐录音;听音乐时,随音乐的拍子、节奏和旋律进行摇、拍、抚动婴儿;提供婴儿能够摆弄的、能发出乐音的安全玩具。早晨起床时,播放轻声悦耳的音乐;游戏时,配上活泼有趣的音乐;晚上睡觉时,放一段温柔、安静的摇篮曲。总之,要在生活中恰当地不断提供音乐刺激,激起孩子愉快的情感,使孩子的音乐天赋得以很好地发挥。

2. 丰富音乐经验

2~3岁婴儿需要包含着各种声源的环境,如有选择的音乐录音、即兴歌唱的机会以及歌曲曲目的积累。恰当使用多种材料,以探索为主要方法,可以使他们打下丰富的基础,以便将来发展对音乐概念的理解。2~3岁的婴儿能够自由敲打简单节奏乐器,探索节奏乐器和环境中的音响;认识唱与说的不同;喜爱在游戏时唱歌;喜爱用环境的、身体的和乐器声源来尝试音乐活动等等。根据孩子的年龄特点,开展一些简单、有趣味性的音乐活动,让孩子主动参与,激发孩子参加音乐活动的愿望。可选择一些富有情趣的、歌词生动的、孩子能理解的歌曲让孩子学唱,如《小白兔》《大公鸡》等,还可教孩子拍拍手、踩踩脚来训练孩子的节奏感。准备几种乐器,如电子琴、扬琴、小铃、铃鼓等让孩子去摸摸、敲敲、打打,感受不同乐器发出来的声音。

(三)折纸

据专家指出,儿童通过自己动手、动脑、剪剪贴贴,能使孩子的小肌肉得到好的锻炼,又培养孩子的创作能力和集中精神的能力。折纸的过程中,眼睛要观察、校正;大脑要记忆、分析、理解;手的动作要准确、灵活、力度适当。折纸通过视觉信息传递到大脑,又通过大脑对手的动作产生指令,逐渐强化了眼、脑、手之间的协调功能。在操作中手部小肌肉的发展,又对大脑对应部位的发展起到了促进作用。从另一方面说,折纸就是点、线、面等几何要素反复组合,构成正方形、三角形、菱形等几何图形体。这些形状在幼儿头脑中通过折纸的训练就会逐步建立起来。在这折纸过程中,每折叠一次,都是一种新方法的尝试。无论平面或综合性的形态的出现,一般都具有两个以上的折叠方向、多种变化的方法,这对训练幼儿抽象构成能力、培养幼儿造型能力也是很有效果的。

另外,在儿童空闲时,父母可让孩子学习折纸的游戏。它使孩子寓学习于游戏之中,如父母一并参加,是会使你的亲子关系大大提升的。在主题方面,多应从日常生活入手,争取选择使孩子及父母能双方共鸣的主题,但应留大的空间给儿童,使他们可以天马行空。

七、性别教育

3岁的宝宝开始有性别意识,对男女的着装、行为及性格特征逐渐形成全面认识。为了避免宝宝出现性别意识偏差,在日常生活中成人要有意识地引导宝宝熟悉自己的性别特征,如"我们是男子汉,像解放军叔叔一样勇敢,打针都不哭。"不能模糊宝宝的性别穿衣、打扮。父母或男女育婴师的不同行为作态也可以帮助宝宝形成正确的性别意识。性别意识教育并不是束缚宝宝的行为,是使宝宝认识并接纳自己的性别,慢慢形成与之相称的性格特征和气质。

八、游戏

2~3岁的小孩儿当然喜欢玩,只是这时的玩往往与成人的愿望挂钩了。上面的每一个方面都可以成为游戏的形式来进行。为了孩子的全面发展,我们怎样指导孩子玩游戏呢?

1. 选择适合的游戏内容
所选游戏内容适合孩子年龄特点和身心发育特点。

(1)可选择一些训练语言的游戏,丰富孩子词汇,训练孩子口语。具体做法:以图片为教具,先让孩子看图片内容,再根据图片内容提问,利用谈话问答的形式让孩子练习说话。

教孩子说儿歌。选择一些易学易懂的儿歌让孩子学,家长、老师通过讲解的方法帮助孩子理解儿歌内容,使孩子在理解的基础上记忆,避免孩子死记硬背。

(2)选择一些训练动作的游戏内容,进一步巩固孩子的走跑、跳的动作,并教他们正确的方法,帮助纠正错误动作,如"追小球"、"小兔跳"。同时也可选择合适的游戏,促进孩子钻、爬、平衡等动作的发展,如"钻山洞"、"小狗爬"、"过小桥"等。

（3）选择一些促进智力发展的游戏内容。例如,此时孩子已认识了一些形状和颜色,所以家长可要求孩子找出相应的形状和颜色。

2. 满足孩子好奇心

利用孩子的好奇心,满足孩子的求知欲。在游戏中家长、老师对孩子提出的问题应耐心给予解答,满足孩子求知的需要,并要求孩子重复成人的答案。

3. 培养自我服务习惯

利用孩子喜欢自己干的特点,在游戏中培养自我服务的习惯,并鼓励孩子的这种行为。

4. 指导玩具玩法

2～3岁孩子的游戏多是在摆弄各种玩具和物品的动作中进行的,所以家长不仅要为孩子提供玩各种游戏的材料,还要教给孩子玩的方法。

5. 游戏的安排

给2～3岁孩子安排的游戏不仅要求玩法简单,而且时间不宜过长,同时还应注意动静交替,避免孩子疲劳。

总之,3岁是人生发展的关键时期,各方面的发展迅速、可塑性大,需要成人给予特别的关注,为其一生的发展奠定好基础。

思考与作业

1. 3岁婴儿膳食照料的方法。
2. 3岁婴儿生活照料的注意事项。
3. 怎样指导3岁婴儿看电视?
4. 婴儿容易发生哪些意外? 怎样急救措施?
5. 3岁婴儿口语训练重点。
6. 怎样丰富婴儿词汇?
7. 怎样教婴儿掌握完整语句的方法?
8. 3岁婴儿数学能力发展的特点及培养方法。
9. 3岁婴儿良好品格培养的内容。
10. 怎样指导3岁婴儿的游戏?

操作训练

1. 为3岁婴儿设计一个数学游戏。
2. 为3岁婴儿编两首训练口语的儿歌。
3. 设计一个婴儿培养方案。

第八章

教学课件

我国婴儿教育机构

本章学习重点

    1. 阐述托儿所、亲子园的性质、任务、保育和教育应遵循的主要原则及其涵义。

    2. 阐述托儿所选址、设计、建筑用房的标准及要求,亲子园的办园条件。

    3. 阐述托儿所、亲子园保教工作的内容和实施。

本章学习建议

    1. 重点是明确并理解托儿所、亲子园的性质、任务。理解托儿所保育和教育有哪些主要原则并领会其涵义。亲子园建立和发展的重要意义。理解和掌握亲子园教师必须具备的专业素质。

    2. 在理解保教原则的基础上掌握托儿所保教工作的具体实施内容和方法。

    3. 组织学生考察三所托儿所、亲子园,了解其环境、活动以及小儿的心理特点,总结保教措施并写出考察报告。从而深入理解本章内容。

    我国婴儿教育的误区不少,无论是人们的观念,还是托儿所的办所标准和政府、教育部门对托儿所的管理方面都有待于提高和制定统一的标准,形成规范化和科学化的托幼机构。同时,我们也看到政府、社会在努力为孩子们美好的明天在努力。不久,将有一大批真正能擎得起孩子们明天的自己的学校和专业人员诞生。而今,0~3岁婴儿的托幼机构已应社会、家庭和孩子成长的需要由托儿所和亲子园(亲子中心、亲子学校)构成。那么,托儿所、亲子园应是什么样的? 教师、保育员应符合什么要求? 孩子们在那里会获得什么呢?

第一节 托 儿 所

    托儿所是用于专门照顾和培养婴幼儿生活能力的地方,也指公共场所中因父母不在而由受过训练的服务人员临时照顾孩子们的场所。在我国托儿所是3岁前儿童的集体保教机构。1956年我国内务部、卫生部、教育部联合通知指出:托儿所与幼儿园应依儿童年龄来划分,即收3岁以下的儿童者为托儿所,混合收托出生到6周岁儿童的托儿所,如果不满3周岁的儿童居多,则称托儿所,其中附设幼儿班。各类型托儿所的经费、人事、房屋设备和日常行政事宜,均由主办单位各自负责管理,有关方针、政策、规章、制度、法令、教育计划、教育内容、教育方法、儿童保健等业务由卫生行政部门领导,托儿所内的幼儿班由教育行政部门进行业务指导。1980年卫生部颁发《城市托儿所工作条例》(试行草

90

案),确定我国托儿所的性质、任务、办所方针、婴幼儿卫生保健工作、教育工作、组织编制、工作人员职责及房屋设备的要求等,成为托儿所工作的依据。1994年12月1日卫生部、国家教委发布《托儿所、幼儿园卫生保健管理办法》,规定国务院卫生行政部门主管全国托儿所卫生保健工作,地方各级人民政府卫生行政部门主管辖区托儿所的卫生保健管理工作。随着我国教育的发展,办学形式多样化,2003年9月1日颁布实施《中华人民共和国民办教育促进法》、2004年4月1日又颁布《中华人民共和国民办教育促进法实施条例》,一些城市根据具体情况又制定了符合实际情况和发展要求的《托儿所幼儿园卫生保健管理办法》及《托儿所、幼儿园卫生保健管理办法实施细则》,由卫生行政部门和教育部门共同加强对托儿所的办所指导。

一、托儿所的性质及任务

托儿所是为0～3岁婴儿设立的集体保教机构,负有教养3岁前婴儿及为其父母参加工作提供方便的双重任务。为此,托儿所既具有社会福利性质,又有保教性质。托儿所提供合理的饮食营养、保健及教育引导,担负着保育和教育婴儿的重要任务,负有促进儿童健康发展的重要职责。

托儿所的保育和教育任务如下。

(1)托儿所的保教工作应贯彻"保教并重"的原则,积极创设宽松愉快的教养环境,引导婴幼儿个性的健康发展。保障婴儿健康是托儿所的首要任务。贯彻预防为主的方针,实行科学育儿,控制传染病,降低常见病的发病率;发展婴儿基本动作,进行适当的体格锻炼,增强婴儿的抵抗力,提高健康水平,促进身心正常发展。

(2)严格执行托儿所一日生活作息制度,遵循婴儿身心发展规律和季节特点,合理安排一日生活,正常气候时每日户外活动不少于2小时,做到动静结合,做好婴幼儿生活护理和生活常规培养,训练、培养婴幼儿良好的生活、卫生习惯。培养婴幼儿饮食、睡眠、活动、穿衣、盥洗、交往等方面的良好习惯。

(3)发展婴儿模仿、理解和运用语言的能力,通过语言及认识周围环境事物,使婴儿智力得到发展,并获得简单的知识。

(4)进行友爱、礼貌、诚实、勇敢等良好的品德教育,培养活泼开朗的性格。

(5)给婴儿以适宜的艺术形式的陶冶,萌发婴儿初步的美的情趣。托儿所应以游戏为主要活动形式,不得违反婴儿身心发展规律超前教育,不得采用简单粗暴、恐吓欺骗等违反教育原则的方法,严禁体罚和变相体罚婴儿。保教人员要制定班级学期教养计划和做好每周班教养活动安排。注意采用启发、诱导等生动活泼的教学方法进行保教活动。

托儿所在人为创设的特定环境下,在各项工作的周密管理协同下,在保教人员的共同努力下,实现着婴儿各个方面的发展,以优于家里的保教质量,使婴儿生活得更好、发展得更好。

二、托儿所的保教原则

托儿所有以下七个保教原则。

(1)贯彻"寓教与养,保教并重"的原则。从婴儿生理特点出发,以培养婴儿良好的身体素质、行为习惯素质和智能素质为目标,贯彻以保为主,保教并重的原则,在吃、睡、玩、穿衣、盥洗、大小便等项生活内容中,都要贯彻保健和教育两项任务,做到保中有教、教中有保。

(2)以个别教育为主,集体教育和个别教育相结合。根据婴儿年龄特征的不同来选择保教方式,1岁以内的婴儿采用个别教育方式比较合适,需要较多的保育员和教师;1～2岁的婴儿应以个别教育方式为主,可以在较短的时间内组织小组集体游戏活动;2～3岁的婴儿在个别教育、小组活动外,可以适当组织集体活动,如玩游戏、做体操、说歌谣、观察散步等,但时间不宜过长,以不超过15分钟为宜。

(3)以游戏活动为主,方式多样、动静交替。游戏应成为婴儿的基本活动。宝宝以自己独特的方式在游戏中认识自我、适应环境、了解未知、形成经验。托儿所的工作人员应了解婴儿成长发育的特点,根据婴儿的年龄特征和发展规律来组织游戏。由于婴儿的高级神经活动兴奋强于抑制,托儿所在组织活动时要做到方式多样、动静结合,婴儿的自由活动和有组织的集体活动相结合,室内室外活动相结合。只有适应婴儿特点,组织丰富多彩的生活、游戏及学习活动,才能使孩子愉快地成长。当然,所有活动都要有专人负责。

(4)以积极启发诱导为主,尊重婴儿的个性差异。利用婴儿的模仿性、好动性、好奇性的特点施教,积极启发诱导婴儿的主动性。教育内容活泼新颖,适应婴儿心理与生理发展特点。给予婴儿充分的活动自由,教育方法新颖、启发性强,以表扬和奖励为主,善于转移婴儿的注意力。成人要爱护和尊重婴儿,和蔼亲切,动作轻柔,要求一致。注意培养婴儿的独立性,帮助婴儿逐渐掌握生活自理能力及运动、玩耍能力。养成良好的生活和学习习惯。培养婴儿勇敢、独立、有始有终的好习惯。

(5)融入生活,成人以身作则。要重视生活中的教育与引导,培养婴儿良好的生活习惯和自理能力。保教人员要在日常生活中随时与宝宝沟通,在身体力行中给他们以影响和熏陶。"生活即教育",婴儿的发展主要是在生活实践中实现的,他们学习的主要课程是以生活经验为基础的自我服务能力,这有利于婴儿良好行为习惯的养成。教师要将这一阶段宝宝应掌握的实际本领融入一日活动之中,随时给予引导,激发宝宝学习本领的愿望,如宝宝进餐、饮水、盥洗、入厕、睡眠等。婴儿又是善于模仿的,也是较崇尚教师权威的,所以教师要在婴儿面前保持自己言论与行为的正面性、正当性,用自己良好的言行给予婴儿熏陶和影响。任何不利于教育婴儿成长的言行都不允许出现在他们面前。

(6)更新教育理念,为婴儿创设良好的生活环境。做到绿化、美化、婴儿化。为婴儿制定合理的生活制度,保持婴儿情绪的稳定和愉快。配备适合的玩教具,并充分利用,还可根据条件创作玩教具。

(7)家园配合,共同促进婴儿发展。婴儿入托后,托儿所承担起主要的保教责任,但不能完全包揽婴儿成长的一切事务。托儿所要建立家长学校,定期授课和开展有关活动,通过各种形式向家长宣传科学育儿知识。建立健全家所联系制度。采取家庭访问、家长座谈会、书面联系、托儿所开放参观日、接待日等形式保持与家长的日常联系,了解婴幼儿生长发育、生活习惯、喂养及疾病情况等。支持和配合托儿所的工作,共同促进孩子成长。

三、托儿所的物质环境设置

1. 选址

托儿所基地的选择应符合以下要求:

(1)远离各种污染源,满足有关卫生防护标准的要求。

(2)方便家长接送,避免交通干扰。

(3)日光照射充足,场地干燥,排水通畅,环境优美或接近城市绿化地带。

(4)能为建筑功能分区、出入口、室外游戏场地的布置等提供必要条件。

2. 总体环境设计

托儿所的建筑物、室外游戏场地、绿化用地及杂物院等均应纳入总体平面布置,做到各部分按功能分区合理,方便管理,朝向适宜,游戏场地、活动室日照充足,创造符合幼儿生理、心理特点的环境空间。总用地面积应按照国家现实有关规定执行。托儿所室外游戏场地应满足下列要求:必须设置各班专用的室外游戏场地。每班的游戏场地面积不应小于 60 平方米。各游戏场地之间宜采取分隔措施。或全园共用的室外游戏场地,其面积不宜小于下式计算值:室外共用游戏场地面积(平方米)= $180+20(N-1)$(N 为班级数,乳儿班不计入班数)。室外共用游戏场地应考虑设置游戏器具、30 米跑道、沙坑、洗手池和贮水深度不超过 0.3 米的戏水池等。

托儿所应有集中绿化用地面积,包括遮荫绿化和草坪,严禁种植有毒、带刺的植物。

托儿所内应设置杂物院,并单独设置对外出入口。基地边界、游戏场地、绿化等用的围护、遮拦设施,应安全、美观、通透。

3. 托儿所建筑要求

托儿所建筑的使用对象是3周岁以下的婴儿,因而在使用功能、空间构成、建筑组合、造型及细部处理等方面均有其自身的特征及要求。应结合婴儿保教工作的需要,精心设计,为幼儿创造一个健康成长的场所。建筑的房间组成应根据托儿所的规模、标准及地区的差异与条件等因素确定。一般应设置下列用房。

(1)生活用房。这是托儿所建筑的主要组成部分,由活动室、卧室、乳儿室、喂奶室、配乳室、卫生间、贮藏室、音体活动室等组成。室内噪声均不得大于50分贝。房间窗地面积比为音体活动室、乳儿室 1/5;寝室、喂奶室、医务保健室、隔离室 1/6;其他房间 1/8。活动室、寝室、乳儿室的房间净高为2.80米;音体活动室为3.60米。(注:特殊形状的顶棚、最低处距地面净高不应低于2.20米。)不得设在地下室或半地下室。

(2)服务用房。托儿所的保教、管理工作用房,一般包括医务、保健室、隔离室、晨检室、教职工办公室、资料兼会议室、教具制作兼陈列室、传达室、值班室及职工厕所、浴室等房间。

(3)供应用房。这是托儿所必不可少的辅助用房。一般由厨房、主、副食库房、炊事员休息室、开水、消毒室及洗衣房等组成。随着学前教育事业的发展,开发智力,进一步促进婴儿身心健康成长已备受重视,托儿所可设置电教室、计算机室、音乐教室、美工室及图书室等专用房间。

如何确定主要房间面积大小呢?

一般应根据房间的容纳人数及活动情况、家具及其布置、设备占用面积、交通面积等主要因素决定。此外,还与各个时期国家对教育事业发展所制定的有关政策及经济条件等因素有关。乳儿班主要房间的设置及其最小使用面积见表8-1。

表8-1　乳儿班主要房间最小使用面积

序　号	房　间　名　称	使用面积(平方米)
1	乳儿室	50
2	喂奶室	15
3	配乳室	8
4	卫生间	10
5	贮藏室	6

注:本表引自《托儿所、幼儿园建筑设计规范》。

托儿班每班各房间的最小使用面积遵照建设部、国家教委 1987 年部颁布的《托儿所、幼儿园建筑设计规范》标准的规定,主要房间面积不应小于表8-2的规定。

表8-2　托儿所主要房间的最小使用面积

房　间　名　称		规模(平方米)		
		大　型	中　型	小　型
幼儿生活用房	活动室	50	50	50
	卧室	50	50	50
	卫生间	15	15	15
	储藏室	9	9	9
	音体活动室	150	120	90
服务用房	医务保健室	12	12	10
	隔离室	2×8	8	8
	晨检室	15	12	10

第八章　我国婴儿教育机构

房 间 名 称		规模（平方米）		
		大 型	中 型	小 型
供应用房	厨 房 主副食加工 主食库 副食库 冷藏室 配餐室	45 15 15 8 18	36 10 10 6 15	30 15 4 10
	消毒间 洗衣房	12 15	10 12	8 8

喂奶室、配乳室应临近乳儿室，喂奶室还应靠近对外出入口。喂奶室、配乳室应设洗涤盆。配乳室应有加热设施。使用有污染性的燃料时，应有独立的通风、排烟系统。乳儿班卫生间应设洗涤池2个，污水池1个及保育人员的厕位1个。乳儿班和托儿班的生活用房均应设计成每班独立使用的生活单元。托儿所和幼儿园合建时，托儿生活部分应单独分区，并设单独的出入口。乳儿室、活动室、寝室及音体活动室宜为暖性、弹性地面。医务保健室和隔离室宜相邻设置，医务保健室和隔离室应设上、下水设施；隔离室应设独立的厕所。晨检室宜设在建筑物的主出入口处；婴儿与职工洗浴设施不宜共用。

严寒、寒冷地区主体建筑的主要出入口应设挡风门斗，其双层门中心距离不应小于1.6米。托儿所建筑的防火与疏散、建筑构造、给水排水、电气设备等均参照《托儿所、幼儿园建筑设计规范》的规定，确保托儿所建筑物的安全、卫生、适用。

4. 用具和玩教具

托儿所应配备足够婴幼儿使用的桌椅、睡床(含婴幼儿爬床)、餐桌和围栏、推车、盥洗设备，用具的大小要适合婴儿适用，有助于儿童正常发育。要坚固、平坦、圆角、易于洗刷、定期消毒，保证安全卫生。准备足够的适合各年龄段婴儿的玩具、教具和发展各种动作的运动器械；家具的尺寸和玩具要适合婴幼儿年龄特点，大小适宜婴儿拿取，放在固定位置，玩具应丰富多彩、经常更换。室内外可为婴儿设置进行活动用的器械，如滑梯、秋千、平衡木、钻爬器具等，也可置放地垫，让婴儿在地面爬行、蹲坐、游戏和休息。

5. 环境布置

托儿所的环境布置应该清洁、美观、有童趣。各生活用房应根据其功能装点布置，使之有内容、有色彩、有形象；室内走廊、地面、棚顶、室外墙面都应装饰起来，可悬挂、涂贴符合婴儿特点和有利于其发展的装饰。有利于吸引婴儿注意力、产生愉快的体验。但是，不宜过于纷繁、杂乱或过于单调，这会压抑婴儿的情绪，影响其积极活动。

四、托儿所的保教工作内容

1. 睡眠

(1) 根据婴儿的生理特点，安排合理的睡眠次数和时间，保证充足睡眠。

(2) 培养婴儿良好的睡眠习惯，如自动入睡、睡姿正确、按时入睡等。

2. 饮食

(1) 照顾婴儿定时定量进餐，情绪愉快，不挑食、不偏食、不打闹、不边吃边玩，要吃饱吃好。

(2) 有意识培养婴儿的良好饮食习惯，初步学会正确使用餐具，培养独立进餐的能力。

(3) 培养穿衣盥洗、大小便等生活卫生习惯，培养婴儿初步自理能力。

（4）培养婴儿爱清洁、讲卫生的良好习惯，发展相应的动作和语言。逐步学会定时坐盆和大小便，并会用语言作出要求的习惯。

3. 动作发展

（1）有意识发展婴儿抬头、翻身、爬、坐、站、走、跑、跳、攀登等基本动作及手的精细动作的发展，如抓握、拾捡、敲击、捏等。逐步使动作灵活灵敏、协调、正确。

（2）通过动作的发展，培养婴儿独立生活能力，锻炼婴儿身体、增强活动能力和适应、抵御环境变化的能力。培养婴儿活泼、好动、勇敢等品行。

4. 语言发展

（1）引导婴儿从会笑、出声、咿呀学语到正确发育、掌握一定词汇。

（2）逐步引导婴儿认识周围的事物、环境和常接触的生活常识。发展婴儿理解语言的能力。

（3）培养婴儿会用语言与成人交流，表达自己的要求和情绪情感。在成人的语言指导下，培养婴儿注意观察、记忆、思维，养成良好的行为习惯。

5. 认知能力的发展

发展婴儿的视觉、听觉、触觉，在此基础上逐步发展婴儿的注意力、观察力、记忆力、思维等认识环境和适应环境的能力。

6. 人际关系的发展

（1）培养婴儿对成人的亲昵情感，尊重成人，对人有礼貌，会简单的礼貌用语。

（2）培养婴儿间的友爱关系，发展简单的交流和合作能力。

五、托儿所保教方法简介

托儿所有如下 10 种保教方法。

（1）营造清洁、安全、温馨的家庭式环境，提供方便、柔和、易消毒的生活设施，保障孩子身心健康、和谐地发展。

（2）充分考虑给孩子留有更大的活动空间，关注每个孩子对物品的不同需求，物品放置取用方便。

（3）观察了解不同月龄孩子的需要，把握孩子易于变化的情绪，尊重和满足孩子爱抚、亲近、搂抱等情感需求，给孩子母亲般的关爱。

（4）用轻柔适宜的音乐、朗朗上口的儿歌、简短明了的指导语组织日常活动，让孩子体验群体生活的愉悦。

（5）日常生活中各环节的安排要稳定，一项内容的活动时间不宜过长，内容与内容间要整合，同一内容可多次重复。活动方式要灵活多样，尽可能多地把活动安排在户外环境条件适宜的地方进行。

（6）创设爬、行自如的，能独自活动、平行活动、小群体活动的空间，区域隔栏要低矮。提供数量充足的、满足多种感知需要的玩具和材料。

（7）充分利用生活中的真实物品，挖掘其内含的多种教育价值，让孩子在摆弄、操作物品中，获得各种感官活动的经验。

（8）以蹲、跪、坐为主的平视方式，与孩子面对面、一对一地进行个别交流，成人的语速要慢，语句简短、重复，略带夸张。关注孩子的自言自语，在自愿、自发的前提下，引导孩子多看、多听、多说、多动，主动与孩子交谈。

（9）随着孩子月龄的增长，适当创设语言交流、音乐感受及肢体律动等集体游戏的氛围，引发孩子的模仿学习。

（10）观察孩子的活动过程，及时捕捉和记录孩子行为的瞬间，用个案记录和分析的方法，因人而异地为孩子的发展制定个别化的教养方案及成长档案。

第二节 亲 子 园

"亲子教育"是针对父母亲与孩子之间关系的调适而进行的对父母的培训与提升,它与一般意义上的"家庭教育"及"儿童教育"有很大的不同。"亲子教育"作为一种新型的、科学的家庭教育模式,强调父母、孩子在情感沟通的基础上实现双方互动,这不但能促进婴幼儿早期健康人格的形成,也能促使父母自身素质不断提高和完善,起到"教一代、带二代、促三代"的联动作用。早期教育是生命开始的教育,早期性格的形成、能力习惯的培养将对人的一生起到举足轻重的作用,抓住早期教育就是抓住了生命的源头教育。现代的中国家庭,通常是一对年轻的父母、两对慈爱的老人围着一个可爱的孩子,如何把孩子教育好,恐怕不是一朝一夕的事。孩子已经成为一个家庭中重中之重,父母从孩子一降生就为他们仔细地计划着未来,很多教育成功的父母还把自己成功的经验写成了书,也成了书店里畅销的书籍。孩子的成长教育分为不同的阶段,而通常被大家忽视的0～3岁之间的早期教育,现在也越来越受到重视了。为了更好地做好儿童0～3岁的早期教育,一些教育专家联合一些机构开设了专门的亲子园,帮助父母对孩子进行早期教育。亲子园,不仅是让孩子在一出生就接受系统的教育,更重要的是把这种方法更准确地传授给家长,为孩子今后的成长奠定一个良好的基础。

亲子园是0～3岁学前教育的主要的组织形式和任务承担者,有家庭成员陪同0～3岁的孩子,共同定期接受、参与集体的教育活动的专业机构。亲子园给孩子创造了一个快乐的空间,并把一套科学的教育方法传授给现代家庭中的父母。亲子园作为一种新兴的社会机构,提供从0岁开始,全程化、专业化的教育;让宝宝走出家庭固化的小圈子,融入亲子乐园的大家庭,为宝宝和家长提供一个学习、交流的平台,是奠定宝宝综合能力发展的一块重要基石,是顺应时代发展的产物。

亲子园让家长和孩子共同上课,向家长教授一种方法,让孩子能充分地得到智力开发,完善其个性,每个班都有专业的授课人员,从0～3岁按年龄分为不同级别的班级来授课。一般分为0～1岁班、1～1.8岁班、1.8～2岁半班和2岁半～3岁班。

一、亲子园及重要地位

1. 亲子园

亲子园是以血缘(亲)关系和感情纽带为维系基础,研究父母和其他的家庭成员与宝宝的关系,为婴幼儿身心健康、自主发展提供指导与服务的社会机构。亲子园课程也是根据0～3岁婴幼儿身心发展的特点,在专业人员的指导下,由他们的父母或家庭成员共同参与的一项具有指导性和互动性的活动。亲子园的课程形式也主要解决家庭养育和教育的分离,更注重孩子人格和情商的发展;帮助孩子养成良好的生活习惯,建立健全的人格,学会和周围的环境建立融洽的关系,完成从家庭向幼儿园的过渡,也为以后的入园做好准备。可以说,亲子园是家长学习科学育儿的重要课堂,亲子活动是家长学习科学育儿的重要课程。

2. 亲子园的发展和重要地位

(1) 全新教育理念和模式推进早期教育发展。

亲子教育不同于传统的教育方式,是20世纪末期开始在美国、日本和我国台湾等地兴起的一种新型教育模式。研究父母与子女关系及其教育的一个新兴课题。它是以亲缘关系为主要维系基础,以婴幼儿与家长互动游戏为核心内容,全方位开发孩子的运动、语言、认知、情感、创造、社会交往等多种能力,帮助孩子初步完成"自然人"向"社会人"的过渡。亲子教育是家庭教育的深化和发展,是一种特殊的早期教育和社会教育。通过对父母的培训和提升而达到的对亲子关系的调适,从而更好地促进儿童身心健康、和谐地发展的一种培训方式。在教育内容和形式上,其与传统教育有很多不同,即由过去以教育子女为主,转向以父母自我教育为主;由父母权威管教转向以关注和引导子女的发展为主;由单一的家长角色转为老师、朋友、同伴等多种角色;教育方式由家长一味训斥转为在参与游戏中给子女以关怀、发展和教育,为其人格完善奠定基础。它以先进的早期科学教育理论为指导,根据早教专家制定的教学方案,通过家长(亲)、孩子(子)、教师三者共同活动的形式,合理地开发婴幼儿潜能,增强家长科学育儿的观念。为年轻父母提供共同活动的环境,是家长交流育儿经验的场所,是孩子锻炼集体活动能力的乐园。亲子教育有助于儿童全面发展、潜能得到有效开发,有助于家长科学育儿,有助于增进亲情关系,有助于优化情感教育、习惯教育和个性化早期教育。

(2)亲子教育是孩子的摇篮、父母的良师、社会的希望。

人们通常认为,3岁以前的孩子啥也不懂,只要让孩子吃饱、穿暖就行,根本不需要教育。随着科学和社会的发展,一些年轻父母越来越清醒地认识到,0~3岁是人生发展的奠基时期,但他们对如何帮助孩子打好基础却茫然不知所措。为此,有关专家强烈呼吁:童年只有一次,成长不能重来。面向0~3岁婴幼儿,推行亲子教育势在必行。父母是孩子人生道路上的第一位启蒙老师,教育孩子是父母的天职,但如何教育却大有学问。现在的孩子怕生、任性、好动、焦虑,总是面临着许多困扰,仔细想想,我们小时候其实或多或少地也面临过。很多年轻妈妈的困惑是:为什么我们小时候迈过这道坎好像要容易许多,而我们的孩子要扭转这样的思维和心理,却好像很困难?"亲子培训课"上的老师的一席话,说中要害:"我们自己的父母,普遍不懂教育学和心理学,家中又有两到四个孩子需要养育,所以他们不会在某一个孩子身上放太多的关注。"也就是说,他们不会给我们这样的暗示:"这孩子怎么这么特别啊,他太与众不同了。"他们会安慰自己:"也许大了,孩子的这些毛病就自然改了。"父母不给我们压力,孩子的扭转过程就比较自然。而今天,每个家庭就一个孩子,妈妈们都声称从育儿的权威书刊上取过经,一发现孩子有什么"异样"就很紧张,有时显得比孩子还焦虑,至于怎样去扭转呢,心里又没有底,常常控制不了自己的焦灼,把孩子搞得无所适从。也就是说,"不得法的关注比完全不关注还要糟糕……"教育家傅清然说,这一类妈妈也许就应该带孩子去上"亲子课",因为,怎样合理地去帮助孩子,解决他现阶段的问题,这是需要学习的。无论妈妈们有过怎样的教育背景,她在这方面可能都是一个门外汉。"目前,我国对3岁前婴幼儿的教育存在许多不足之处,"北京市丰台区方庄第三幼儿园早期教育办公室主任原春说,"这些不足主要表现在以下方面:重养轻教;重智力轻品德;缺乏教育孩子的基本知识和技能;忙于工作,无暇照顾孩子;对孩子的期望值过高;认为孩子不听话,动不动就予以斥责等。"亲子教育是一个人成长过程中的重要环节,需要家长以身作则。在同一件事上,家长采取不同的教育方法就会收到不同的教育效果。亲子教育不像幼儿园教育那样缺少家长的参与,也不像儿童乐园那样缺少老师的指导,亲子教育是由专业的亲子教师有组织、有目的地引导宝宝和家长,利用符合宝宝身心发展特点的益智玩具,在轻松快乐的游戏中达到三方互动,以激发儿童潜在的学习动力与探究能力,满足脑发展所需的感觉刺激和学习经历,从而达到开发潜能,建立亲情纽带的目的。所以,年轻父母和成人更需要亲子课的正确引导和帮助。此外,望子成龙的父母们还有一句口头禅:"绝不能让孩子输在人生的起跑线上。"所谓起跑线指的就是学校教育,很多家长不惜一掷万金,从小学到大学,为孩子层层铺平道路。实际上,人生的起跑线从0岁已经开始了。人的脑神经细胞大约有140个,其中70%是在3岁以前形成的。孩子出生后,原来相互之间没有什么联系的大脑各部分,由于脑神经细胞急剧分裂,会长出具有许多分叉的树状突起,彼此间才发生联系。3岁以前,脑神经就是这样完成了60%的配线工作。在这个大脑发育最快的时期,只要给予丰富、适宜的环境刺激,婴幼儿的学习潜能就能得到充分发挥。美国著名心理学家、芝加哥大学教授布鲁姆对1500多名婴幼儿进行了长达20年的追踪研究,得出结论:如果以17岁智力成熟作为100%的话,那么50%的智力是在4岁以前获得的。研究证明,0~3岁是运动、语言等能力发展最快的敏感期,此时让孩子在父母的鼓励和参与下,完成有针对性的智能开发训练,事半功倍。专家认为,亲子教育是投资回报率最高、最容易成功的事业。

这一点已得到广泛认同。英国政府为此实施了"确保开端"计划,由政府拨款,动员全社会开展丰富多彩的早期亲子教育活动。我国每年新生婴儿约为 2 000 万人,但幼儿园早期教育只是针对 3 岁以上的孩子。因此,利用亲子园、家长学校等多种形式,加强 0～3 岁婴幼儿的早期教育是我国教育事业发展的迫切需要,也是提高人口素质的途径之一。2001 年教育部颁布的《幼儿园教育指导纲要(试行)》明确提出,幼儿园教育要与 0～3 岁婴幼儿的保育教育相互衔接。《北京市学前教育条例》在全国率先以立法形式把婴幼儿接受教育的法定年龄提前到 0 岁,并将 0～3 岁婴幼儿教育列入北京"十五"教育规划,力争 2005 年全市婴幼儿受教育率达到 90%。北京市政府还先后拨款数百万元,建立了 62 所亲子教育基地。

二、亲子园的任务和宗旨

(1) 提供同伴交流、群体活动的机会,增强孩子的人际交往能力,发展孩子良好的社会适应性。

目前我国独生子家庭极其普遍,其特点最突出的就是"独",凡事以我为中心。在亲子园活动中要教会他们互相谦让、包容别人、不争不抢有礼貌;学会自取玩具收拾玩具;学会遇到问题同爸爸妈妈商量,同伙伴们商量;学会不去阻碍别人;学会讲卫生等正确的行为习惯。这些良好行为习惯的养成将使幼儿获益终身。家长通过参加亲子园的活动也会不断地规范自己的行为,时时处处为孩子做出好的榜样。交往是人类生存的重要需求,交往增进人与人之间的相互了解。特别是 3 岁前幼儿更需要交往。每年新生入园,都有哭闹现象。轻则情绪郁闷,重则生病住院。幼儿心理学称这一现象为"分离焦虑"现象。这一现象产生的关键就是幼儿初到幼儿园后,由于对周围事物的陌生所引发出来的精神高度紧张的一种表现。离开家庭脱离父母对幼儿来说在感觉上是一个很大的飞跃,而亲子园活动正好在这飞跃之间搭建了一座桥梁。在父母亲人的带领下,在参与老师们组织的活动中,他们逐渐对幼儿园的环境和老师有了了解,使幼儿走出了家庭教育的原有圈子,结交了许多新朋友。在活动中开阔了眼界,锻炼了能力,提高了幼儿主动适应周围环境的意识,开始了人生最初的各种尝试。不少家长认为孩子的不良行为是因为小不懂事,大了自然就好。这是错误的观点,成长只有一次,成熟不是等来的。举个简单的例子,有的孩子注意力不集中,老师组织活动时他四处游荡,东摸摸西看看注意力不集中。如果不能及时纠正这种行为,长大后势必影响学习。但是,纠正一定要注意方法,否则事倍功半。培养孩子最简单的辨别是非能力,要告诉他怎样做是不对的,怎么做是对的。做对的要及时给予表扬,做错的也要马上进行指正,这样对培养孩子今后正确的是非观念很有好处。此外,还要重视培养孩子的爱心,要让他有同情心,有意识地培养孩子在克服困难方面的能力等等。

(2) 提供各类家教指导,帮助父母建立科学的早期教育理念。

父母是孩子最重要的启蒙老师,在孩子成长、教育过程中扮演着独一无二、不可替代的角色。需要父母倾注全部关心,仔细观察孩子的活动,捕捉孩子的每一敏感阶段并培育;需要父母倾注全部爱心,精确体察孩子的身心需要,让他在安全、自由、富有教育意义的环境中成长。亲子园可以通过组织亲子游戏、提供咨询、音像资料等帮助家长了解和学习教育孩子。孩子的兴趣很广泛,可塑性很强,家长很难主观地判断孩子哪一方面具有特别的天赋,只有通过一些亲子游戏才能更好地观察发掘孩子的天赋,并循循善诱。爸爸妈妈们与孩子一起"长大",爸爸妈妈以一种"孩子的心态"和孩子一起学习,一起游戏,一起成长,这样孩子会更容易掌握一些知识。亲子园正是抓住此关键期开展活动。比如,幼儿 1～2 岁时是语言发展最佳期,活动中老师会安排许多发展幼儿语言的内容,老师利用各种教育手段让幼儿在活动中乐于说话、勤于说话,为他们提供发展语言的机会,创建发展语言的良好环境。同时,抓住最佳期前交给家长实行"越位"教育。这里的"越位"是指提前对孩子大脑在一定知识范围内进行适当的刺激,在正式受教育前泛泛地给予他们一些知识感悟。比如音乐教育,我们在活动中不是一首一首歌地教孩子学唱,而是在活动的过程中配上音乐,或是在过渡环节时播放音乐,让孩子自发地无意识地跟着唱,让家长跟着孩子们一起唱。在潜移默化、日积月累中强化孩子的音乐感受力。久而久之,你会发现他们的乐感、音准都会有很大的提高。

(3) 提供家长互相学习、交流、教育的机会,促使家长提高教养素质和能力。

亲子园通过开家长座谈会;安排家长专栏,投放家长与孩子们在游戏时的照片,定期更换内容;布置专门的家长休息室;开展亲子教育活动,家长和幼儿同时参与、在教师指导下有目的有计划地进行幼儿教育活动,活动过程要真正起到互动效应,亲子活动中,教师有责任帮助家长了解自己的孩子,让家长学会观察自己的孩子;在与家长的经常接触中及时纠正家长的一些不正确做法和想法。家长们都来自不同的工作岗位,有着不同的生活阅历,他们对子女教育的认识水平不同,使用的教育方法也不同。在活动中鼓励家长积极主动参与,当家长和孩子围坐一堂进行活动时,家长们的心里也会不停地反思,为什么那个孩子那么听话,而我的孩子却不爱学;为什么别人的孩子能坐得住,而我的孩子却到处乱跑。观察和思考得出的结论是迫切想了解别人是怎样培养自己的孩子,别人能做得到我为什么做不到。亲子园就为家长提供这样的交流机会。大家围绕家庭如何教育子女的主题各自发表高见,仁者见仁,智者见智,获益匪浅、真实有效。

(4) 提供孩子和家长共同游戏、共同成长的环境和氛围,增进亲子之间的情感。

社会在高歌猛进,却丝毫没有降低做母亲的难度。"如何做一个母亲"成为困扰很多女性和家庭的问题,在新丁克家庭的大旗下,亲子关系也呈现出不同的风貌。亲子教育不像幼儿园教育那样缺少家长的参与,也不像儿童乐园那样缺少老师的指导,亲子教育是由专业的亲子教师有组织、有目的地引导宝宝和家长,利用符合宝宝身心发展特点的益智玩具,在轻松快乐的游戏中达到三方互动。以激发儿童潜在的学习动力与探究能力,满足脑发展所需的感觉刺激和学习经历,从而达到开发潜能,建立亲情纽带的目的。

(5) 提供各类适宜的活动器械、玩具,使0~3岁的孩子有一个属于自己的活动天地,为孩子创建安全、自由、富有教育意义的成长环境。

亲子园以生动、活泼、有效、实用的教育形式促进幼儿的全面发展。目前社会上任何其他教育形式都还无法替代,它是托幼教育的延伸,是家庭教育的补偿。成为早期教育战线上的一颗耀眼的新星。

三、亲子园教师的专业素质

教师是亲子活动的主导,再先进的理念,再好的教育模式都需要亲子园的教师来实施,根据亲子教育的特点,早教教师应具备的专业能力主要有以下五个方面。

1. 扎实的基础理论知识

内容包括0~3岁婴儿生理、心理特点,亲子综合活动方法,单项专业活动的基本理论、教材、教法、婴儿跟踪测评指导方法等。教师要勤于实践和反思,通过反思总结经验,提高亲子教育的质量。不断探索新型的亲子教育模式。

2. 细致敏锐的观察能力

教师要随时了解幼儿,了解家长,对幼儿身心发展规律和家长对孩子的心理有深刻的理解,以推动孩子之间、家长之间、家长与其他孩子之间的互动。教师不仅要指导家长开展亲子活动,还要注意及时纠正家长的一些不正确的想法与做法。

3. 良好的语言表达能力

适当亲切的体态语表达能力;简明流畅、通俗易懂、生动形象且富有幽默感与感染力的言语表达能力。

4. 较强的动手能力

亲子园的环境布置及许多活动的用具、玩教具是教师自己变废为宝或制作、绘画、剪贴出来的,这也是最恰当好用的玩教具。

5. 良好的沟通能力

教师要很好地发挥沟通和指导作用,形成家园间互生互补的生态关系,为早教基地注入动力和活力。

四、亲子园教育内容和课程类型

基于孩子的全面发展需要,亲子园的教育内容,主要分为三大部分:(1) 培养秩序感及良好的行为习惯,增强手眼协调性;(2)音乐游戏,渗透儿歌、美劳、音乐等内容,增强宝宝的表现力和社会化水平;(3)体育活动,发展宝宝的大肌肉活动能力和精细活动能力。

具体可以分为以下六种类型。

1. 精细动作训练

蒙台梭利教育法是世界著名的儿童教育法,他给孩子充分自由的教育理念和丰富直观的教具,是儿童教育中的精华所在,亲子教育中融合了蒙氏教育中的教育理念和蒙氏中的很有特色的教具。亲子园吸收、借鉴蒙氏的教育思想、理念、方法,训练婴儿手眼协作的准确性和手的控制力,培养宝宝的探索意识和好奇心,使幼儿的无意识动作发展到有意识的动作;加强了幼儿顺序性的培养,同时让幼儿在潜移默化中养成了做事有始有终的好习惯;培养宝宝的专注力、独立性、秩序感、耐力、毅力及良好的行为习惯。

2. 亲子音乐活动

目前,世界最流行的是采用奥尔夫音乐来开发婴儿本能的音乐天赋。音乐亲子教育是在亲子教育中开发右脑最常用的方法,也是所有的右脑开发方法中被普遍认可的方法。亲子教育中的音乐主要利用音乐中的不同的音质波段和节拍来影响人的大脑,让人的思绪、情绪和着音符波动而波动,从而调动右脑控制情商的部分得到激活和调动。因此,大部分的亲子课中都会有音乐的教育和培养。培养音乐兴趣、发展听觉、培养节奏感及愉快情绪,开发婴儿的音乐智能;发展婴幼儿听觉能力、音乐感受力、节奏感和愉快情绪。

3. 语言认知活动

在动手学习的过程中,发展婴儿的认知能力。提供适当的语言刺激(倾听、理解、表达),以儿歌配备在各种活动之中,培养孩子的阅读兴趣,发展婴儿的视觉和听觉。培养孩子良好的阅读习惯,开发智力,发展认知能力、语言能力。

4. 感觉统合活动

感觉统合训练主要是训练孩子的手眼协调、大小肌肉运动和全身的运动协调感知能力,亲子教育最主要的就是注重孩子早期智力和独立性的训练,所以在亲子课中加入了很多感觉统合中的全身协调、大小肌肉运动等的内容,旨在开发孩子的早期感知能力。从爬、晃开始(荡秋千、摇马、摇动游戏等)、辨别身体的空间位置,练习头、眼、双侧协调灵活身体的活动(滑梯、滑板)、强化前庭平衡、大小肌肉、双侧协调、灵活身体的活动。发展婴儿的平衡感、触觉、前庭觉、本体感。

5. 亲子美工创意活动

尊重孩子的想象和选择,鼓励和欣赏每一个孩子的表现,使每个孩子都获得成功的喜悦;发展婴儿动手能力及想象力。让孩子有意无意地接触色彩,培养婴幼儿对色彩、线、形、绘画及参与手工活动的兴趣和敏感性。尝试各种涂鸦的美术活动,培养初步的感受力、表现力、创造力。

6. 体能游戏

在充分尊重婴幼儿成长发育规律的前提下,通过生动有趣、形式多样的亲子互动游戏,发展走、跑、跳、蹲、弯腰、钻爬、投掷等基本动作(大肌肉动作),发展平衡能力、触觉、本体感及四肢协调能力。培养婴幼儿愉快情绪,增强体质,提高健康水平,促进社会性发展。

另外,许多亲子园使用图片闪卡。这个要首推格林·杜曼的圆点卡和冯德全先生推荐的字宝宝,这个理论主要基于在科学研究中发现0～3岁宝宝可以使用图形记忆。这个方法主要在亲子教育中用于有针对性地训练右脑的开发,而且这种闪卡记忆训练法还可以训练宝宝的数学、百科和汉字的学习。它是所有的亲子教育的右脑开发中见效最快的,不过这种杜曼闪卡贵在坚持,只要中断就会影响效果。

五、亲子园办园条件、级别

1. 办园条件

(1)有与办园规模相适应的安全、坚固规范的园舍、场地和办园必须有的教育、教学、卫生保健的设施。

（2）园长和主办人应具有国家规定的合格学历，具有 3 年以上幼儿教育工作经历，并参加园长岗位培训。

（3）亲子园教师年龄结构合理，专业学历达标应在 80％以上。

（4）亲子园保健医应具有中等卫生专业毕业学历，并参加岗位培训，炊事员应具有高中以上学历，并参加岗位培训。

（5）有充足的办园经费和稳定的经济来源。

2. 申办亲子园，应向有审批权的教育行政部门提交材料

（1）具有合法的身份证明和主办单位的办园申请。

（2）"亲子园开办审批表"。

（3）拟任园长的学历、岗位培训证明。

（4）拟聘任教师、保健医、炊事员的学历、职称证明。

（5）拟办亲子园的资产经费来源的证明文件（凭证）。

（6）园舍、场所的合法证明（房证）。

（7）拟定亲子园名称和内设机构情况。

（8）单位举办的亲子园还需提交市编委关于编制的批示。

3. 亲子园的定级、收费与审批程序

亲子园开办。由办园单位（主办人）向所在县（市）区幼教行政部门申报，经审查合格颁发由市教育局统一印制的办园许可证，并上报市教育局。

亲子园定级。一级以上由市教育局评估认定，二级以上由县（市）区教委认定，并颁发"亲子园级别证书"。

亲子园收费。亲子园凭教育行政部门签发的"亲子园级别证书"，由物价部门核实收费项目和标准，并颁发"亲子园收费许可证"和购买亲子园收费报销收费。

办园许可证有效期为一年，每年一月，必须到审批机关办理年审手续。不经审核的办园许可证，不得继续使用。

近年来，各类亲子园如雨后春笋般地发展起来，首先亲子园在时间安排上比较灵活，从周一到周日每周上课一两次，家长可以自选。其次，亲子园的课程设置较之托儿所从生活保育上升到抓住宝宝的学习关键期与敏感期，对宝宝实施潜能开发教育，较之幼儿园更低龄化，所有活动设计和材料提供都从婴儿的生理、心理特点出发，活动形式寓教于乐，更易于小宝宝接受。再次，亲子园强调亲子的共同参与，增进亲子感情，增加宝宝的安全感，有助于宝宝形成良好的社会行为。为了发挥亲子园在 3 岁幼儿早期教育中的作用，应众多家长的要求，政府和教委积极倡导和扶持了一大批由正规幼教机构创办的亲子园。这些园具备了规范、科学、合理的特点，深受广大群众的欢迎。

思考与作业

1. 托儿所、亲子园的性质和任务是什么？实施保教时应遵循哪些原则？

2. 托儿所的建筑设计应符合什么条件？基本设置哪些生活用房和服务、供应用房？

操作训练

1. 搜集并了解亲子园，设计一个亲子活动。

2. 考察我国现阶段托儿所和亲子园的发展状况，提出几点合理化建议。

第九章

教学课件

育 婴 师

本章学习重点

1. 育婴师职业现状及发展意义。
2. 育婴师的职业特点、与保姆职业的区别。
3. 育婴师的工作职责和内容。
4. 0～3 岁婴儿训练方案。

本章学习建议

1. 本章重点是理解育婴师职业产生的重要性和必要性,可以采用讨论和导读的形式来学习。搜集生活中成功与失败的婴儿教育实例来深入探究婴儿教育的重要性。

2. 掌握育婴师应掌握的基本知识和技能,重点掌握 0～3 岁婴儿训练方案的要点。

从呱呱坠地到牙牙学语,0～3 岁是婴幼儿最难抚养的阶段,也是人生打基础的阶段,对身体生长、智力发展、性格培养都具有十分重要的作用。然而,在人生起步阶段,却缺少具有专业素质和经验的领路人。调查显示,90% 以上的 0～3 岁婴幼儿是在家中由父母、祖父母和保姆照料的,缺乏科学的育儿技能和知识,出现了不少偏差。

养——据调研统计,我国婴儿在出生后 6 个月内,生长发育水平与发达国家的同龄婴儿在同一水准。但当婴儿半岁后,由于很多家长和保姆缺少婴幼儿营养知识,半固体、固体食物营养要素不健全,致使不少婴幼儿的身高、体重就与发达国家的婴儿有了差距。而且,由于喂养不得当,不少孩子还形成驼背、踮脚等不良习惯,成人后也很难改变。

教——虽然家长对早期教育越来越重视,却不懂得正确的早期教育理念和方法,认为孩子早背几首诗、多认识一些字就是智力开发了。

0～3 岁婴幼儿教养方面的误区,源于我国的学前教育领域中曾出现断档,无论是早期教育体系还是师资培养,针对的都是 3～6 岁儿童,0～3 岁基本上处于盲区,师资培训也处于断层状态。0～3 岁婴幼儿教养,还没有权威的、本土化的教材。父母们给孩子选用的大多是科普教材。有些培训机构选用的国外教材,是 10 多年前编写的,有的甚至是后来被时间证明是错误的,已被抛弃不用的做法。早教业师资队伍也良莠不齐。下岗人员、社会闲散人员等都可以参加进来进行婴儿的教养工作,没人把关。不少育婴教师尽管出身幼教,但对 0～3 岁婴幼儿的心理及卫生保健却缺乏了解,因为她们学习的是幼儿教育,懂得和掌握的是 3 岁以上幼儿的生长发育特点和教育指导方法。所以,无法正确地进行婴儿阶段的教育。少数育婴教师甚至在入行前从未接受过任何学前教育的系统培训,只是在上岗前参加了十天半个月的紧急培训。这样的师资队伍状况怎能让我们放心地将孩子的未来交给他们,他们又怎能培养出父母希望的、国家需要的人才?

专家告诫：切莫小看了0～3岁婴幼儿教养失误，它们带给孩子的也许是一生的伤害。有关部门从大学生、中学生、小学生的心理现状调查中了解到，大多数心理障碍、学习障碍的原因与婴幼儿期教育引导有很大关系。在婴幼儿时期，如果听到的多是"这么笨"、"不能做"等之类的话，孩子的思想就易僵化，成人后应变能力差，对变迁的环境难以适应。谁能承担起我们教育婴儿的重担，擎起我们的希望？职业育婴师的出现，填补了这个空白。现已形成了科学、规范的育婴职业资格培训鉴定认证体系。

第一节　育婴师的种类与资格认定

按照统计数据，我国目前有0～3岁婴幼儿约有7 000万，其中有1 100万孩子出生在城市。随着婴幼儿教育越来越受到社会和父母的重视，那些能够对婴儿生理、心理、营养、保健、动作技能、智力开发、行为培养和人格培养等诸多方面的健康成长提供科学指导的专业人员越来越受到青睐。

与此相对应的却是，0～3岁婴幼儿在家中缺少科学喂养和正确教育的方法。由于我国正规的学前教育不包含0～3岁的小孩，3岁以下婴儿入托率很低，据调查显示：7 000万0～3岁婴幼儿中，有40%以上的0～3岁婴幼儿在家中由父母、祖父母照料，有超过半数的孩子由"保姆"进行看护，99.9%的年轻父母表示不知道应该如何抚养孩子。这些抚养人的年龄、文化水平参差不齐，缺少科学喂养的专业知识和正确的教育方法。

目前我国的学历教育机构还没有开设专门针对0～3岁婴幼儿学前教育的专业，使得这个年龄阶段的教育出现了空白。3岁前的孩子处于成长的巅峰期，一生中80%～90%的精细动作都要在这3年中奠定基础，特别需要在生理、心理、营养、保健及行为培养诸多方面给予科学的指导。而我国的现状却是这一年龄阶段的教育极其薄弱，这极不利于人口素质的提高。我国政府已经认识到高度重视0～3岁婴幼儿教育是提高国民素质的捷径。因此，育婴师作为一项新增职业，已被劳动和社会保障部正式列入中国职业大典。有资料显示，上海25%的母亲准备为婴幼儿聘请育婴师，若以上海36万名0～3岁婴幼儿计算，平均一个育婴师服务3个家庭，全市至少需3万名育婴师。同时，调查显示有48.9%的家庭希望由持证的专业育婴师进行指导。这是一个巨大的市场，育婴师作为一门新兴职业已经进入社会和家庭，育婴师职业现状和就业前景将会十分广阔。为了尽快提高从业人员素质，理顺我国早期教育市场，使婴幼儿父母真正了解早期教育的重要意义，劳动和社会保障部于2002年7月开始组织国内婴幼儿卫生保健、营养、教育、心理专家，制定了《育婴员国家职业标准》（以下简称标准），编写了《育婴员国家职业资格培训教程》，于2003年2月正式颁布。提出了科学育婴的理念和知识体系以及训练方法，突出了科学性、实用性和可操作性，并从育婴职业的活动范围、工作内容、知识水平和技能要求等方面提出了"标准化"的要求，首次将从事0～3岁婴儿护理和教育的人员作为一种社会职业来认定，为了保证婴幼儿的健康成长，全面推出国家育婴师（员）职业就业准入制度。

一、育婴师

育婴师是什么呢？育婴师是通过相关部门的资格认证，专门从事0～3岁婴幼儿生活照料、护理和教育以及辅助家长科学育儿的人员。育婴师的专业性技能具有科学性、实用性和可操作性。育婴师将保健、教育两种工作结合起来，既需要承担婴幼儿保健工作，又要担当教育工作，通过日常生活中的活动或游戏来开发婴幼儿的潜能，促进他们全面发展。

育婴师是适应我国社会发展需要应运而生的一种新兴的职业，育婴师主要工作内容是进入社区，进入家庭或在早期教育机构中为0～3岁婴儿的早期教育和综合发展提供科学的、适宜的指导，育婴师主要职责是育人。育婴师传授育婴的科学知识，指导父母和婴幼儿在充满亲情的氛围中开展游戏活动。育婴师的重要性在于他们懂得怎样从事0～3岁婴幼儿生活照料、护理和教育等方面的知识，能够指导父母怎样保教自己的孩子。

二、育婴师是一种职业

（一）育婴师是一种职业

育婴师职业必须经过正规的培训后，有扎实的专业技能，通过国家职业育婴师的资格考试，获得职业育婴师资格证书。育婴师职业培训的证书是经过国家劳动局和社会保障部门鉴定的。育婴师要对婴幼儿有爱心，尊重婴幼儿，坚持保教并重的原则，注意培养婴幼儿全面发展的能力。育婴师必须全面掌握 0～3 岁婴儿的生理、心理生长发育的专业知识，掌握正确科学的育婴方法，掌握不同年龄阶段婴儿的言行、思维和情感方式，懂得如何与婴儿相处和沟通的技巧，能够适时地开发婴儿的自身潜能，并把这些知识传授给家长。在生活照料方面，育婴师主要负责婴幼儿的饮食，饮水，睡眠以及大小便等情况。在疾病和意外伤害时给予及时的护理。在教育方面，育婴师会根据婴幼儿不同的年龄做不同的游戏，进而锻炼婴幼儿的身体和身心的健康发展。一般要掌握对婴幼儿护理保健、生活照料、教育、家长指导与带教等基本知识和能力。通过 60 分钟的理论考试和 30 分钟的操作考试，才能毕业。此后，还要通过国家职业育婴师的资格考试，才能获得职业育婴师资格证书。

育婴师职业标准如下。

1. 职业名称

育婴师。

2. 职业定义

育婴师是通过对 0～3 岁婴幼儿照料、护理和教育的服务，辅助家庭完成科学育儿工作的人员。

3. 职业等级

本职业共设三个等级：育婴员（国家职业资格五级），育婴师（国家职业资格四级），高级育婴师（国家职业资格三级）。

4. 职业环境条件

适合婴幼儿生活和活动的室内外环境；适合育婴人员从事育婴工作的场合。

5. 职业能力特征

有爱心、耐心和责任心；身体健康；口齿清楚、会讲普通话；观察敏锐、操作灵活、具有学以致用的能力。

6. 基本文化程度

初中毕业。

7. 鉴定要求

（1）适用对象

身体健康；18～55 周岁；从事或准备从事本职业的人员。

（2）鉴定方式

育婴师（五级）、育婴师（四级）采用一体化鉴定模式，育婴师（三级）采用非一体化鉴定模式。育婴师（五级）、育婴师（四级）的鉴定形式为操作。根据考核要求，各模块的鉴定均实行百分制，每个模块考核的成绩均达 60 分及以上者为合格。

育婴师（三级）的非一体化鉴定分为理论知识考试和技能操作考核。理论知识考试采用闭卷笔试方式，技能考核采用现场模拟操作方式。理论知识考试和技能操作均实行百分制，成绩皆达 60 分及以上者为合格。

（3）鉴定场所设备

理论知识考试在标准教室进行。技能操作考核、论文答辩在现场模拟操作场地进行。

（二）育婴师职业的教养理念

1. 亲爱儿童，满足需求

重视婴幼儿的情感关怀，强调以亲为先，以情为主，关爱儿童，赋予亲情，满足婴幼儿成长的需要。

创造良好环境,让婴幼儿开心、开口、开窍,尊重婴幼儿的意愿,使他们积极主动、健康愉快地发展。

2. 以养为主,教养融合

婴幼儿的身心健康是发展的基础。在开展保教工作时,应把儿童的健康、安全及养育工作放在首位。坚持保育与教育紧密结合的原则,保中有教,教中重保,自然渗透,教养合一,促进婴幼儿生理与心理的和谐发展。

3. 关注发育,顺应发展

强调全面关心、关注、关怀婴幼儿的成长过程。在教养实践中,要把握成熟阶段和发展过程;关注多元智能和发展差异;关注经验获得的机会和发展潜能。学会尊重婴幼儿身心发展规律,顺应婴幼儿的天性,让他们能在丰富的、适宜的环境中自然发展、和谐发展、充实发展。

4. 因人而异,开发潜能

重视婴幼儿在发育与健康、感知与运动、认知与语言、情感与社会性等方面的发展差异,提倡更多地实施个性化的教育,使保教工作以自然的差异为基础。把握机会,要充分利用日常生活与游戏中的学习情景,开发潜能,推进发展。

三、育婴师的基本条件

育婴师的培训年龄在18～55周岁之间,具有初中及以上学历的人员都可以参加各等级的职业培训。由于育婴师的工作对象是0～3岁的婴幼儿及其家庭成员,所以要求育婴师还要有爱心、耐心和责任心,身体健康,口齿清楚、会讲普通话,在日常工作中具备观察敏锐、操作熟练的能力,善于学以致用,把所学的知识和经验运用到日常的工作中。

四、育婴师职业与家长教养的关系

育婴师的工作并不是单纯地替代父母的职责,并非全权负责0～3岁婴幼儿的生活和教育。育婴师的工作是在日常生活中,扶持、协助父母的教养,还必须加强和婴幼儿家长的联系,建立良好的关系,增进沟通和了解,取得良好的合作。

经过培训与鉴定,各个等级的育婴师能够在婴幼儿的日常生活中,运用育婴的知识和经验,充分、有效地实施科学的教养,担当起婴幼儿的生活照料、护理、教育等工作,促进婴幼儿的健康成长。其中,高级育婴师还可以在社区以及0～3岁婴幼儿早期教养的机构中,承担对婴幼儿家长的指导(包括个别和集体)、咨询等工作。

第二节 育婴师培训的内容

育婴师的培训内容主要分为生活照料、日常生活保健与护理、教育三个部分。基础知识方面内容为0～3岁婴儿生理发育特点、心理发展特点、婴儿营养、婴儿教育相关规定。掌握不同年龄阶段婴儿的言行、思维和情感方式,懂得如何与婴儿相处和沟通的技巧,能够适时地开发婴儿的自身潜能,婴儿非正常行为的鉴定与矫治方法,婴儿成长的测查与评价,设计婴儿全面发展的成长方案等。

一、基础知识部分

1. 婴幼儿的生长发育指标
婴幼儿年龄阶段的划分;生长发育的主要特点及一般规律;生理解剖及发育特点。
2. 婴幼儿的心理发展
婴幼儿心理发展的主要特点;婴幼儿心理发展的规律(感知觉能力的发展、运动能力的发展、言语的发展、思维能力的发展、想象能力的发展、注意特性的发展、人际交往关系的发展、自我意识的发展、情绪情感的发展、意志力的发展、气质特征等方面）。

二、婴儿的生活照料

1. 婴儿的饮食与营养

婴幼儿奶制品的选择标准；断乳和换乳期的照料；添加辅食的原则；喂养中易出现的问题及解决办法；创造良好的进餐环境等。

2. 婴幼儿的睡眠、大小便、三浴锻炼。

婴幼儿睡眠的照料内容和方法；婴幼儿大小便的特点和培养婴幼儿大小便习惯的方法；婴幼儿三浴锻炼的意义、过程和方法等。

3. 清洁与消毒

清洁消毒的意义、类型和方法等。

三、婴幼儿的保健与护理

（1）婴儿生长发育的测量与评价。

（2）婴儿抚触的意义和方法。

（3）预防接种、常见疾病的预防与护理；早期发育异常及措施。

（4）意外伤害的预防与紧急处理方法等。

四、婴幼儿的教育

（1）婴幼儿教养环境的设计与规划；婴儿玩具的选择、使用与制作。

（2）婴幼儿动作的发展与运动；婴幼儿大动作、精细动作的训练与引导；婴幼儿感觉统合训练。

（3）婴幼儿语言能力、感知、认知能力、生活自理能力、社会交往、情绪行为能力等的开发及方法；婴幼儿发展水平评价、个别化教学等方面的教育内容。

五、家庭教养指导

（1）婴幼儿家庭教养指导的重要意义、目的、原则、对象、途径和形式。

（2）与婴幼儿家长交流的方式方法及技巧等。

无疑，育婴师职业的出现将大大提高我国0～3岁婴儿教养的水平。目前，家庭、父母在0～3岁婴儿的成长、发展中起着不可估量的重要作用，育婴师培训则为年轻父母、幼托机构提供了一种机会，能全面掌握最符合婴幼儿生长发育特征的教育理念、标准和科学方法，有利于孩子的健康成长。

第三节 0～3个月婴儿训练方案

一、认知能力的培养

1. 视觉训练

婴儿仰卧位，在小儿胸部上方20～30厘米用玩具，最好是红颜色或黑白对比鲜明的玩具吸引小儿注意，并训练小儿视线随物体作上下、左右、圆圈、远近、斜线等方向运动，来刺激视觉发育，发展眼球运动的灵活性及协调性。

2. 听觉训练

家长可在小儿周围不同方向,用说话声或玩具声训练小儿转头寻找声源。母亲的声音是婴儿最喜爱听的声音之一。母亲用愉快、亲切、温柔的语调,面对面地和婴儿说话,可吸引小儿注意成人说话的声音、表情、口形等,诱发婴儿良好、积极的情绪和发音的欲望。

可选择不同旋律、速度、响度、曲调或不同乐器奏出的音乐或发声玩具,也可利用家中不同物体敲击声如钟表声、敲碗声等,或改变对婴儿说话的声调来训练小儿分辨各种声音。当然,不要突然使用过大的声音,以免婴儿受惊吓。

3. 触觉训练

婴儿面颊、口唇、眉弓、手指头或脚趾头等处对触压觉很敏感。可利用手或各种形状、质地的物体进行触觉练习。光滑的丝绸围巾、粗糙的麻布、柔软的羽毛、棉花、头梳齿、粗细不同的毛巾或海绵、几何形状的玩具均可让小儿产生不同的触觉感,有助于发展小儿的触觉识别能力。

4. 味、嗅、温度等感知觉训练

利用日常生活,发展婴儿各种感觉。如吃饭时,用筷子蘸菜汁给婴儿尝尝;吃苹果时让婴儿闻闻苹果香味、尝尝苹果味道;洗澡时,让小儿闻闻肥皂香味,用奶瓶喂奶时,让孩子用手感受一下奶瓶的温度等等,均有助于婴儿感知觉的发展。

二、动作能力的培养

1. 抬头练习

(1)俯卧抬头。使小儿俯卧,两臂屈肘于胸前,成人在小儿头侧引逗小儿抬头,开始训练每次30秒钟,以后可根据小儿训练情况逐渐延长至3分钟左右。

(2)坐位竖头。将婴儿抱坐在成人一只前臂上,婴儿的头背部贴在成人前胸,成人一只手抱住婴儿的胸部,使小儿面前呈现广阔的空间,能注视到周围更多新奇的东西,这可激发小儿兴趣,使小儿主动练习竖头。也可让婴儿胸部贴在成人的胸前和肩部,使婴儿的头位于成人肩部以上,用另一只手托住婴儿的头、颈、背,以防止小儿头后仰。

2. 侧翻训练

(1)转侧练习。用小儿感兴趣的发声玩具,在小儿头部左右侧逗引小儿,使小儿头部侧转注意玩具。每次训练2~3分钟,每日数次。这可促进颈肌的灵活性和协调性,为侧翻身做准备。

(2)侧翻练习。小儿满月后,可开始训练侧翻动作。先用一个发声玩具,吸引小儿转头注视,然后,成人一手握住小儿一只手,另一只手将小儿同侧腿搭在另一条腿上,辅助小儿向对侧侧翻注视,左右轮流侧翻练习,以帮助小儿感觉体位的变化,学习侧翻动作。每日2次,每次侧翻2~3次。

3. 手部动作训练

(1)手部感知练习。除了前面所述训练小儿手部触觉的方法外,尚可在婴儿手腕部系上铃铛或红色手帕、鲜艳的手镯,来吸引小儿对手部的感知,帮助他感知手的存在、体验手的动作。

可隔一段时间变更一种系法,看看婴儿注意到这些变化没有。脱下手镯、红绸带让婴儿瞧瞧、摸摸,让他感觉一下这些东西与手部动作的关系。还可让小儿仰卧,将一块布或手绢盖在他的脸上,也可只盖住小儿一只眼睛,开始时可抓住小儿的上臂引导他帮他试着用手移开布,逐渐减少帮助,使他自己将布从脸上移开。

(2)抓握练习。握着小儿的手,帮助其触碰、抓握面前悬吊的玩具,吸引他抓握,可促进眼手的协调和视知觉的形成。

三、习惯和生活能力的培养

1. 培养清洁卫生的习惯

小儿每次哺喂完,都帮他擦擦嘴。早晨起床后为他洗脸、洗手,入睡前再给他洗脸、洗手、洗脚、洗臀部,在固定时间洗澡等等,均可培养小儿爱清洁的良好习惯。

2. 独立能力的培养

应尽量多和孩子交流,但整天陪在小儿身边也是完全不必要的。孩子醒来时,可让他独自躺在床上活动一下四肢、四处看看,睡眠时,成人也不必要陪同躺下。

四、社会交往能力的培养

满足婴儿逐渐形成的各种生理需求和认识要求,是婴儿积极情绪产生的主要条件,也是婴儿学会与人交往的基础。借助以下方法,可促进婴儿社会交往能力的形成和发展。

(1) 善于辨别婴儿哭声,并作出应答。哭声是婴儿表示不满的主要手段。婴儿啼哭时,闭着眼睛,嘴左右觅食或吮吸手指,双脚紧蹬、嚎叫不停,说明小儿是饥饿或口渴,应给婴儿喂奶或喂水。持续不断悲悲切切地嗯叫流泪,可能因为尿布湿、衣着太紧或身体不舒服,成人可给婴儿宽衣带、更换尿布。如小儿是因为生病或身体不适啼哭,可抱抱婴儿,轻拍婴儿,和婴儿说说话,安慰他。

哭而无泪或注视着成人,脸仅有哭的表情"哼哼"直叫,是想成人抱,可抱抱婴儿,但不要让婴儿养成非抱不可的习惯,可坐在婴儿床边逗逗小儿或在婴儿床头挂些色彩鲜艳的玩具,让他自己玩玩。

夜间烦躁啼哭,夜惊多汗则常见于佝偻病的早期表现,大声阵发性尖叫常为腹部疼痛,均应尽早到医院就诊治疗。

(2) 培养小儿对语音的感知。利用小儿清醒时间,让他看看周围环境,并告诉他周围他注意到的东西的名称及行为。

(3) 引逗发声。和蔼微笑着和婴儿说话,引逗婴儿发出"哦哦""嗯嗯"声。也可模仿婴儿发出的声音,鼓励婴儿积极发音,对成人微笑,这可促进婴儿喜悦情绪的产生,激励婴儿与人交往。

第四节　4～6个月婴儿训练方案

一、认知能力的培养

1. 视觉训练

(1) 训练小儿追寻物体。用玩具声吸引小儿转头寻找发声玩具,每日训练2～3次,每次3～5分钟,以拓宽小儿视觉广度。

(2) 颜色感知练习。让孩子多看各种颜色的图画、玩具及物品,并告诉孩子物体的名称和颜色,可使婴儿对颜色认知发展过程大大提前。

(3) 婴儿视力迅速发展的时期主要在半岁以前。可选择一些大小不一的玩具或物体,从大到小,让小儿用手抓握注视,然后放在桌上吸引小儿注视。还可训练小儿注视远近距离不等的物体,以促进视力发展。

2. 听觉训练

(1) 方位听觉练习。吸引孩子寻找前后左右不同方位、不同距离的发声源,以刺激小儿方位觉能力的发展。

(2) 区分语调训练。根据不同情景,用不同语调、表情,使孩子逐渐能够感受到语言中不同的感情成分,逐渐提高对语言的区别能力。

(3) 让孩子从周围环境中直接接触各种声音,可提高对不同频率、强度、音色声音的识别能力。

二、动作能力的培养

1. 俯卧支撑练习

使小儿俯卧,两臂屈肘于胸前,鼓励、诱导孩子将头、前胸抬高,直至能用一只手支撑身体抬起头、胸。左右手轮流支撑训练,每日数次,每次数分钟。

2. 翻身练习

训练小儿从仰卧位翻身至俯卧位。婴儿仰卧位,成人左手将婴儿右手向头部方向轻轻拉直,右手轻握小儿右膝盖内侧。让他左腿弯曲,并利用右手腕背力量使小儿右腿贴于床垫或地板上,然后轻轻提起小儿左边腿部,顺势让他右滚,翻成俯卧位。用同样步骤辅助小儿从左侧翻滚至俯卧位。每日训练 2～3 次,左右翻身各 1～2 次。逐渐训练孩子不需要帮助成功翻身。

3. 练习坐

(1) 拉坐练习。4 个月时可开始训练小儿拉坐。婴儿仰卧位,成人双手的大拇指插入婴儿手中,让他握着,其他手指则轻轻抓着婴儿的手腕,使小儿双手伸直前举,手掌向内相对,两手距同肩宽,然后轻轻向前拉起婴儿双手,使小儿头、肩膀离开床面抬起。此时婴儿会试图屈肘用力坐起来,保持此姿势 5～6 秒,再轻轻让小儿躺下,再重复 2～3 次。

应注意:拉坐练习是让小儿借助家长的轻轻帮助自己用力坐起。如果小儿被成人拉坐起来时,手无力屈肘,头部低垂,表示还不宜做这个动作,必须先进行俯卧练习,强化颈背肌肉及上肢肌肉力量,过些时候再进行练习。

(2) 靠坐练习。5 个月左右训练小儿靠坐。将小儿放在有扶手的沙发上或有靠背的小椅子上或在小儿身后放些枕头、棉被来练习靠坐,以后逐渐减少小儿靠垫的东西,每日 1～2 次,每次 2～3 分钟。

4. 手部动作训练

(1) 伸手够物。通过伸手够物来延伸小儿的视觉活动范围,使小儿感觉距离、理解距离,发展手眼协调能力。

(2) 训练抓握。选择大小不一的玩具,来训练小儿抓握,促进手的灵活性和协调性。

(3) 发展玩法。通过游戏,教小儿玩不同玩法的玩具,如摇晃、捏、触碰、敲打、掀、推、扔、取等,使他从游戏中学到手的各种技能。

5. 蹬腿练习

小儿 4 个月时,就可以有目的地训练小儿腿的支撑。成人采取坐位,双手从小儿腋下扶抱小儿,使小儿的腿支撑身体保持直立的姿势,成人扶抱着小儿做蹬腿动作。

开始成人可将小儿抱起,再落下让小儿脚踏在成人腿上时,又再将小儿抱举起,再落下,来训练小儿蹬跳。蹬腿练习可促进双下肢骨骼和肌肉的充分发育。需注意的是,举落的动作应轻柔缓慢,力度不宜过大,时间也不应太长,一般每日 2 次,每次 1～3 分钟。

三、习惯和生活能力的培养

1. 睡眠

应从小培养小儿有规律地作息。4 个月后可将小儿白天的睡眠时间逐渐减少 1 次,即白天睡眠 3～4 次,每次 1.5～2 小时。夜间如小儿不醒,尽量不要惊动他。如果小儿醒了,尿布湿了可更换尿布,或给他把尿,孩子若需要吮奶、喝水,可喂喂他,但尽量不要和他说话,不要逗引他,让他尽快转入睡眠。要注意孩子睡觉的姿势,经常让小儿更换头位,以防小儿把头睡偏。

2. 饮食

有规律地进食,可使神经系统、内分泌系统、消化系统等协调工作,并建立起对进食时间的条件反射,如在接近喂奶的时间,胃肠就开始预先分泌消化液,并产生饥饿感,这有助于增加食欲,促进食物的消化与吸收。

4 个月后,每日喂养次数可减为 6 次,白天哺喂 4～5 次,间隔 3～4 小时。夜间视小儿需要情况进行哺喂,一般 1 次即可,若小儿夜间不醒或不愿进食,可不哺喂。可开始逐渐训练让小儿学会用勺吞咽食物,为以后断奶用勺进食做准备。

开始可先用勺喂开水,若不出现呛,可逐渐开始用勺喂果汁、菜汁、稀糊、蛋黄糊、果泥等。方法:将小儿斜卧位抱置于胸前,用小勺将食物轻缓置入小儿口中,当小儿吞咽后,再喂第二口。开始不必太多,1~2勺即可,以后逐渐增多,可以于喂奶前训练,以防小儿吐奶。每次喂食时,告诉小儿所进食辅食的名称及味道等。

3. 卫生习惯的培养

当小儿将有危险或不干净的东西放入嘴里,成人应立即制止,用严肃口气对孩子说:"不行。"并将放入口的物品取走。小儿会从成人的行为、表情和语调中,逐渐理解什么可进食,什么不可以放入口中。

4. 独立能力的培养

可在小儿身边放些玩具,让他自己单独玩一会儿,在孩子有困难时,成人可给予适当的帮助和指导,支持鼓励孩子施展自己的能力。

四、社会交往能力的培养

(1) 认识自我。将小儿抱坐在镜子前,对镜中的小儿说话,引小儿注视镜中的自己和家长及相应的动作,可促进小儿自我意识的形成。

(2) 应随时随地教小儿周围东西的名称。多听多练,孩子的言语能力很快就会发生惊人的变化。和小儿说话,不仅有意识地给予不同的语调,还应结合不同的面部表情,如笑、怒、淡漠等,训练小儿分辨面部表情,使他对成人不同语调、不同表情有不同的反应,并逐渐学会正确表露自己的感受。

(3) 发音训练。和孩子说话时,应坐在孩子正对面的位置,使小儿能够清楚看到你的口形、表情,说话速度要慢、而明确。

(4) 躲躲藏藏游戏。既锻炼了小儿感知觉的能力,培养小儿的注意力和反应的灵活性,还促进了小儿与成人间的交往,激发小儿愉快的情绪。

第五节　7~9个月婴儿训练方案

一、认知能力的培养

1. 视觉训练

(1) 不断更新视觉刺激、扩大小儿的视野。教小儿认识、观看周围生活用品、自然景现。可激发小儿的好奇心,发展小儿的观察力。

(2) 利用图片、玩具培养小儿观察力。教小儿认识、观看周围生活用品、自然景现,并与实物进行比较。

2. 听觉训练

(1) 辨别声响。将同一物体放入不同制品的盒中,让孩子听听声响有何不同,以发展小儿听觉的灵活性。

(2) 发展对音乐的感知。仍以轻柔、节奏鲜明的轻音乐为主,节奏要有快有慢,有强有弱。让小儿听不同旋律、音色、音调、节奏的音乐,提高对音乐的感知能力。家长可握着小儿的两手教小儿和着音乐学习拍手,也可边唱歌边教孩子舞动手臂。

这些活动既可培养小儿的音乐节奏感、发展孩子动作,还可激发小儿积极欢快的情绪,促进亲子交流。

(3) 敲敲打打。让小儿敲打一些不易敲碎的物体,引导小儿注意分辨不同物体敲打发出的不同声响以提高小儿对声音的识别,发展对物体的认识能力。

二、动作能力的培养

1. 独坐练习

当小儿能稳当地独坐后可着重训练小儿的平衡能力。让小儿独坐在床上或地铺上,训练小儿坐着转头转身寻找。还可准备一张适中的小凳子,孩子坐上去时,双脚刚好可触及地面,而且脚掌与小腿、小腿与大腿、大腿与躯干的角度均成直角。

家长用手扶住孩子大腿,不要扶他的背,让他自己寻找平衡点。待孩子坐直后,成人可试着松开一只手,只用一手扶住孩子的一侧大腿,另一手以玩具吸引小儿转头转身寻找玩具。左右交替诱使小儿左右侧转,在学习转侧中寻找平衡点,并且练习用脚来支撑身体。

2. 爬行练习

爬行使婴儿能够主动地移动身体、去探索周围的事物,大大地提高婴儿的认知范围。爬行动作是依靠颈背部及四肢肌肉的力量和协调动作完成的。在小儿 7 个月时,已具备翻身、坐等一系列能力,说明其颈背部及四肢肌肉已较有力量并具备一定的协调性,这时就可以训练爬行。

(1) 爬行预备的动作。家长用一手抱着婴儿的膝部,另一手环抱在他胸前,让婴儿双手放在桌上或地上来支撑身体。然后,家长可慢慢放松放在小儿胸前的手,鼓励小儿直立支撑自己,每日练习 1～2 次,视小儿耐受情况,决定练习时间,一般每次 3～5 分钟。

(2) 学习爬行动作。

① 使小儿趴着,两腿伸直,手肘弯曲支撑上半身。家长以右手抓住小儿双脚掌。

② 家长抓住小儿双脚往前画个半弧,使膝盖尽量弯曲,脚跟碰到屁股,如此反复画弧,做屈伸运动 3～5 次。

③ 最后一次伸腿运动做完后,家长两手分别握住小儿两大腿后侧,使双腿轮流弯向腋部,做屈伸动作 3～5 次。

④ 在小儿前方放个玩具,引诱他爬过去取玩具,成人扶住小儿的小腿,或用手托住小儿脚掌,左右交替地弯曲其膝关节,助其向前爬行,重复 2～3 遍,每日 1～2 次。

3. 站立训练

训练小儿站立时,可将其双腿略微分开,以降低重心,使之站得更稳些。每次扶站时间不宜过久。

(1) 可扶着小儿腋下让他练习站立。

(2) 让小儿扶着小车、床、栏杆及椅背等练习站立。

4. 手部动作训练

(1) 学习拇食指准确捏取,以加强婴儿手指动作的灵活性和视觉—触觉活动的协调。选择一些小的、可食用物品如米花、小饼干等,让小儿捏取。教的时候家长可给予示范,如用拇食指捏取饼干放入口中,让小儿模仿练习。

(2) 双手协调动作。

① 双手玩玩具。在小儿准确抓握的基础上可给小儿多个玩具,训练他抓住一个玩具后再抓另一个玩具,或向小儿同一只手上送玩具两次,教小儿学会将玩具从一只手换到另一只手上后再取第二个玩具。

② 双手对击运动。当小儿两手均有玩具时,可教小儿两手对击玩具。还可让小儿两手持细柄玩具如摇铃或汤匙,模仿敲鼓动作,双手轮回敲打面前的小桶或空奶粉罐。

③ 教小儿双手协调地撕纸。

(3) 训练小儿遵循指令有意识地拿起、放下玩具。投掷游戏可增强小儿上肢的运动能力与手的控制技巧、提高视觉定位能力,激发小儿积极愉快的情绪。

准备一个容器(如纸盒或小桶)和一些彩色塑料小球,先给小儿做示范说:"我们来比赛扔球。"将小球一个个扔进容器里,然后让小儿模仿。开始时,可将容器和球放在接近孩子身体的地方,随着小儿能力的提高,可逐渐将纸盒前移。游戏可增进亲子交往,激发小儿积极愉快的情绪。

三、习惯和生活能力的培养

1. 睡眠

7～9个月的婴儿不仅具有一定活动能力,而且容易接受任何环境,是培养小儿独自入睡习惯的良好时期。小儿半夜惊醒时,家长可去看看,安抚小儿,但不要将小儿抱回自己床,否则一旦养成习惯,孩子会要求大人陪伴,这会给家长带来不必要的麻烦,尤其对睡觉时间较晚或有夜间工作习惯的家长来说更是如此。此年龄小儿白天睡眠次数一般仍为2～3次,每次2～2.5小时。

2. 饮食

此阶段,每日给小儿喂养的次数可减为每日5次,间隔4小时左右,夜间停喂一次。可开始训练小儿用杯喝水、用手拿东西吃,这既可发展小儿手眼动作的协调,还可为其今后独立吃东西做准备。

3. 大小便

7个月后,小儿已能较稳当地独坐,而且由于辅食增加,大便次数也相应减少,每日约1～2次,大便性状也逐渐接近成人,可根据婴儿排便规律安排小儿坐便盆的时间。

一般在饭后10～15分钟或睡醒后立即坐盆,但最好安排在晨间起床时。便盆要放在固定的地方,每次用完洗净。

婴儿坐盆要有专人照顾,每次坐盆时间不要超过5分钟,一日次数也不宜过多。坐盆时不能给小儿吃食物或让小儿玩耍。若小儿不愿,不要强迫其坐盆,以免对坐盆产生抵触情绪。

4. 独自玩耍习惯的培养

成人不必始终陪伴在小儿身边,小儿已有一定活动能力了,能翻身、独坐、并逐渐学会爬行,只要注意玩耍环境的安全,就可让小儿独立玩耍。

如果孩子醒得早,家长还想多睡一会儿,家长可让闹钟在小儿通常醒来的时间5分钟以后再响,两天以后再推迟5分钟,以此类推,等闹钟响后,家长再起床。这样,小儿醒来,可能又会重新入睡,或自己独立玩一会儿,等大人起床。

如果小儿哭醒,大人也不必急于去照料他,因为他很可能会自己安静下来。家长应该抽出时间陪孩子玩,但不要在孩子每次哭闹后才陪孩子玩,以免小儿养成用哭闹要求家长陪伴的习惯。

四、社会交往能力的培养

培养小儿懂礼貌、乐于与人交往。这时期小儿对人的分辨能力已较好,可以认出自己家里的人,出现认生现象,但和不认识的小朋友交往却没有这种情况,他们能与同伴交往中获得乐趣。

因此,家长应努力创造条件,让婴儿多与小伙伴们接触、交往,从而促进其社会性发展。对成人的认生也不是不好的现象,而是小儿发育的一个阶段,如果小儿特别认生,可暂避生人,先训练小儿多与熟人交往,慢慢地小儿对生人也能接受。

第六节　10～12个月婴儿训练方案

一、认知能力的培养

1. 视觉训练

除了在日常生活中不断引导小儿观察事物,扩大小儿的视野外,可培养小儿对图片、文字的注意、兴趣,培养小儿对书籍的爱好。

教小儿认识实物、图片,把几种东西或几张图片放在一起让小儿挑选、指认,同时教小儿模仿说出名称来。也可以在婴儿经常接触的东西上标些文字,当婴儿接触到这些东西时,就引导他注意上面的字,增加他对文字的注意力和接触机会。外出时,可经常提醒他注意遇到的字如广告招牌、街道名称等。应尽早让婴儿接触书本,培养小儿对文字的注意力。教小儿识字应在快乐的游戏气氛中自然而然地进行,而不应该给孩子施加压力,硬性规定必须每日记多少字,以免造成孩子抵触心理。

2. 听觉训练

积极为婴儿创造语言环境,可促进婴儿更多地听到语言,熟悉语言和渐渐理解语言。用语言逗引婴儿活动和玩玩具,听磁带,观看周围的人物交谈,唱儿歌、唱歌曲给婴儿听,和小儿咿呀对话。

二、动作能力的培养

1. 站立练习

站立练习时,要注意保护好小儿,循序渐进,逐渐延长站立时间。

(1)两手扶站。当小儿两手扶站较稳时,可训练一手扶站,即让小儿一手扶站,另一只手去取玩具。

(2)练习独站。成人可双手扶着婴儿的腋下,让婴儿背和臀部靠墙,两足跟稍离墙,双下肢稍分开站稳,然后慢慢放手,并拍手鼓励小儿独站。

2. 起立练习

教婴儿从俯卧位双手撑起身体,再双腿跪起来,呈爬姿,抓住栏杆站起来。

(1)从站位至坐下。婴儿扶站位,用玩具引导小儿慢慢坐下,教小儿从站位扶着栏杆慢慢坐下,而不是一下子摔坐下。

(2)站稳练习。

① 让小儿先观察一下不倒翁玩具,推一下、站起来的样子,然后对小儿说:"你也像不倒翁一样,把你推一推,你就站起来。"成人让婴儿站好,用一只手在婴儿躯干一侧轻轻推一下,使他失去平衡,另一只手挡住婴儿另一侧身体,并帮助小儿恢复到站位,成人应在轻快的游戏气氛中和婴儿进行练习,鼓励表扬婴儿,以训练小儿平衡感。

② 将婴儿扶站好,并把婴儿感兴趣的玩具置于婴儿身体一侧,鼓励他尽可能弯曲身体去拾取玩具,左右侧交替练习,可增强婴儿腰部肌肉的力量和协调性。

3. 行走练习

应循序渐进。刚开始练习时,一定要注意保护,防止小儿跌倒,减少他的恐惧心理,使他乐于行走。

在学走期间尽量不要靠"学步车"一类工具帮助,以免小孩形成不正确的行走姿势。可拉着小儿的双手训练其迈步,或让小儿扶着栏杆或床边迈步走,还可用较长的围巾从婴儿前胸、腋下围过,成人在孩子后方,拉紧围巾,让孩子练习独立走步。

孩子会独走数步后,可在小儿的前方放一个他喜欢的玩具,训练他迈步向前取,或让婴儿靠墙独站稳后,成人后退几步,手中拿玩具,用语言鼓励婴儿朝成人方向走去,小儿快走到成人身边时,成人再后退几步,直到婴儿走不稳时把婴儿抱起来,夸奖他走得好并给他玩具。

4. 手部动作训练

(1)训练小儿手的控制能力。在小儿能够有意识地将物品放下后,训练小儿将手中的物品投入到一些小的容器中。让小儿将小木块放到一个小盒子中,将小粒的东西拾起来放进小瓶中。还可给小儿选择一些带孔洞的玩具,让小儿将一些东西从孔洞中投入。

(2)训练小儿用手的能力。可通过游戏,成人示范,教小儿学会手的多种用途。比如把木块搭起来,打开或盖上盒盖、瓶盖,拉电灯开关线,用笔画线条,用手翻书,按按钮,扔皮球,拾东西,模仿用手推玩具火车,拿勺子在碗中搅拌,用勺吃饭,用手挖抠东西等等。

三、习惯和生活能力的培养

1. 睡眠

白天睡眠次数可逐渐减至每日2次,每次睡眠时间2小时。每天应定时让小儿上床睡觉,睡眠前不要引导小儿过分地兴奋,此时小儿能理解成人部分语言,可预先告诉小儿你的安排,如母亲与孩子游戏,说:"我们把玩具收起来,要睡觉了。"然后收拾玩具,抱小儿上床睡觉。

2. 饮食

随着小儿年龄增长,喂养次数每日可逐渐减到4～5次。定时进餐,有助于消化系统有节律地工作,进餐时要有固定的坐位,训练进食自理的能力,如让小儿自己用手拿饼干吃,独自抱奶瓶吃奶、用杯喝水,试着拿汤匙舀东西吃。

3. 大小便

教小儿在大小便前有所表示,如在大小便前发出"嗯嗯"声音。

4. 穿衣服

教小儿配合成人穿衣、戴帽、穿袜、穿鞋等,这不仅能培养小儿生活自理能力,而且能强化左右的方位意识。

四、社会交往能力的培养

(1) 与人交往。

此时,婴儿已经有一定的活动能力,对周围世界有了更广泛的兴趣,有与人交往的社会需求和强烈的好奇心。因此,家长每天也应当抽出一定时间和小儿一起游戏,进行情感交流。

一个乐观向上、充满爱心的家庭气氛,会使小儿幸福开朗,乐于与人交往。家长还应经常带小儿外出活动,让小儿多接触丰富多彩的大自然,接触社会,从中观察学习与人的交往经验,在小儿与人交往过程中,应继续培养文明礼貌的举止、言语。

(2) 在日常生活中引导小儿主动发音和模仿发音,积极为婴儿创造良好的语言环境。让孩子学习用"叔叔"、"阿姨"、"哥哥"、"姐姐"等称呼周围熟悉的人。如成人问"这是什么",让小儿回答。鼓励小儿模仿父母的表情和声音,当模仿成功时,亲亲他,并做出十分高兴的表情鼓励他。

第七节　1～1岁半幼儿训练方案

一、认知能力的培养

1. 观察能力的培养

观察是一种有目的的感觉知觉活动,是发展智力的主要途径。儿童观察事物是通过各种感觉器官来进行的,因此,培养儿童的观察能力应从发展视觉、听觉、嗅觉、触觉等感觉能力入手,从他们感兴趣的、注意到的事物开始,有意识地引导他们去观察事物。

(1) 观察事物的特性。

① 识别大小。教小儿比较物体的大小,开始可选择形状类似,大小差别显著的物体来练习,如大娃娃与小娃娃、大杯子与小杯子等。

② 识别形状。教小儿识别物体的各种形状,对发展观察能力十分有好处。先教小儿识别简单的几何形状,如圆形、椭圆形、三角形、正方形等,可用同种颜色的纸板如红色、黄色,剪成两套形状不同

的图形如圆形、椭圆形、三角形、正方形,让小儿和家长分别拿一套,教小儿把他手中的圆圈重叠到家长的圆圈上,指给他看,这两个圆圈的形状是一样的"都是圆的";再让他把圆圈与其他形状的纸板比较,告诉他是不一样的。

③ 识别颜色。先从基本的颜色红、黄、蓝、绿进行识别。小儿这时可能说不出颜色的名称,家长也不必在这个阶段要求幼儿说出颜色的名称,但应让幼儿明白"颜色"这个词的意思,懂得"这种颜色"、"那种颜色"的意思,使他意识到颜色也是物体的一种属性,以发展观察力。

可用一些大小相同、形状一样、颜色不同的积木方块进行练习,如成人手中拿一块红方块,要小儿从几个方块中挑选一个和成人手中一样颜色的方块。小儿学画时,让孩子注意到小草是绿色的,西红柿是红颜色的,让小儿拿绿色画笔画小草,红色的画笔画西红柿。在日常生活中,引导小儿注意周围物品的颜色,如妈妈的围巾是蓝色的,宝宝的帽子也是蓝色的,这时便可告诉他这两件东西的颜色是一样的。

(2) 发展幼儿注意力。

① 注意力的稳定性。幼儿注意力短暂,不稳定,成人应帮助小儿更长时间地集中注意力在一种物体上或一种游戏中。例如,小儿玩皮球一会儿就扔掉,正要开始做其他的事情时,母亲可拿起皮球,教他一些新的玩法,如教小儿用手使皮球在地面上旋转,或对着墙壁滚动皮球,使皮球碰向墙壁自动滚回来,或用球投篮等。

② 扩大注意的范围。教小儿注意物体之间的联系,发展注意力的稳定性和注意的分配能力。在培养小儿观察力时,应多带小儿接触大自然,注意引导孩子调动多种感觉器官参与观察活动,可教小儿看日出日落,风吹草动,听鸟语、闻花香等等。

2. 记忆力的培养

小儿的记忆是由感觉器官获得的信息积累而成的。有了记忆,小儿才能呈现出日新月异的进步。

(1) 实物记忆练习。让小儿根据记忆寻找所需要的玩具,如先让小儿看一个小球,然后把它收起来再让孩子在其他的玩具中找这种小球。

(2) 强化记忆练习。父母可以选择一些形象直观,与婴儿本人关系较为密切的东西和他感兴趣的事物来训练他的记忆。可教小儿认识爸爸、妈妈,自己的名字、五官和身体的主要部位,间隔一段时间,情景再重复。

3. 思维能力的培养

小儿的思维活动是以周围的实物和具体的活动为基础的。因此,在促进婴幼儿思维能力发展的诸因素中,最重要的就是给小儿创造一个有利于动手动脑的环境。

(1) 发展幼儿解决问题的能力。用语言指点并巩固孩子在解决实际问题过程中所取得成果,帮助他用动词"伸出"、"倒转"、"挪动"等来表达他找到的解决办法。词可以帮助孩子自己选出解决问题的方法,同时扩大在解决类似问题时使用这种方法的可能性。

(2) 发展思维的灵活性。教小儿用同种玩具进行不同的玩法并在日常生活中引导小儿注意观察一种物体的多种用途,以发展小儿解决问题的技巧。例如,教小儿用钥匙可以开锁,也可以撬开奶粉罐上的铁盖,捅开饮料瓶口的纸封,还可以当笔在泥地上画画等等。筷子是用来吃饭的,但偶尔也可用它搅拌浆糊、药液,甚至当灯笼的提手等。

4. 想象力和创造力的培养

(1) 辨别音响。给孩子听不同的声响,让孩子判断是什么东西发出的声音。

(2) 手影表演。成人可利用灯光或阳光下的投影用手做成小鸟飞等动作,引导小孩子观看、想象。

(3) 看图片。通过看图片,认识图片中的人物、物品,说出:"是谁?""在做什么?""是什么东西?""做什么用?"

二、动作能力的培养

(1) 继续训练小儿独立行走的能力和行走的稳定性,以促进运动的协调性和躯体的平衡能力。可和小儿一起拖拉玩具车,教小儿拉着小车向前走、侧着走、倒退走等。准备一个较大的皮球,成人将球滚到小孩子脚边,教他抬脚踢球。

(2) 发展小儿走、蹲、弯腰动作。将玩具散放在各处,要求小儿收捡玩具交给成人或放在固定的地方。

(3) 训练小儿下床。当小儿爬到或走到距床沿约30厘米处,就训练他调转身体,头朝里脚向床边方向,然后让他们倒退着向床边爬行,直至脚踩地。开始成人应在小儿背后保护一下,防止小儿动作不稳仰倒在地。可用同样方法教小儿从坐在沙床上或椅上转身下地。

(4) 训练小儿手的灵活性和准确性。例如,教小儿学习画画、搭积木、用塑料绳将有孔玩具串起来。

三、习惯和生活能力的培养

(1) 睡眠。除夜间睡眠外,白天可睡眠2次,每次1.5~2小时。不要用威胁、恐吓等手段,逼小儿睡眠,也不要给小儿讲述恐怖的故事,以免小儿害怕而拒绝一个人入睡。临睡前清洗脸、手、脚、臀部,排好尿,换上宽松保暖的睡衣,会使小儿感到舒适,易于入睡,这不但有助于养成良好的睡眠习惯,也便于孩子建立睡眠条件放射。

(2) 饮食。断奶后,每日喂养的次数4~5次,可安排在早、中、晚餐时间和白天睡眠醒来的时间。养成定时进食、定位进餐的习惯,鼓励小儿自己动手吃东西。培养饭前便后洗手习惯。

(3) 训练小儿在日常生活中做力所能及的事,以培养小儿独立的能力。教导小儿试着脱鞋、脱袜子,排完大小便试着提裤子,外出时自己戴帽、脱帽,爸爸妈妈下班进门可让孩子帮助拿拖鞋给爸妈换鞋,给孩子洗手时,教小儿主动将手伸到水里,玩完玩具后帮忙收拾起来等等。

四、社会交往能力的培养

(1) 教育孩子礼貌待人。家里来客人要教小儿打招呼,问好,接受别人的东西说谢谢,客人走时挥手说再见。鼓励小儿取糖果、水果招待客人,把玩具分给到家里来的小朋友玩等等。表演操也是教育小儿的好方法。

(2) 利用各种机会丰富孩子的语言词汇,并简单说明物体的用途与关系,扩大小儿的认识范围,促进语言的理解与表达。

给小儿看图片、幼儿书籍、带小儿到外面玩,教小儿认识物体的名称,对着图片或实物,询问小儿图片或实物的名称及用途"这是什么?""干什么用的?"引导小儿回答,小儿回答正确时亲亲他,以示鼓励。

此时,小儿已开始喜欢听大人讲故事了,父母给孩子讲故事时,开始要讲得慢而简短,发音清晰,富于表情,可根据故事的情节伴以动作,来增加小儿的注意力和兴趣。孩子爱听讲过的故事,成人可多重复几次,还可将小儿目睹或经历的事情,编成故事。也可根据孩子的特点编故事,用它来加强行为规范和思想品德教育。

第八节 1岁半~2岁小儿训练方案

一、小儿认知能力的培养

1. 观察能力的培养

(1) 培养上下、里外、前后方位意识。如游戏时说:"球在箱子里。""小车在箱子外面。"等等。

（2）辨别多少。例如,分糖果给家人,看看分得是否一样多,放桌上比比看谁多谁少。也可以用专门的图画,训练孩子认识多少。

（3）比较高矮。让小儿看爸爸比妈妈高,孩子比妈妈矮。用玩具比比看,哪种动物高,哪种动物矮,或直接带小儿到动物园实地比较一下,也可看动物的图片,如小乌龟和小兔子,小猴子和长颈鹿,谁高谁矮? 若小猴子爬到高高的大树上,是不是比长颈鹿更高了?

（4）指导小儿观察事物的特征,有助于随意注意的形成和发展。带小儿观察动物、自然景物,如"小猫在吃什么?""它怎么叫?""小鸟在哪里?""红色的花在哪里?""闻闻看什么东西香香的?"

2. 记忆力的培养

（1）词汇记忆。成人在讲述孩子较熟悉的故事,或教小儿念他熟悉的儿歌,或唱他熟悉的歌时,有意识地停顿下来让孩子补充,由简到难,开始让孩子续上单字,以后可逐渐让孩子续上一个词、一句话,这既可促进记忆力的提高,还可发展小儿的语言能力。

（2）实物记忆。让小儿回忆起不在眼前的实物,可给孩子一件玩具,让他注视您将玩具放到盒中,盖上盖子,让他说出盒中玩具的名称。

3. 思维能力的发展

1岁半以后应在孩子的游戏中增加一些较为复杂的内容,促进小儿思维发展。

（1）比较大小。用套蛋、套塔,或大小不同的纸盒等玩具,教小儿依尺寸的大小,将小尺寸的套入大尺寸的玩具中,让孩子在游戏中进行比较、概括、并做简单的分析。

（2）按颜色特征将物体归类。在游戏中,成人可让孩子在各种颜色的物体中,将指认颜色的物体找出来。在游戏中,还可以让孩子按颜色分别放置物体。例如,将红色的木制小球放到红色盒子中,而将蓝色的小球放到蓝色盒子中去等等。

（3）发展幼儿解决问题的能力。例如,教小儿用小锤子将小木板钉进潮湿的沙土中,用木棍将手拿不到的环拉到跟前等。

4. 想象力和创造力的培养

（1）模仿游戏。游戏能促进孩子创造性想象的发展。成人可指导幼儿模仿日常生活情节的游戏,开始可由成人设想游戏的内容指导幼儿游戏。

（2）有意识、有计划地培养孩子绘画,不仅可以发展孩子认识事物的能力,而且有利于发展手部小肌肉活动的能力,也有利于对孩子进行审美教育。进而可以逐步发展想象力和创造力,培养感受艺术美、自然美和社会生活美的能力。

绘画还可培养幼儿独立活动和专心作事的好习惯,促进智力的发展。

（3）培养听音乐和欣赏音乐的能力。音乐可以给人以美的感受,扩展幼儿对周围环境中各种不同事物的想象力,促进幼儿情感和智力的发育。小儿出生后的第一年是其音乐能力发展的起点,可通过培养孩子区分音的高低、音的长短、力度、音色、节奏、旋律等能力,来培养孩子的音乐感受力。熟悉的歌曲、有趣和有节奏的乐曲能发展幼儿的音乐想象力。

二、动作能力的培养

（1）扶栏上、下楼梯。训练小儿学习上、下楼梯。训练上下楼梯时,开始选择的楼梯不要太多层,以便于孩子能够较顺利地上完楼梯,体验到成功的快乐。

（2）跑步练习。家长可通过游戏来训练小儿跑步的灵活性和稳定性,如灵活地向前跑,转弯跑。

（3）通过游戏、手工鼓励小儿做力所能及的事,促进手动作的稳定性、协调性和灵活性。

三、习惯和生活能力的培养

（1）白天睡眠的次数逐渐减为1～2次,可根据作息制度,将小儿白天的睡眠安排在午饭后,睡眠时间为1.5～2小时。孩子改用新的作息制度需要有一个过程,家长可根据自己孩子的身心特点,逐渐使小儿的作息时间向新的制度过渡。

(2) 可安排孩子每日早、中、晚三餐主食,在早中餐及中晚餐之间各安排一次点心。培养孩子进餐的正确姿势,教会幼儿正确使用餐具,不要边玩边吃,不要在饭桌上引逗孩子大笑,以防呛咳窒息,饭后不要让孩子做剧烈活动,可让孩子轻微安静地活动半小时,避免呕吐。

(3) 教小儿养成饭前便后洗手的习惯。对于幼儿来说,学会任何一种新的本领都是一件复杂的事。成人要帮助孩子减轻掌握这些新技能的困难。成人要有耐心,使孩子能顺利地掌握构成技能的一个个动作。

(4) 培养幼儿爱护玩具的习惯。

四、社会交往能力的培养

(1) 与人交往。此时期的小儿已有了语言,可以较多地和人交往,要教育小儿初步懂得与人交往中一些简单的是非概念。

(2) 幼儿在 1 岁半后,言语发展会突飞猛进,他们不仅重复成人说的言语,而且想要自己说出周围东西的名称。语言来源于生活,家长应常带小儿到户外、公园去玩,鼓励他与人交往,并引导小儿仔细观察遇到的事物,告诉小儿他遇到事物的名称和特点。回家后,要他回忆在外面接触的人,看到的东西,并尽量帮他用较完整的话叙述出来。这样,不但丰富了他的语言词汇,而且巩固了记忆,增长了知识。

第九节 2～2 岁半小儿训练方案

一、认知能力的培养

1. 观察能力的培养

(1) 观察事物的特性。

① 比较形状。用一些不同形状的积木,也可用硬纸板剪成不同形状的纸卡,教小儿学会认识图形,如圆形、方形、三角形等,懂得选择同样的图形进行匹配。

② 比较远近。培养孩子远近意识。在日常生活中,可用含远近的词引导孩子行为,加强对远近概念的意识,如"和妈妈靠近点"。还可在游戏中,教小儿领会远近的意思。

③ 培养孩子观察得更全面,这样孩子可扩大观察的范围,促进思维的发展。带孩子到户外观察,教小儿学会先观察周围总体概况,再集中观察某一特定的事物。

(2) 发展幼儿注意力。

要注意培养幼儿注意的持久性、集中性。

2. 记忆力的培养

(1) 复述话语。随着小儿语言能力的提高,可让孩子复述成人的话语。可从简单的短句开始,然后教长一点的句子如背诵歌词、儿歌、古诗等,以促进小儿记忆能力的提高。

(2) 数字记忆。虽然此时小儿对数的概念还不清楚,但机械记忆能力强,通过数字记忆练习,可强化小儿机械记忆能力,如可教小儿记门牌号、电话号码、历史年代等各种数字材料。

3. 思维能力的培养

(1) 培养小儿对因果关系的认识。让孩子看看吹风能使小风车旋转,还能使脸盆里的水出现波纹,将肥皂水吹出五颜六色的肥皂泡,可激发小儿的好奇心,激发其学习探究的热情,促进认知发育。

(2) 归类练习。可教小儿根据事物的某些性质练习分类。可按声音分类,将能发出声音和不能发出声音的东西归类,还可按颜色、形状、大小、用途等分类,以提高小儿归纳、概括的能力。

(3) 发展幼儿解决问题的能力。有意造成一些明显的错误,让孩子去发现,并鼓励他说出错误所在及解决办法,以培养小儿分辨问题的能力。

4. 想象力和创造力的培养

(1) 表演游戏。可根据故事或童话的情节和内容,让孩子表演,在表演游戏中,小儿可发挥自己的想象力和解决问题的能力。

(2) 绘画。通过绘画可以提高小儿手眼动作的协调性。引导小儿根据自己对周围世界各种事物和现象的认识,仔细观察自己所画图画的构图,看看由这些粗细不同的线条搭配成的图像轮廓是否像要画的事物。

(3) 音乐。幼儿2岁时就具有听成人有表情唱歌的能力,听歌曲可大大丰富幼儿的音乐听觉感受性。教幼儿留心听歌曲旋律的同时,还要教他留心听歌词。引导小儿注意乐器发出的声音表现的意思,让孩子根据歌词、旋律,构思与乐曲相符合的音乐形象。

二、动作能力的培养

1. 独自上、下楼梯练习。用玩具逗引或鼓励小儿上楼,使其能不依靠家长或栏杆自己上、下楼梯。可选择无扶手、只有3～4层的阶梯练习。

2. 双足跳练习。成人可牵着小儿两只手,教小儿蹦跳,逐渐训练小儿不要扶持,双足能同时抬起跳离地面。但是,不应当让孩子过分迷恋于跳跃(特别是从高处跳下),因为小儿在这个年龄段还没有形成脚弓,过多的跳跃有可能形成平足。

3. 继续让孩子多做动手游戏,发展手部动作。可用积木搭楼房,和孩子玩比赛拾物的游戏,比赛用绳子串珠的数目,学习用筷子来取东西,折纸等等,发展手部动作。

4. 2岁后可让小儿学做主动操。

三、习惯和生活能力的培养

继续鼓励小儿做力所能及的事,培养良好的睡眠、饮食、卫生等习惯和爱劳动,关心别人的品德。教小儿自己解开扣子,脱掉衣服,大小便后自己帮忙提裤子,洗手后用毛巾擦干手并将毛巾放回原处,自己用勺进食,游戏结束后将玩具收拾放回原处等。

还应鼓励小儿树立克服困难的信心,这对将来智能发展和学习关系有较大促进作用。例如,小儿搭积木不成功,要求成人帮助,成人应鼓励小儿再试一试,而不要马上伸手相助,当孩子重复多次尝试成功时,应鼓励表扬孩子。

四、社会交往能力的培养

(1) 与人交往。训练小儿和别人一起玩合作游戏,使小儿在游戏中懂得遵守一定规则,相互合作,团结友爱。多带小儿接触社会,教会小儿有礼貌地称呼周围的人。

(2) 利用各种机会扩大幼儿的词汇量。例如,带小儿上公园时,给他讲他所看到的花草树木的名称,等等。

教小儿用完整的句子表达意思,可经常让小儿看图片,给他讲简短故事,教他说歌谣。随着幼儿理解能力的加强,在适当的时候,可教孩子掌握一些比较抽象的时间名词、方位名词的用法。例如,"今天不去姥姥家,明天才去。""刚才你吃了一块糖,现在别吃了。""你在前边走,爸爸在后面跟着你。"

经常在话语中使用常用代词"我、你、他(它)、我们、你们、他们、自己、咱们",使孩子逐渐理解各个代词的指代关系。教小儿使用表达动作的词,如"你拿着"、"扶着我"、"我领你走"、"抓住我的手"、"他们在踢球"、"上医院扎针"、"用手拍球"。

还可以通过说"不能一边吃,一边玩","我有手和脚",等等,让孩子掌握"一边……一边、也、以及、和、同、跟"等连词的用法,使孩子能准确、完整、连贯地表达意思,这对于提高小儿的交流能力起了很大作用。

(3) 培养小儿良好的道德品质和情感。

此阶段小儿已形成了最基本的道德情绪,对成人的赞许会出现满意的情感,对成人的谴责会产生羞耻的情感。开始能辨别简单的是非行为。

家长在进行道德教育时,除了以身作则外,还要激发儿童对符合社会道德的行为产生愉快、自豪、羡慕、向往的情绪体验,而对违反社会道德的行为表示厌恶、羞耻、蔑视。及时表扬孩子好的行为,批评纠正孩子不良行为习惯。

教育孩子爱护玩具、有礼貌、不乱扔果皮、主动收拾玩具、公园的花不能摘、不随地大小便,等等。要从小发展幼儿的美感,使他们学会看到美的东西会感到愉快,培养审美能力。

第十节　2岁半~3岁小儿训练方案

一、认知能力的培养

1. 观察能力的培养

(1) 观察事物的特性。

① 比较长短。可在纸上划线段,教小儿比较长短。还可比较长裤和短裤,长袖衫和短袖衫,长铅笔和短铅笔,长凳子和小方凳等。

② 比较厚薄。让孩子拿一本小画书,你拿一本更厚一点的书,同孩子比较,说"我的书比你的书厚","你的书比我的书薄"。然后,鼓励孩子寻找一本更厚的书,孩子就可以说以上的话,其后你再找一本更厚的,依此类推。以后可以倒过来玩,"我的书比你的薄","你的书比我的厚"。这种游戏也可以用于比较被子、衣服等其他物品。

③ 综合比较。引导孩子善于发现近似事物中的不同点和不同事物中的相似点,来培养小儿观察比较的能力。

(2) 发展幼儿注意力。教小儿按成人的指示、集中精力完成一件事情或一种游戏。成人提示任务越具体,就越容易引起幼儿集中注意,明确注意的目的,在小儿完成作业时成人可不断给予帮助,赞许、鼓励幼儿正确的行为,表扬孩子的成绩。可利用比赛的形式,激发幼儿积极性,鼓励他集中精力。

2. 记忆力的培养

(1) 利用游戏培养记忆力。将几种幼儿熟悉的玩具,如小动物、汽车、球等摆在桌子上,请小孩说出玩具的名称,然后用布把玩具盖上,成人从盖布下取走一个玩具,再将盖布打开,让幼儿看一看,少了什么玩具。

也可以在地上放几个圈,每个圈中放一个小动物玩具,表示小动物的家,然后让孩子记住每个动物家的位置,并请小动物出来玩,最后再叫孩子将小动物逐个送回"家"——即原来的位置。

(2) 图像记忆。让孩子看一张画有数种动物的图片,限定在一定时间内看完,开始时时间可长些,逐渐减少看的时间,然后将图片拿开,让孩子说出图片上有哪些动物,如果孩子记住的不多,还可以教他使用一些记忆的方法如,有翅膀、能飞的有哪些?

(3) 在日常生活中培养小儿记忆。例如,小儿游玩回来,让孩子回想一下玩了什么东西,遇上了什么人,经过了什么地方,等等。还可在日常生活中,要求小儿按成人说的先后次序去做,逐渐可用语言指导小儿按指令先后做更多的事情。

3. 思维能力的培养

(1) 学会数数并理解数量的概念。

(2) 利用语言促进思维。幼儿在多样化的活动中发展了直观具体性思维,并有了简单的判断能力和推理能力,学会对各种物体或现象进行简单的比较、概括,并确定它们之间的联系。可经常用"为什么?""在哪里?""干什么?""怎么办?"等,引导小儿思考。

(3) 发展小儿解决问题的能力。让孩子预想事情的结果,从而教会孩子去思考、推理并学会应当怎样做,如冰糕一直拿在手中会怎样?让孩子先预想一下事情的结果后,做做实验看看。

4. 想象力和创造力的培养

(1) 角色游戏。随着年龄的增长,认识能力的加强,孩子逐渐能理解并模仿人们之间的关系。此时可引导小儿做扮演角色的游戏,可以让他注意现实生活中角色的特点,来丰富他的游戏情节,如上公共汽车观察售票员是怎样工作的,到理发店理发留心观察理发师的一举一动,等等。

(2) 绘画。在幼儿能画出一些线条和形状后,成人可引导小儿将他所画的东西同实物作比较,这样孩子会更有兴趣在绘画中想象、构图。

(3) 音乐。培养孩子听音乐和欣赏音乐的能力。教孩子理解歌曲的内容,感受歌曲的思想感情,并要求孩子在唱歌时用歌声表达自己的内心情感,想象歌曲提供的音乐形象,从而激发幼儿的想象力。

二、动作能力的培养

(1) 独脚站立练习,两脚可交替训练,使双下肢力量均衡。开始时小儿可能要扶着人和物才能抬起一只脚,逐渐地训练小儿不依靠人和物自己能够单足稳定地站立几秒钟,并逐渐训练小儿单足独站由几秒到10秒左右时间。可用竞赛的形式鼓励小儿,使小儿能够逐渐地较稳定地单脚支撑。

(2) 跳高、跳远练习。可在地上放一张纸或划二道线,要求小儿向前跳时不能踩到纸张或线内,调节纸张或两条线的宽度,训练小儿向前跳跃的距离。还可训练小儿跳高,可在地面上设置有一定高度的障碍物,如一本书或一块砖,让小儿跳越过去,并逐渐地增加难度,如再加一本书或一块砖,变得更高;或两本书或两块砖平放,变得更宽,让孩子练习。要注意孩子的安全,给予适当的防护。

(3) 发展动作协调能力。泥塑、拼贴画,既可发展小儿手动作的灵巧性,还可促进小儿想象力和创造力。教会孩子搓、揉、压、卷、捏等动作,并在此基础上塑造各种物和人的形象。家长可适当给予指导和帮助,从容易的形象学起,以发展小儿的想象力、创造力,提高动手创造的能力。

三轮童车是这个年龄段小儿特别喜爱的玩具,骑三轮童车既增强孩子的体质,又培养小儿胆大心细、集中注意力的良好习惯,还可以借此训练小儿动作的协调性、敏捷性和良好的反应能力,并能帮助小儿理解交通常识。

三、习惯和生活能力的培养

教小儿练习自己穿衣服,认识衣服的前后,并试着穿好衣服,扣上简单的扣子。脱衣服时,先自己解开扣子,再脱掉衣服。可用一些较宽松的外衣先让孩子练习,一般小儿先学会脱衣裤,再学会穿衣服。还要教小儿试着自己穿鞋子。

教会小儿能够明确地表达要大小便,可训练小儿自己脱裤子蹲盆或上厕所,教小儿如何才能不弄脏裤子,并教小儿在中午和晚上上床睡觉时知道先去厕所。

四、社会交往能力的培养

(1) 与人交往。可教小儿与其他孩子一起做集体角色游戏,通过这种游戏培养孩子建立起与同龄人的关系。在指导孩子们玩角色游戏时,家长可帮助幼儿分配游戏的角色,教幼儿如何遵守角色的各项义务,在角色游戏中领会人与人的交往和联系,丰富生活经验。例如,扮演保育员的孩子,应该温和地和孩子说话,给他们玩具,哄他们玩等,而扮演托儿所孩子的,则要认真听"保育员"的话。

(2) 发展语言能力。鼓励小儿自己叙述一些事情,如:"今天做了什么?""上公园看到了什么?"让他复述故事,讲述图中所描绘的内容。教小儿记住父母的名字、家庭住址、父母的职业、单位,自己的年龄等。

(3) 培养小儿良好的道德品质和情感。孩子的道德评价能力是在大人的影响下形成的,开始他们常常只是重复父母或老师的看法,以后才慢慢地学会独立分析。教育孩子文明礼貌、团结友爱、尊重长辈、尊重老师、爱祖国、爱劳动、正直善良、富于同情心,教孩子遇到困难应努力克服并培养孩子学会从生活中获得美的感受。

思考与作业

1. 什么是育婴师?这一职业的产生有何意义?
2. 育婴师有几种?国家有关部门是怎样认定的?
3. 育婴师需要掌握哪些知识和技能?
4. 育婴师与保姆的区别是什么?
5. 各年段婴儿训练的要点是什么?

操作训练

1. 擦拭消毒法的操作。
2. 设计婴儿游戏(年龄自定)。
3. 婴儿睡眠的护理。
4. 设计制作婴儿一日食谱及食物(6个月以上自选)。

教学课件

特殊婴儿教育

海伦·凯勒1岁半时因病丧失了视觉和听力,然而她并没有向命运屈服。在老师的教育和帮助下,她凭坚强的毅力战胜了病残,学会了讲话,用手指"听话"并掌握了5种文字。她身残志坚,创造了常人无法比拟的生命价值。

无疑,海伦·凯勒是坚强的,也是幸运的。幸运的是她遇上一位懂她、懂教育的好老师,毕竟特殊儿童的生活道路比常人更艰辛,更需要得到帮助和支持,同时,我们也确信只要教育方法得当,许多异常儿童一样可以成就自己有意义的人生,这需要国家政府和教育工作者不懈的努力。

第一节　特殊婴儿教育概述

一、特殊婴儿及分类

什么样的儿童称为特殊儿童?依医学的观点,从病因分析上来确定谁是特殊儿童;也可以依机体上或心理上的特质来区分谁是特殊儿童。但从教育的观点看,并不是所有在机体上或心理上呈现"特殊"特质的儿童皆可称作特殊儿童。例如,一个六指儿童,自然与其他儿童不同,且这种机体上的特质十分显眼,但其在学习上的需要与一般儿童并没有两样,自然不能把他算作特殊儿童。特殊儿童之所以特殊,是就其学习需要的特殊性而言。例如,一个儿童因耳聋,无论如何也听不见教师的教学,他在学习上有特殊的需要,需要教师在课程与教学上给予个别的考虑,采用特殊的方式,那么,他就是教育上所谓的特殊儿童。所以,我们赞同一些学者的观点:把特殊儿童视为"有特殊需要的学习者"。因此,特殊婴儿是指有特殊学习需要的婴儿,即指在 0～3 岁发展过程中存在着显著的个体差异或有特殊需要的婴儿。具体说,是指他们在某方面或某几个方面存在显著个体差异的婴儿,在生活适应及学习上有着特殊需要或困难的婴儿。

在教育上为了明确地确定谁是"有特殊需要的学习者",有必要完整地、精确地把握特殊儿童的概念。台湾心理学家郭为藩为特殊儿童作如下定义:特殊儿童系指由于某些生理的、心理的或社会的障碍,使其无法从一般的教育环境获得良好的适应与学习效果,而需依靠教育上的特殊扶助来充分发展其潜能的儿童。显然,所谓特殊儿童必须具备两个条件:一是其身心特质的过分突显;二是非得借助特殊的协助,否则将无法满足其教育需要。因此,那些身心特质与一般人虽有差异,但仍能适应普通教育环境者,不能列为特殊儿童。

我国对特殊儿童的分类,根据全国残疾人抽样调查领导小组制定的标准,列出 5 类,即视力残疾、听力语言残疾、智力残疾、肢体残疾、精神病残疾。但是,这个分类并不是穷尽我国所有残疾人的类别。美国于 1975 年公布的 PL94—142 号联邦法令《全体残疾儿童教育法》,把特殊儿童分为 11 类,即智力落后、重听、聋、语言障碍、视觉障碍、重度情感紊乱、畸形损害、其他健康损害、聋盲、多重障碍和特殊学习缺陷。这种分类较细,可供我们参考。对特殊儿童的分类,通常是依据特殊儿童身心特性为标准进行划分的。特殊儿童的分类反映了教育专业人员对特殊儿童的看法与态度,显示一个国家的特殊教育目标,所以特殊儿童如何分类、各类儿童如何称呼,颇受学者重视。以上的分类,都没有包括超常儿童,这是对特殊儿童按狭义理解所作的分类。按狭义的理解,还有一些与特殊儿童同义的称呼,如缺陷儿童、残疾儿童、残障儿童、伤残儿童、障碍儿童等。此外,对特殊儿童还有一种广义的理解,那就是把正常儿童以外的各类儿童都算作特殊儿童。这样,就包括超常儿童在内。从广义的特殊儿童所作的分类,台湾的"特殊教育法"的分法,值得一提。按这种分法,首先将特殊儿童分为资赋优异与身心障碍两大类,其后,在此两大类下再加细分类别。资赋优异儿童再分为:① 一般能力优异;② 学术性向优异;③ 特殊才能优异。身心障碍则包括:① 智能不足;② 视觉障碍;③ 听觉障碍;④ 语言障碍;⑤ 肢体障碍;⑥ 身体病弱;⑦ 性格异常;⑧ 行为异常;⑨ 学习障碍;⑩ 多重障碍;⑪ 其他显著障碍。

二、特殊婴儿教育与特殊婴儿教育对象

广义的特教概念认为,特殊教育的对象包括三类儿童:第一类是残疾儿童,其中包括盲、聋等感官残疾,智力残疾,肢体残疾,病残和多重残疾等不同类型和不同程度的残疾;第二类是问题儿童,包括学习问题、行为问题、情绪问题等不同类型的问题;第三类是超常儿童,包括有超常智力、能力和资赋优异的天才儿童。狭义的特教概念,只把残疾儿童,甚至于将残疾儿童中的一部分如盲、聋、弱智等列入特殊教育的范围。

因此,狭义的特殊婴儿教育指在婴儿期根据特殊婴儿身心发展的特点,在托幼机构、家庭和社会影响下对特殊婴儿所进行的补偿与补救性教育。特殊婴儿教育是为不同特点和需要的婴儿所提供的特别帮助和支持。这种特殊教育的理解范围较窄,教育的对象是部分残障儿童。而广义的特殊婴儿教育是根据特殊婴儿的身心特点和教育需要,采用一般或特殊的教学方法和手段,最大限度地发挥婴儿本身的潜能,使他们增长知识,获得技能,培养良好的品德,增强适应能力的一种教育。这种理解包括以上三类特殊儿童。特殊教育是整个社会教育活动中重要的组成部分,是促进全体儿童共同发展的教育,具有直接的、间接的及社会意义。近年来国际国内的学前特殊儿童教育正在迅速发展。出现了重视早期发现与早期干预、一体化融合教育和整合教育的三大趋势。特殊儿童的发展必须依赖于特殊教育。

本章要讨论的特殊婴儿教育,是从广义上的特殊婴儿概念着眼,即包括残疾儿童的教育、问题儿童的教育及超常儿童的教育。

三、早期特殊教育的意义

据调查统计,我国新生儿缺陷率为13.07％。我国每年出生2 000万新生儿,每年新增加26万新生缺陷儿,全国有先天愚者140万,全国有先天性缺陷者1 200万。全国每年增加残疾人40万左右。这些数字触目惊心。人生于世,并不能自己选择,既生于世,都有他存在的价值与自我尊严。无论超常、正常、残障,我们都应接纳他们,就像接纳自己一样。由此产生了一种态度:接纳与协助。这是一种积极的态度,也是人道的态度。残疾人群体虽然是社会的弱势群体,但残疾人应该享有和健全人一样的权利和地位。但是,由于残疾人的心理、生理有严重缺陷,所以在残疾人的全面发展方面尤其是残疾人教育方面困难会更大,发展的环境要求会更高,这就迫切要求积极发展特殊教育。办特殊教育可以同时帮助解决社会问题和家庭问题,且有助于发展社会的人力资源。特别是在一个有残障儿童的家庭里,不但需负担庞大的医疗和教养费用,更需面对沉重的精神负担,儿童的发展也受影响。如果就此放弃,对其个人、家庭是痛苦,对社会是一种损失。何况有些残障者,本身也有相当能力,甚至还是一个资优者,例如海伦·凯勒。由此可见,如果我们可以提供机会,让残障者学习与发展,他们的能力也一样可以贡献给社会。更何况,人人都有受教育的可能性和受教育的权利。特殊儿童也应该有享受教育的权利,特殊儿童与普通儿童的教育机会平等。平等教育就是一种"适性教育"。即提供给每一个儿童适合其身心特性与需要的教育。使超常儿童能被及早发现,充分发挥其特殊才能,更充分地体现人生价值;对于残障儿童也能弥补不足,减轻其生活、家庭的负担,树立信心,适应社会。

为特殊儿童的健康成长,1990年12月28日第七届全国人民代表大会常务委员会第十七次会议通过《中华人民共和国残疾人保障法》,又于1994年8月23日颁布实施《中华人民共和国残疾人教育条例》,这是我国第一部有关残疾人教育的专项法规,它的颁布实施,将从法律上进一步保障我国残疾人平等受教育的权利,促进残疾人教育事业的发展。

有一位特殊教育工作者说:已经存在的障碍我们没有办法改变,我们要做的就是让他们即使有这种障碍也可以"正常"的生活,这就是特殊教育存在的意义。在我国发展特殊教育具有促进个体健康和自立、适应社会、提高社会文明程度等多重意义。

(一)对于残障儿童发展的积极意义

对于个体而言,特殊教育有利于特殊儿童个体生理机能的重新组合,身体各种功能的代偿,矫正损伤器官,使儿童潜在能力得到最大程度发挥,实现其身心的最大限度发展。特殊教育正是根据残疾儿童少年的年龄特点、心理特征、认知能力、残疾类别等个体差异去探索、解决残疾儿童成长过程中的缺点、盲点和难点问题,最终帮助残疾儿童发展为一个残而不废、残而有为、自食其力、回报社会的健康群体,使残疾儿童成为学有所获、获有所专且具有良好品德的合格劳动者,可以改变残疾人口的命运,提高残疾人口的生存质量,并实现残疾人的自身价值。对于社会而言,特殊教育有利于更好地体现教育平等,提高我国教育的整体水平和文明素质。国家通过立法的形式保障特殊儿童的生存、教育权利,使他们能充分享受优质特殊教育,享有思想道德、文化知识、身心补偿和职业技能的特殊需要,残疾家庭人口也感受到了党的温暖、政府的关怀、和谐社会的实惠,多培养教育一个残疾儿童少年就多消除一个残疾家庭的贫困,减少一个残疾家庭人口的忧虑,降低一些不稳定的社会因素。所以,我国把特殊教育作为国民教育体系的重要组成部分,把发展特殊教育作为教育公平和均衡发展的试金石,成为社会文明进步的标志。同时,也能够为社会作出一份贡献,增添一份力量,创造一份财富,促进地方经济社会的发展。

(二)对于超常儿童发展的积极意义

根据我国心理学工作者对超常儿童"随机取样"的研究,超常儿童约占全人口的3‰左右,按智力常态分配率来看,超常儿童绝不少于此数。从目前情况看,各地已发现的超常儿童和少年,需要得到关心,一些潜在的超常儿童和少年,需要我们,特别是家长和教师去发现、鉴别,以便对他们尽可能早地因材施教,有针对性地给予培养,充分发挥他们的潜力,使他们更快地健康成长,成为我国实现现代化中的突出人才,加快我国社会主义建设的速度。同时,了解超常儿童的身心特点,分析他们成长的过程,概括出他们发展的规律,不仅有利于及早发现和有效地教育培养他们,而且根据这些特点和规律,还可以改进我们对一般儿童的教育工作,这对普遍提高下一代的心理发展水平,对提高全民族的科学文化水平具有重大的、深远的意义。

四、当前特殊儿童的教育状况

世界各国的特殊教育都是从发展盲、聋、哑教育起步,然后逐渐发展到弱智教育和其他特殊儿童的教育。这与18世纪高涨的社会生产力和人道主义精神有密切关系,由于欧洲的人道主义带有浓厚的宗教色彩,所以最早创办特殊学校的多是一些富有同情心的牧师、医生和教师。但是,20世纪80年代以来,一些经济发达国家特殊教育的迅速发展主要是受人本主义和教育民主化思想的影响。许多国家特殊教育的兴起都是发自于民间,但政府的干预和宏观调控对促进特殊教育的发展起到了重要作用。颁布一系列教育法规、特殊教育法案来保障特殊儿童接受教育的权利。

我国的特殊教育最早也是从关注残疾儿童开始的。1915年7月民国政府的《国民学校令》就提出了残疾儿童的义务教育问题,但战乱之中的旧中国残疾儿童义务教育只能是一纸空文。1916年,实业家张謇在江苏南通创办了南通盲哑学校(现南通市聋哑学校和南通市盲童学校),这是中国人自办的最早的特殊学校之一。1948年全国共有特殊教育学校46所,在校生2 380人;1985年我国大陆有375所特殊教育学校、4万名在校生;1991年有886所特殊教育学校,近8.5万在校生。到1998年我国大陆有盲校27所、聋校845所、盲聋合校143所、智力残疾儿童学校425所,共1 440所特殊教育学校,加上一万多个普通学校附设特殊教育班和一些随班就读的学生,大陆地区接受特殊教育的在校生为340 621人,但学龄残疾儿童接受特殊教育的服务率仅为4.53%。1989年国务院办公厅转发的《关于发展特殊教育的若干意见》中新中国政府第一次明确地提出了特殊儿童义务教育的问题,要求"把残疾儿童教育切实纳入普及义务教育工作的轨道,各级教育部门要把残疾少年儿童教育同当地实施义务教育工作统一规划、统一领导、统一部署、统一检查,将残疾少年儿童教育发展规划执行情况作为检查、验收普及初等教育的内容之一"。国家此后的《残疾人保障法》、《残疾人教育条例》都明确规定:"国家保障残疾人受教育的权利"。

20世纪80年代始建残疾儿童的早期教育机构——聋儿语言训练康复中心,到1997年底,我国有各级聋儿康复机构1 800多个,"八五"期间已对5.8万名聋儿进行了听力语言训练,"九五"期间国家拟对6万名聋儿进行训练、新建语训部200个、在30个省市聋儿康复中心开展聋儿早期干预工作。视力残疾儿童的早期教育不容乐观,大陆目前为止仍没有一所视力残疾儿童幼儿园,附设在上海市盲童学校的一个每年招收3~5人盲童学前班,是大陆地区仅有的盲童早期教育机构,这就意味着1998年大陆的约6.6万名0~6岁视力残疾幼儿教育几乎仍处于空白状态。目前,北京市就只有一所专门招收智力残疾儿童的幼儿园,兼收智力残疾幼儿的普通幼儿园也屈指可数,走在智力残疾幼儿教育全国最前列的北京市1998年接受早期教育机构提供服务的智力残疾幼儿总共不到100名,由此可以想象全国近300万0~6岁智力残疾幼儿教育的现状。而我国一直以来无暇顾及的特殊婴儿教育更是一个空白。近几年,才建立起许多婴幼儿康复训练机构,大多数并非国家专业机构,而是个体为主。至于针对肢体残疾、精神残疾、多重残疾等残疾幼儿的学前教育机构大陆目前仍为空白。所以,全面的特殊婴儿教育有待进一步规范和提高。

第二节　特殊婴儿的早期发现与测查

一、早期发现

早发现,早治疗,对于特殊儿童有着极其重要的意义,由于儿童年龄小,机体各功能处于发育成熟过程中,尽早发现孩子的异常表现,尽早就医,治愈的可能性就大,这是我们所期望的。对于无法治愈的儿童也能早一些进行康复和训练或早期教育引导,减轻症状,尽快达到基本生活能力状态。

在早期发现过程中,可以采用多种方法进行。如观察、量表测查等。而最早的发现往往是我们最亲近的人看到的儿童表现不同于其他平常儿童。所以,这方面也很重要。对于机体表面的残疾我们看得见,对于机体各器官的功能残障我们可以通过日常儿童行为表现的观察发现问题或进行客观检测的方式来发现。

(一)残疾儿童的特征

包括盲、聋等感官残疾,智力残疾,肢体残疾,病残和多重残疾等不同类型和不同程度的残疾。

1. 视力问题

观察眼睛的灵活性、光泽,观察眼睛是否追视物体,观察孩子是否爱摸东西。视力正常新生儿会凝视眼前,1个月时能看清25厘米处的人脸或玩具,2个月时能逗笑,眼睛追视90度,4个月时可以灵活追视眼球能上下左右移动,追视范围达180度,并能追视到小物品,5个月见到色彩鲜艳物体就想要等等。

2. 听力问题

观察有无听睑反射、有无惊跳反射,观察可否唤醒。听力正常婴儿1～2个月时有上述两个反射出现,3个月能转头寻找声源,6个月时能听到30分贝的声响,2岁半时达到正常人听力水平。

3. 智力落后

动作能力低下,如动作发生晚、发展慢;言语能力低下,如言语发生晚、水平低;应人能力低下,如较少与人交往;应物能力低下,如不会玩。

(二)问题儿童的特征

包括学习问题、行为问题、情绪问题等不同类型的问题。

1. 学习问题

睡眠时间太少,活动过多,喂养困难,频繁换玩具玩,不遵守游戏规则,眼手协调、知觉运动有问题。

2. 行为问题

不能控制排便,拔头发或吮吸手指;咬指甲或磨牙;挖鼻孔;口吃;遗尿;动作笨拙;抽动症;过分哭吵;离不开母亲;打人;说谎;退缩和屈从等等。

3. 情绪问题

对某些事物过分恐惧或恐怖,有的表现为身体的不适反应;过分忧虑,坐立不安、活动增多、注意范围缩小及睡眠障碍,易醒和梦魇;经常暴怒、尖叫、大发脾气、摔坏物品、撞头或咬人等。

(三)超常儿童的特征

超常儿童可以分为两类,智力超常和特殊才能超常。智力超常通常指智力发展远胜于中等水平,一般以智力测验为根据,把 IQ130 作为最低标准;特殊才能超常是在某方面有非凡的发展才能,如音乐天才、口语表达天才等。超常儿童的特点可以从不同的维度来探讨,国内外曾有过许多研究,特别是超常的智力方面的特点。较早期的心理学家如特曼、贺林华思与泰勒、格雷、鲍尔顿以及佛兰西等人均有研究。例如,佛兰西通过比较超常儿童与同性别、同年龄的一般儿童的行为表现,归纳出以下特点:(1)生理构造优异,说话、走路早,耐力及一般健康均超过常态标准。(2)注意范围较广,能察觉一般儿童所不能察觉的事情。(3)一般学习迅速,少重复,喜欢接受挑战。(4)成熟地运用各种说话技巧,以表现自己的能力。(5)对事物能提出较多的问题,想探索深层的因由,并以学习为享乐。(6)凡对有兴趣的事物,不管是否儿童学习的东西,都不惜耗时而求之。(7)适应能力强,能熟练地分析自己的能力、限度及问题。(8)具有高度的独创力,并能用优良而不平常的方法与观念。(9)具有一种或更多的特殊才能。(10)不容易因失败而灰心丧志。(11)情绪较为稳定,并能判断别人的能力。

在中国通过对超常儿童的研究,概括出超常儿童有以下特点。

（1）感知敏锐，观察能力、动手能力强。他们观察事物比一般孩子更准确、细致、敏捷，更能发现事物的异同之处。比如：对同伴的玩耍技巧捕捉快速、准确。观察力强不仅由于感觉器官灵敏，主要是因为超常儿童分析事物的能力较强，选择信息的能力强。

（2）注意集中，记忆力强。对视觉媒体反应快，记忆容量大于一般孩子，记同样一段内容所用时间少于其他孩子。

（3）语言发展好，表达力强，有丰富的想象力。超常儿童的幻想、理想都很多，非语言的表达能力高。脑中经常产生许多图像，反映在搭积木、绘画、编故事及玩游戏上。

（4）有较强的动手操作能力，他们在玩积木时，能搭出更多更复杂的建筑；剪纸、画画、修理小机械等精细活动能力高于一般儿童。

（5）有较强的抽象思维能力。能够问一些抽象的问题，并对一些抽象的问题（如国家、民族、宇宙、法律等）感兴趣。能通过观察具体的现象发现事物的内在关系。

（6）有良好的个性。经过科学家们的调查，发现智力超常的孩子从小就具有很旺盛的好奇心和求知欲望，并具备专心致志、不怕困难、持之以恒、不达目的决不罢休的坚强意志。他们注意集中的时间要比普通孩子长，不受其他小事的干扰，对要追求的目标有一种献身精神。

对于1～3岁的婴儿，智力超常发展的特征主要表现在：词汇、符号思维能力（数学才能）、洞察力（看出关系的能力）、体育和社会能力的早期发展，以及敏感性等方面。

二、特殊儿童的早期测查

为了更好地帮助和促进特殊儿童的发展，早期的专业测查是极其必要的，即教育诊断。教育诊断也就是施教前的教育评估与鉴定。教育诊断是特殊教育实施过程中的首要环节。我国特殊儿童的教育诊断多由区、县级基础教育管理部门组织有关专业人员，定期开展工作。鉴别应服务于教育，通过教育进一步鉴别。除此之外，由于婴儿在目前尚未进入教育机构，绝大多数在家庭中教育发展，对于孩子的健康情况主要依据儿童健康检查和亲人的观察了解来完成，所以，在对婴儿阶段的测查中，也包括健康检查和医学鉴定。

（一）健康检查

（1）一般性的健康检查：了解儿童的生长、发育、营养等方面的情况。

（2）病史询问：父母的亲缘关系与家族史、母亲的妊娠史、儿童的出生史、儿童的生长发育史等。

（3）针对性的特殊检查：血液检查、尿液检查、染色体分析、X射线检查、其他相关检查。

（二）心理与教育测验

心理测验是对行为样组的客观和标准化的测量。按照所测心理特性的不同属性，可将测验分为能力测验和人格测验两大类别。

智力测验可以采用：比纳智力测验、韦克斯勒智力量表、考夫曼儿童成套评估测验、瑞文测验。

适应行为测验可以采用以下各类表。

（1）婴儿—初中生社会生活能力量表，此量表主要适用于婴儿至初中生年龄段，通过父母或老师的观察，了解孩子的各种生活能力。这些能力与孩子的学校成绩无关。

（2）儿童适应行为评定量表，此量表由湖南医科大学姚树桥、龚耀先于1994年编制。适用于3～12岁智力正常或低下儿童，采用分量表结构，有感觉运动、生活自理、语言发展、个人取向、社会责任、时空定向、劳动技能、经济活动等8个分量表。

（3）新生儿20项行为神经评定心理测量表，该测量主要是通过医生的临床观察，对复杂的新生儿行为做出评定，来考察各种影响因素，评判其中枢的完整性。

（4）贝利婴儿发展量表，由美国心理学家 N·贝利等人于1933年制定的适用于从初生到30个月的婴儿的一种综合性量表。1969年发表修订版。它包括三个部分：① 运动量表：用于测查婴儿的大运动和精细动作；② 智力量表：用于测查婴儿的视觉与听觉对刺激物的反应、手眼协调的能力、语言的感受和表达能力以及认知能力等;③行为记录:有24个项目,用于记录婴儿的情绪、合作性、对父母和实验员的反应、兴趣和注意的广度等三部分。主要用于诊断,但为了对比治疗前后的效果,也常用作标准测验。

（三）其他评估方法

1. 观察法

在自然情景中或预先设置的情景中对个体行为进行观察记录而后分析以期获得个体心理活动变化和发展规律的方法。

2. 任务评估方法

评估者选取与现实生活要求相一致的任务,让评估对象具体操作该特定任务,以确定其是否掌握了完成该任务所必备的技能或能力。

单以智力测验来评量超常智力水平的婴儿很可能会对非主流文化背景的超常婴儿不公平。很多心理学家探讨他们的情况,非主流文化背景的超常儿童很可能在他们独特的文化价值观或欠缺与主流文化的接触影响下,未能"准确"表现他们真正的能力。这类超常婴儿所具有的特点表现出他们对多元化鉴别方法的需求,其中,对于超常婴儿鉴别的方法还应该注意在动态的比较研究中鉴别。可以通过婴儿的语言发展、行为学习、爱好等方面的具体表现发现婴儿的与众不同,采取多指针、多途径、多种方法和程序进行鉴别。研究超常婴儿的能力,不仅要有量方面的指针,如反应结果与速度,还要质的指针,如反应过程、方式、策略特点等。不只要测查婴儿自身教育的结果,还要观察婴儿在相同的教育条件下的发展变化,因此把鉴别教育和追踪考察结合起来进行。

三、特殊儿童的测查注意事项

障碍儿童的评定要结合智力、社会适应能力以及临床评定的信息来综合考虑,尤其是智力障碍儿童。确定障碍儿童属于何种等级是一件十分严肃的工作,因为这将关系到儿童受教育的权利、职业选择、成家立业等多方面的问题,决不能轻率从事。正式的评定必须由专业人员承担,同时要重视临床材料的收集。

第三节　特殊婴儿早期教育的内容及原则

心理学研究表明:0～3岁是个体神经系统结构发展、心理发生发展的关键期,同时也是个体生理发展、知觉发展、动作发生发展的重要时期。这一时期个体神经系统的可塑性较大、对外界环境的适应能力较强,对不同类型的特殊儿童来讲,早期教育有不同的意义。如果在这一期间内对残疾的个体及时施以恰当的教育,会有利于个体生理机能的重新组合、有利于身体各种功能的代偿、有利于损伤器官的矫正和康复,也就是说,对残疾儿童进行早期教育有利于残疾儿童缺陷的最大程度补偿、有利于残疾儿童潜力的最大程度发挥。因此,对特殊儿童应早发现早治疗;对天资优异儿童的早期教育是强调早期的智力开发和启蒙,充分发挥其潜力;问题儿童的早期教育旨在进行早期干预和防治。

一、特殊婴儿早期教育的内容

教育训练是特殊儿童在一定的教育环境下,接受指导,逐渐改变自己的行为方式,增加知识,提高适应能力,发展技能技巧的过程。教育训练过程是特殊教育全过程的核心部分。对于存在不同特殊需要的婴儿应给予不同的帮助。针对三类特殊婴儿的需要可以采用以下教育训练内容。

（一）基本能力训练

大肌肉活动训练;精细动作训练;认知发展（分类、顺序、空间关系、时间等）;交往（接受、表达、体态应用、人际关系协调);生活自理能力(卫生、衣着、进食、入厕、睡眠)。

(二)针对性教育

(1)视障:定向行走、概念发展、社会学习。

(2)听障:助听器使用、听力训练、语言训练。

(3)MR:动作、发声、认物。

(4)肢残:体能代偿训练、使用物体能力训练。

(5)知觉偏差:抑长补短训练、跨通道训练。

(6)多动症:纪律训练、耐心培养。

(7)智障:感知训练(视觉、听觉、嗅觉、味觉、时间知觉);口语训练(语言障碍训练、口语训练);大肌肉群活动训练(爬行训练、行走训练、反应速度、力量训练、协调训练、平衡训练);手功能活动训练(粗大运动训练、精细运动训练);智能训练包括思维能力训练、记忆力训练、注意力的训练等。

(8)超常儿童:分智力超常儿童和有特殊才能的儿童。针对需要和特长的不同给予不同的教育内容。

二、特殊婴儿教育的原则

(一)爱心、公正的教育原则

对于特殊儿童的教育,从"法律"的观点来看是不得拒绝的,从"理智"的观点来看应该是可以接受的。更重要的是,在生命与教育的权利上,人人都是平等的。对于特殊儿童我们更要付出一片爱心,帮他们扬起生活的风帆。任何一位成功的残疾人背后,一定有为他设计蓝图的人。在我们的国度里,更应该让残障儿童体验到这份爱和公平。让残障者也能拥有同等享受各种社会资源(包括教育资源)的权利,让他们有最大的发展机会。

(二)尽早教育原则

对于特殊婴儿的教育,应早发现、早训练、早教育、早受益。早期教育专家建议,应尽早地抓住时机,对特殊儿童进行早期诊断、早期教育和早期训练。越早进行婴儿恢复的可能性就越大。例如,视觉障碍儿童在3岁前发现,进行矫治而康复的几率远远超过6岁以后。

(三)协调互补教育原则

特殊教育过程中,要针对特殊儿童不同的身心特点,尽量用健全器官来代替受损器官的组织功能,充分地发挥儿童内在的潜能,增加特殊儿童的适应能力。例如,海伦·凯勒之所以能有突出的成就,则是在丧失了听力、视力后,教师充分发挥她的触觉,通过手的超常敏感性来学习,补充了原本存在的不足。不仅如此,我们还要在身心、智能方面进行开发训练;在品格、修养方面、生活自理进行养成训练,使其尽可能获得更好、更全面的发展。

(四)因材施教的原则

个体发展中都存在个别差异,教育要因材施教才能有效。特殊儿童的情况更是千差万别,所以,要根据特殊儿童身心发展的具体情况,本着实事求是的精神,制定个别化的教育与训练方案,进行针对性的教育、一对一的教育。

(五)正强化教育原则

教育训练贵在坚持、持之以恒,对于特殊儿童的教育主要是针对其不足进行的,要恢复或补偿某种功能,一定要付出比一般儿童还要多的努力和辛苦。由于人的大脑皮层有兴奋消退快、保护性抑制、定向反射弱的特点,因此,要坚持正强化性教育原则,以扩大兴奋点,建立新的神经通路。这需要教育工作者和成人首先付出爱心和毅力,坚持帮助特殊儿童尽快恢复。

(六)游戏化、生活化的教育原则

早期特殊儿童教育面对的是1~3岁的婴儿,这个年龄段的正常婴儿也是在生活和玩中来学习的。对于接受能力欠缺或有学习困难的孩子,教育引导的过程更加不能急于求成,强化学习过程的游戏性和生活化更能让小孩适应和接受,产生兴趣。所以,教育训练要在游戏中进行,激发他们的积极性、主动性,使受训小儿参与其中,产生兴趣。

（七）合力教育原则

面对特殊儿童,无论是教育本身,还是社会、家庭都有着不可推卸的责任,应为他们的健康成长尽职尽责。特殊教育是一个系统工程。首先要树立一个大教育的观点,从家庭、学校、社会三个方面来考虑对特殊儿童的教育问题,应将家庭教育、学校教育、社会教育结合起来,从医疗养护、教育训练等方面进行,才能取得良好的教育训练效果。

第四节　特殊婴儿教育的模式、途径和方法

一、特殊婴儿早期教育的模式

特殊婴儿早期教育多和医疗养护结合起来,以下是其主要的教育模式。

（一）家庭教育模式

这是我国现在最常见的一种教育模式,特殊婴儿早期教育尚未完善,特殊早教机构甚少,绝大多数这类婴儿都是在家庭和医院中取得治疗效果。另外,由于孩子太小,生活起居主要依靠父母,父母更了解自己的孩子,家庭成为他们安全依赖的港湾,父母会为孩子倾尽爱心和精力。所以,目前这是特殊婴儿教育的主要模式。家庭教育模式是将家庭作为教育基地,由接受过最基本训练的特殊儿童的父母来承担主要教育任务的一种教育模式。

优点：保持儿童情绪的稳定,促进积极行为的巩固;容易密切亲子关系,对自己的子女提出适当的期望值;全体家庭成员都有参与的机会和爱心;比较经济适用、便捷。

缺点：家长缺乏系统的特殊教育知识,在引导和矫治问题儿童时,缺乏专业性,从而影响教育的效果;婴儿长期生活在小圈子里,有碍其社会适应能力的发展和进步速度;没有参照对比,家长不易发现婴儿的进步;教养态度不同,教育效果也不同。

（二）训练中心模式

训练中心一般是由政府、学校及个人集资建造,有固定的活动场所、专职或兼职的特殊教育专业人员以及比较齐全的特殊教育设备而进行的康复训练场所。

优点：集中了特殊教育专家,更了解特殊婴儿的需要,引导训练针对性强,教育效果更为理想;教育设备齐全,康复快;专家可解答家长疑难,去除家长的疑惑和为难情绪,更有利于共同努力,做好特殊婴儿教育工作;有助于发展特殊婴儿的人际交往、语言、社会适应能力等。

缺点：费用高;距离远;居住分散,交通不便。

（三）综合训练模式

综合训练模式是指不单纯在家里或训练中心进行,同时也不单一针对特殊婴儿存在的问题进行的教育方式,即早期教育的模式也可以交叉使用。由于在个体发展中存在互补的规律,所以,我们还应该注重特殊婴儿的全面发展,且其他健康方面的发展有利于促进和弥补其不足,更使其适应生活的需要。因此,各方面结合进行效果会更明显。

优点：见效快;更灵活、方便;更容易激发婴儿的兴趣和热情。

缺点：容易忽视专业性;针对性不强。

二、特殊婴儿早期教育的方法

针对不同需要的婴儿应采用不同的教育方法。针对婴儿年龄段来讲主要可以采用以下方法。

（一）生理障碍婴儿的早期教育方法

1. 生活保健法：这是指婴儿在日常生活中得到锻炼和矫治。婴儿的亲人可以在婴儿的生活中日积月累地帮助婴儿矫正和弥补不足，如对发音不正确、存在语言障碍的婴儿进行语言训练，每天多与宝宝说话交流，多听音乐、各种声音，让宝宝看口型，学发音等等。在生活中进行最大的好处就是随时随地，方便灵活。不给婴儿造成负担，频率高，收效快。

2. 行为塑造法：对于存在行为问题的婴儿，可以采用良好行为的巩固的方法及某些良好行为的培养、不良行为的矫正等方法进行矫治和塑造。例如，婴儿的恋物癖就要转移其注意力，任何时候发现都要纠正，且调动婴儿对其他事务、玩具的兴趣，矫正不良行为；对于存在的行为缺陷就要不断练习，使其成为习惯固定下来，塑造成正常的行为。

3. 游戏训练法：顾名思义，通过婴儿喜欢的游戏方式进行训练，可以有操作性游戏、运动性游戏、角色性游戏、交往性游戏等。对于行为、语言、听觉、视觉存在障碍的婴儿都可以采用这些方法进行练习强化和训练。这种方法轻松愉快，又灵活方便。

4. 治疗法：可以分为物理疗法（体疗）、言语治疗法、音乐治疗法等。如听觉障碍婴儿最大的障碍是与人交流的困难，对训练也主要是进行语言训练。对重听婴儿进行听觉训练，对聋儿进行发音练习、手语训练、增强其对语言的掌握和理解能力，并及时对其训练结果进行评估。视觉障碍婴儿在教育训练中应注重感知机能的训练、运动能力的训练、认知训练、语言训练、社会交往能力的培养和日常生活机能的培养。

5. 感觉运动整合训练：0～3 岁是建立感觉统合能力的最佳时期。很多孩子由于先天和后天的原因而出现失调，这种方法不仅对特殊婴儿教育有意义，同时对普通的婴儿成长也有帮助。它是 1969年由美国心理学博士爱尔丝提出来的，感觉统合训练是以游戏的形式给予儿童前庭、肌肉、关节、皮肤触压、视、听、嗅等多种感官的刺激，并将这些刺激与运动相结合，促使孩子在感觉运动中产生自主的适应过程，促进感觉统合能力的发展。对于听力、视觉、运动障碍等婴儿的康复都有积极的促进意义。

（二）智障婴儿的早期教育方法

1. 为智障婴儿创造接触周围环境的机会

孩子对学习和生活的兴趣和积极性都不是自发的，而是在环境刺激下逐渐发展和形成的，所以，让孩子多接触周围环境是极为重要的。孩子在生活中接触周围的一些事物时，会发现他的兴趣和积极动作。例如，孩子看到一束鲜艳的玫瑰花，他会去注意它，伸手去拿到它；当孩子听见一种非常优美悦耳的声音，他会朝向它，寻找它在哪里；当孩子尝到一块美味的点心，他就会高兴得拿着不放，直往嘴里塞。正是在他这样不断地接触周围环境的过程中，兴趣和积极性不断提高，聪明才智和动作能力得到发展。只有尽量让智障孩子多看、多听、多闻、多尝、多触摸、多动手、多走动，让他们对周围环境中的人际关系和事物增加交往与接触的机会，才能逐渐地丰富他们的认知能力，激发他们对学习和生活的兴趣和积极性。千万不能以为孩子智力低下和有失家长的面子，就把孩子关在家中，认为孩子避免受委屈、不闯祸就行了。同时，也要考虑给孩子添置一些适合发展需要的玩具、读物、生活用品等。多带他们外出走走、看看，这样对孩子的康复是非常好的。

2. 为智障婴儿创造获得成功喜悦的机会

每个人都会为获得成功而喜悦，为遇到失败而沮丧。这是人之常情，智障孩子也不例外。每当智障孩子在生活、游戏中，有了一些成功，就会十分高兴，并且愿意重复做几次。经常这样做，可以开发孩子智力，弥补不足。例如，当孩子能正确地穿好上衣、系好纽扣，当自己画的图画被老师贴在墙上，当父母夸赞自己做得好时，他们都会显得十分高兴。如果这时候再给他们提出进一步的任务或要求，他们往往会乐于接受，并积极地去完成。因为当他们获得成功后，看到了自己的力量，相信自己的力量，心中产生了自信心，并激发出继续努力干的积极性。相反，如果孩子经常遇到的是父母的厌烦、不屑或打击，那么他会对自己失去信心，没有勇气再努力干，这样就使孩子无法取得进步。所以，父母和老师要想办法让孩子多获得这种喜悦。针对婴儿的年龄及智力状况我们可以如下做。

（1）提出具体、明确的任务要求。

当家长、老师要求孩子完成某项任务时，首先对孩子提出的任务要明确，而且提出的任务必须从孩子的实际能力水平出发。例如，家长要求孩子将自己的图书一本一本的摞起来，并示范整理好，而不是只要求孩子"把图书整理好"。这样孩子对家长所提出的具体要求和任务较为明确，有一个明确的目标，就容易尝试获得成功。家长对孩子提出的任务要从孩子实际能力水平出发，是指任务不能太难，也不能太容易，应该有一些难度，需要孩子努力一下，估计是可能成功的，这样最恰当。因为任务太难则孩子完不成；太容易，则无需经过努力就完成了，这都不能使孩子产生成功的喜悦。所以，任务应该具有孩子力所能及的难度。

（2）及时检查，多加肯定。

对孩子提出明确的任务和具体要求后，必须及时检查。这样老师、家长可以了解孩子完成任务的情况并及时给予指导与帮助；同时，也有利于孩子了解自己完成任务的情况，不致茫然不知自己是否完成了任务，应该再补些什么等。同时检查要及时，当孩子头脑中保留着所做任务的鲜明印象时，给他指出所完成任务的情况，他容易接受，也易于改正。如果相隔时间较长，则事过境迁，他头脑中已毫无印象，这样的检查就会失去作用。在检查过程中，为了保护孩子的积极性，家长必须多加肯定。

（3）给予适当指导，进行具体帮助。

当孩子在完成某个任务时，往往会碰到一些具体的困难，特别是接受一个新任务，去做某件新工作时更是如此。老师和家长应从旁给予适当指导，并进行具体帮助，促成孩子完成任务。

3. 多表扬、多鼓励智障婴儿取得的进步

当孩子对某些任务完成得比较好时，老师、家长不仅需要及时肯定，并且还得大加表扬，以激励孩子对学习和生活的更大兴趣和积极性。如孩子的涂鸦，我们要赞赏，珍惜地将它们挂在墙上，并大加赞扬。这样可使孩子亲身感受到被人尊重的喜悦，增强对活动及生活的更大兴趣和积极性，有利于孩子自信心与自尊心的培养。

4. 小心呵护智障婴儿的自尊心

由于孩子智能低下，行为表现上的反应迟钝和某些差错是常有的事，家长、老师一定要多爱护、多理解，尽量避免因此而挫伤孩子对生活的兴趣与积极性。孩子虽然智能低下，但他的心情也会不愉快、沮丧、退缩。

（三）超常婴儿的早期教育方法

1. 接纳有创意的孩子，鼓励他们表现出独特的意念。超常婴儿具有超常与障碍并存的特点和各方面发展的不平衡性，如智力、情绪、身体发育之间的不同步发展现象等。这样的特殊性加强了他们所需要的辅导的复杂性和挑战性。要能配合不同需要选取学习内容，保持学习的延伸性，因材施教。

2. 了解孩子的感受，营造一个有利于其进行创意活动的环境。智力超常发展或具有特殊才能的孩子总有与众不同之处，在生活中我们不仅要善于发现，更要爱护和珍惜。为其特殊才能的超常发展创造适宜环境，引导其发挥。例如，我国演讲天才杨心龙，他的父亲在其成长过程中给予了很多很多的支持与鼓励，才造就了今天的杨心龙。

三、特殊婴儿早教途径

为了特殊婴儿的健康成长，获得公正的教育权利和人生尊严。我们可以采用多种途径保证其实现。如由受过培训的家长或巡回教师在婴儿家庭中进行辅导和训练；在普通幼儿园附设特殊早教班；在特殊学校，如条件较好的盲校、聋校开设特殊早教班；成立以检查、鉴定为主的培训中心、康复中心、测查中心，协同多方面专业人士对特殊婴儿进行早期教育；开设专门的特殊婴儿早教中心等。

四、特殊婴儿教育对育婴师和家长的要求

对于残障婴儿的教育应做到以下几点。

（1）接纳特殊婴儿。只要接纳，不要排斥。爱是特殊孩子得以成长进步的最好阶梯。他们更需要成人付出爱心。

（2）具备以下的一些专业知识与技能。首先，教师和家长应具备进行特殊教育的相关知识和技能，能了解和准确把握婴儿的特殊需要是什么，能制定和实施教育、训练计划。

（3）实施成就感的教育。多鼓励，少责备，以培养孩子成就感和自信心。

（4）实施个别化适应教育。如要求与任务作弹性的变化。特殊婴儿虽特殊，如果我们针对特殊婴儿的需要，用"非常心"，实施非常手段；但在生活适应与人格发展上，则应力求平常心和平常手段，因材施教，每个特殊婴儿都会得到不同程度的发展。对于不同的特殊孩子，我们可采用的教育措施有所不同。

（5）协助特殊训练教育。以正确的关怀与协助的态度对待特殊婴儿，在训练指导下，勤加练习，能对特殊需要婴儿进行心理疏导。

（6）适当的转介。无法满足特殊婴儿的需求时，需要适当的转介。一般来说，可以从以下六个方面进行，使特殊婴儿得到适宜发展：① 生活自理能力。可以从最简单的自我料理开始，如吃、坐、穿衣、洗漱等。② 运动领域。遵循儿童的发展规律，按从上到下，从近到远，从大到小的顺序，逐步训练身体姿势、手和手指以及手眼协调动作等。③ 听觉能力。包括听觉唤醒、噪声刺激、乐音刺激、以及辨音训练等。④ 语言能力。包括发音、语言的理解和表达三个方面。⑤ 认知能力。包括感知、注意、记忆以及思维、判断、推理等方面。在训练中应尽量调动孩子的视、听、触、味、嗅等多种感觉通道的应用，并注意在日常生活中培养孩子的各项能力。⑥ 社会行为领域。家庭是训练婴儿行为的最好场所，父母应当在生活中教会孩子礼貌行为和与人交往的技巧。

对于超常婴儿的教育应做到以下几点。

（1）了解婴儿的超常能力所在及缺陷，并知道这些个别差异如何影响学习、如何进行改善，如需要不同的学习方法等。

（2）懂得如何充分发挥与补偿受障碍影响的能力的方法。

（3）运用适应性的策略来为个别婴儿调整学习内容和要求。

（4）对有和无障碍的超常婴儿的能力表现合理的期望值。

（5）为个别超常婴儿安排专家，指导他们深入研习特别感兴趣的内容。

总之，全社会都应当关注参与特殊婴儿的教育工作，它是一个国家或地区的政治、经济、文化、教育、科技、卫生、保健、康复、社会保障、福利等水平的窗口，任何一个政府、任何一个社会、任何一个组织、任何一个有理智的人都不得不正视特殊儿童、关注特殊儿童，使特殊儿童尽可能得到发展。

思考与作业

1. 深入理解特殊婴儿教育的意义，掌握特殊婴儿教育对育婴师及家长的要求。

2. 了解特殊婴儿的身心发展特征及分类。

3. 把握特殊婴儿教育的原则和方法。

实 训

1. 深入特殊婴儿教育机构，观察了解特殊婴儿的特点及教师引导策略。

2. 观察并记录某个特殊婴儿的表现特征，提出自己的看法及理论依据。

第十一章

教学课件

婴儿家庭教育

本章学习重点

1. 阐述婴儿家庭教育的特征、主要内容及与育婴机构教育的区别与联系；婴儿早期家庭教育的目的和原则；婴儿家庭教育的方法等问题。

2. 关注婴儿家庭教育的重要意义，做好孩子的第一任教师。

本章学习建议

1. 在知识和理论的学习上，理解和掌握婴儿家庭教育的特征及主要内容和教育方法。

2. 在教师的讲解和引导下，通过交流学习加深印象；搜集婴儿家庭教育成功案例，分析理解本章内容，拓宽知识面和思想境界。

3. 学生可根据教师准备的教学录像案例，具体研讨与分析各年龄段婴儿家庭教育问题。

父母是孩子的第一任老师，可以说家庭是宝宝的第一所学校。早期教育中，婴儿身心发展到何种程度都与父母的教育是否正确有关。

第一节　家庭教育及其相关内容概述

一、什么是家庭教育

从家庭教育的涵义上讲，有广义和狭义的家庭教育。广义的家庭教育主要指个体所受到的来自家庭而不是社会或学校的有目的、有意识的影响。狭义的家庭教育则是指在家庭生活中，由家长(其中首先是父母)对其子女实施的教育。按照现代观念，家庭教育包括：生活中家庭成员(包括父母和子女等)之间相互的影响和教育；聘请专门从事家庭教育的教师对子女的教育。随着社会经济的发展，家庭教育个体发展的影响也越来越引起了大家的重视。家庭教育对人的成长具有极其深刻的影响。家庭教育是大教育的组成部分之一，是学校教育与社会教育的基础。可以说，家庭教育是一种终身教育，它开始于孩子出生之日(甚至可上溯到胎儿期)，尤其是婴幼儿时期的家庭教育，更是"人之初"的教育，在人的一生中起着奠基的作用。孩子上了小学、中学后，家庭教育既是学校教育的基础，又是学校教育的补充和延伸。对于婴儿来说，早期家庭教育是最早期的教育，是一切教育的基础。学校教育和社会教育都是在家庭教育的基础上进行的。儿童从出生的第一天起就开始接受家庭教育，父母就是他们的第一任教师。如果儿童从小在家庭里受到良好的教育，以后学校教育就能顺利地进行；如果儿童在家庭里受到不良的教育,就会使他们在接受学校教育时发生困难,学校就需要用很大的力气去矫正他们的错误和缺点。生活的经验告诉我们,从幼年时期开始教育是不那么困难的,但以后矫正缺点的再教育就困难得多。因此,家庭教育把好第一关,早期家庭教育的基础是十分重要的。早期家庭教育的影响最深刻。父母是儿童的亲人,他们是儿童最亲密、最信赖的人;同时他们共同生活在一个家庭里,接触的时间最多,父母的一言一行、一举一动时时刻刻在潜移默化地影响着儿童。所以,父母的教育在儿童的心灵上起着决定作用。

总之,从各个方面说家庭教育都是培养人的一个不可缺少的重要环节。因此,我们应该把家庭教育作为一门科学来研究和学习。每个父母以及教育工作者都要学习这门科学,懂得家庭教育的规律、内容和方法,使每个儿童入学以后,配合学校做好家庭里教育工作,使他们茁壮成长,成为国家的栋梁之才。

二、家庭教育的特征

家庭教育与社会教育、学校教育相比,具有自己的特点。

(一)家庭教育具有先继性

儿童的可塑性最大,最容易接受教育,因为儿童的发展要受到遗传、环境和教育三种因素的影响。遗传是发展的前提,对人的发展起决定作用的是环境和教育,而教育又是起主导作用的,它可以改变一定的环境,或者利用一定的环境,使它有利于儿童的发展。所以,懂得家庭教育的父母,可以根据儿童的先天素质和环境设计最美好的图画。

(二)家庭教育的时间最长

儿童从出生到他能够不依赖家庭而独立生活以前都在不同程度上接受家庭教育,越是年龄小的时候接受家庭教育越多。儿童入学后,家庭教育的影响就逐步让位给学校教育。但家庭教育仍然在起作用,直到他自立为止。

三、家庭教育与育婴机构教育的区别与联系

家庭教育不同于学校教育,它有自己的规律。例如,学校教育包括了三个主要要素,就是教师、学生、教材,学校教育过程是这三者相互作用的过程。家庭教育只有两个主要要素,即父母与儿童。家庭教育没有教材,没有课堂,它的教育力量全在于父母的榜样作用。家庭教育与学校教育的这种区别就构成了家庭教育是教育学科中的一个特定领域。教师的教育不完全是因材施教的,教师的精力有限,不可能了解孩子的每一个方面,而真正了解孩子的是家长,能够从根本上解决孩子的问题的人是家长,作为教师可以发现孩子在园中出现的问题,但只是知道问题的出现,却很难知道问题的原因,学校的集体教育是对孩子的普通教育,教师有他的教育任务、内容和方法,同时还有师生比例以及教师工作量,使教师不可能像家长那样了解孩子,针对每一个孩子的不同的特点进行教育,就算是进行个别的教育也只是暂时的不可能永久,所以教育孩子家长不能忽视,孩子在家要接受家庭教育,在学校要接受学校教育,两者不可以混为一谈。

四、开展早期家庭教育的重要意义

早期家庭教育是家庭教育中的重要部分,也是容易被忽视的一部分,但是早期的教育对人的一生发展有着决定性的作用,而家长又是孩子的第一任教师,是孩子生理和心理需要的主要依靠者,是孩子最早期的启蒙者,也是决定孩子一生发展的教育者,所以,早期的家庭教育是重要的而且是不可忽视的。幼儿教育学家蒙台梭利说过:人类3岁以前所吸收获得的知识,相当于成人花60年拼命学习所获得的知识量;而生理学家也发现,3岁幼儿的脑神经发育已经达到成人的60%~80%。蒙台梭利根据0~3岁幼儿的心智特征,把这个时期称为潜意识吸收心智阶段。王东华先生则把它称为敏感期。在这个时期幼儿以一种与生俱来的本能来学习、获取需要,以人们无法想象的惊人速度和能力将

所有看到、听到、接触到的信息、事物照单全收,并像照相机一样——留在大脑的底片中,从而形成一生人格、智慧、情感、意志以及生活习惯、方式的基础。幼儿从出生到3岁左右,绝大部分时间生活在家庭中,是在父母的养育和教育中,接触到的全部与日常生活息息相关的事物。所以,当一个小生命诞生,给家庭、父母带来了无限喜悦和希望的同时,也让家庭和父母从此担起了一份永远的、沉甸甸的养育和教育的责任。家庭,是人一生教育的起点;父母,是孩子一生教育的第一位老师;日常生活教育,是幼儿最基本的生活能力的培养,是在家庭环境中随时随地可以进行的教育。

总之,21世纪需要的是现代化的高素质复合型人才,为更好地培养社会所需人才,深爱孩子的家长们,请端正家教态度,转变家教观念,提高家教水平。

第二节　婴儿早期家庭教育的目的和原则

一、婴儿早期家庭教育的目的

可以说,婴儿早期家庭教育的目的是客观存在的。父母不能盲目地确定教育的目的,也不能对孩子的教育目的模糊不清,要明确地知道婴儿早期教育的目的是客观存在的,它是人的实践活动和动物的本能活动的根本区别。有了明确的正确的具体的早期家庭教育的目的,就会使自己的教育活动朝着确定的教育目的努力,教育活动就更加自觉,教育效果自然会好;而教育目的不明确、不正确,笼统模糊,教育活动就会有极大的盲目性,其效果自然不好,因此,家长在对子女实施教育之前,应首先确定正确的教育目的。早期家庭教育目的的确定是受社会制约的。在现实生活中,不同的家庭,不同的家长,其家庭教育的目的也是不同的。但是,都是从不同的角度、自觉不自觉地反映了社会生活,并不是凭空想象出来的。只不过是有的家庭教育目的正确而全面地反映了社会的要求,有的错误地片面地反映了社会的要求。任何一个家庭的教育目的,都是和社会生活相联系的,受社会生活制约的。正确、全面反映社会要求的家庭教育目的,能促使家庭教育成功,子女长大能立足于社会,而错误地片面地反映社会要求的家庭教育目的,会导致家庭教育的失败,子女长大不能立足于社会,甚至会被社会淘汰。因此,家长在确定家庭教育目的时,必须自觉地以社会的需要为依据。早期家庭教育目的的确定是要有科学依据的。每个早期家庭教育目的的确定,都要受一些因素的制约,这些因素包括家庭的根本利益、家长的经历和对社会生活的体验、家长的思想和文化素质、家长的职业、家庭所处的社会环境、社会政治经济的变革,家长教育目的的提出是这些因素综合的产物。因此,家长在确定教育目的的同时,要充分的考虑每一个因素,提出最适合自己孩子的教育目的,使孩子健康快乐地成长。

二、婴儿早期家庭教育的原则

17世纪捷克著名教育家夸美纽斯(1592～1670)是研究幼儿教育最早的理论家之一,主张以母育学校来教育出生至6岁的孩子,应该在家庭中由母亲进行教育,影响很大。福禄倍尔就是以夸美纽斯理论为基础于19世纪创立了学前教育学。世界上第一本学前教育专著《母育学校》1632年出版。这本书论述了家庭幼儿教育的重要性,将新生一代分为四个年龄阶段,每六年为一个阶段,认为幼年儿童要求优良教育极为迫切,如果此时忽视孩子的教育,则他们的未来将迷失方向。

(一)注重生活细节,呵护婴儿的身心健康发展。

在胎儿期,父母就应当注意保护胎儿,怀孕期间注重饮食活动,要慎重用药,同时还要注意正当生活秩序。在婴儿期,父母要细心保护婴幼儿;注意婴幼儿的锻炼和娱乐,使孩子心情愉快。提倡母亲亲自哺乳;0～3岁的婴儿时期的饮食更应注意、并适时添加适合婴儿的辅食。

（二）根据婴儿各时期的生理特点有针对性的保护和训练婴儿的感官

婴儿期可以分为三个阶段：0～1岁的婴儿；1～2岁的婴儿，2～3岁的婴儿。这一时期的婴儿的各项感官都处于飞速发展的黄金时期，此时父母应该抓住这一关键期。父母根据婴儿各时期的生理特点对婴儿进行有针对性的感官训练。父母在这一时期的教育原则一定要遵循循序渐进，量力而行，对孩子不要要求太高，操之过急。否则欲速则不达，揠苗助长，不仅无益，反而有害。

（三）尽量给婴儿提供合适的教育和生活环境

蒙台梭利的教育思想认为家长应为儿童创设这样的环境：选择合适的教育环境，及各种亲子园的环境；在家中让孩子感受到自由的气氛，有结构和秩序感、给婴儿选择的玩具要有真实和自然感，符合儿童身心发展需要，体现对儿童的教育要求，包含有丰富教育内容的教具材料，同时给婴儿创设一种和谐和美感的环境。婴儿期是孩子模仿的关键期，此时做父母的就要以身作则。"要小孩子诚实，做父母的自己先要诚实，自己不诚实，小孩子断断不会诚实的。""要小孩子对长者有礼貌，做父母的自己对待长者须先要有礼貌。如你自己待父母好，那么小孩子对待你也会好的。"陈鹤琴先生在他的著作中就以他儿子一鸣为教育实例阐述了这一原则。"一鸣2岁零11个月的时候，有一天，他早晨醒来，就吹洋号，我低着声音对他说：'不要吹，妈妈、妹妹还睡着呢！'他一听见我的话，就不吹了。你要叫他不吹洋号，你自己须先要低着声同他说话，所谓己正而后能正人。"

第三节　婴儿早期家庭教育的任务和内容

一、婴儿家庭体育教育的任务和内容

一个人的身体素质如何，首先取决于家庭体育。英国资产阶级教育家洛克在论述教育教育的任务和内容时，把家庭体育放在第一位。在《教育漫话》一书中，开宗明义第一句话便指出："健康之精神寓于健康之身体。""我们要能工作，要有幸福，必须先有健康。"洛克的话虽然是对绅士家庭教育说的，但对任何的家庭教育都是具有指导意义的。

家长的责任是培养教育自己的子女，使之在德、智、体诸方面得到全面的发展，但首先应当搞好家庭体育保健，使子女拥有健康的体质。评价人的体质状况，首先看人的各个器官发育和机能是否正常；其次，看身体素质状况，就是看人体的力量、耐力、速度、灵敏度等；再看人体对外界环境的适应能力和对不利环境因素的抵抗能力。

人的体质状况，是遗传素质和后天获得的物质营养、保健、锻炼、精神生活等条件的综合结果。要增强子女的体质，就必须设法改善影响和决定子女身体质量的各种条件。因此，家庭体育的内容应当包括以下内容。

第一，优化生育条件。遗传素质是子女获得健康体质的生物前提或物质条件。为此，青年男女在选择配偶时，就要考虑相互结合，要能生育健康的孩子，要避免近亲结婚，有影响孩子身体健康的疫病的患者，不要结婚或不要生育。母亲怀孕后，要注意妊娠卫生保健，要实行胎教，不喝酒吸烟，不吃有刺激性的不利于胎儿成长的食物，注意保持情绪的稳定等。

第二，孩子出生以后，根据家庭经济情况和孩子生理上的需要，加强孩子的物质营养，并科学地安排孩子的饮食结构。

第三，培养孩子良好的饮食习惯，不厌食、不挑食、不暴饮暴食，饮食定时定量。

第四，培养良好的生活习惯，生活起居有规律，早睡早起，注意劳逸结合，不要过分疲劳。

第五，保证孩子的安全，防止或避免发生意外伤害事故。排除容易伤害孩子身体的隐患，教给孩子自我保护的能力。

第六,鼓励孩子参加户外活动,进行游戏、交游和各种体育锻炼。体育锻炼应合理安排,全面锻炼,防止单打一,使身体各部位器官、系统和机能获得全面发展。要因人因地制宜,循序渐进,量力而行,坚持经常化。

第七,教育孩子讲究卫生,加强疾病预防,有病要及时治疗。

当前,孩子的体质状况是家长普遍关心的大事,但有一种偏向应引起注意,那就是只重视加强物质营养,"过度保护",不太注意孩子良好生活习惯的培养和体育锻炼,致使孩子营养过剩,身体过胖,对环境的适应能力和不利环境的抵抗能力较差,应注意纠正。

二、早期家庭德育的任务和内容

进行思想品德教育,是一切教育工作的重要任务,家庭教育也不例外。家庭教育中的思想品德教育,实质就是教育子女如何"做人"。家庭教育作为"人之初"的启蒙教育,不仅担负着开启智力蒙昧的任务,同样也担负着开启道德蒙昧的任务。

学龄前阶段儿童的家庭教育,主要是进行道德启蒙和行为习惯的培养。其内容大体有尊敬师长、团结友爱、助人为乐、文明礼貌、讲究卫生、不打架、不骂人、诚实、勇敢、有错认错、知错改错等等。德、智、体全面发展把德放在了首位,这就说明了教育德为先,所以,家庭中德育教育不容忽视,应放在首要的位置上。

三、早期家庭智育的任务和内容

自家庭产生以来,智育就是家庭教育的重要任务之一。家庭智育的任务同学校有所不同,主要是:第一,进入时期智力开发,学习民族语言和社会生活常识;第二,激发学习兴趣,调动学习积极性;第三,培养良好学习习惯;第四,开阔孩子的知识眼界;第五,对文化知识的学习进行必要的指导或辅助;第六,创造良好的学习环境和气氛。

学龄前阶段家庭智育的内容是:第一,发展儿童各种感觉器官的能力,诸如视觉能力,听觉能力、口头表达能力等;第二,带孩子接触社会和大自然,开阔他们的视野,丰富他们的感性知识;第三,在日常生活和参加游戏的活动中,注意发展儿童的观察力、注意力、想象力和创造力;第四,通过看图画、唱儿歌、听故事,培养他们的学习兴趣和对学习生活的向往;第五,在接近入学的年龄段,做好入学前的思想、行为习惯等各种准备。

进行早期家庭智育,要取得理想的效果必须注意科学性和全面性。既要传授知识,又要发展智力;既要发展智力,又要培养能力;既要开发智力,又要注意道德品质教育;既要发展智力因素,又要培养非智力因素。不能有任何偏废和片面性。进行早期家庭教育,要注意运用科学的方式方法,不可态度粗暴、方法简单。还要因人而异,区别对待,从实际出发,不可进行强制性开发或"掠夺性开发",免得挫伤孩子学习的兴趣和积极性。不能勉强孩子学习他们不爱学习的东西,不要因为要开发孩子的智力而忽视了孩子的天性,更不要把自己没有完成或自己的理想强加给孩子,在教育子女时要把孩子健康快乐地成长放在首位,要让孩子在快乐中学习,使孩子愿意学习有兴趣去探索事物,而不是家长逼迫孩子学习,早期应培养孩子的学习兴趣,探索精神以及创造能力,而不是简单的知识学习,这一点家长要有充分的认识。

四、早期家庭美育的任务和内容

美育,就是培养孩子树立正确的审美观点,形成评价美、欣赏美和创造美的能力。

家庭也担负着儿童美育的任务,具体是:第一,培养孩子正确的审美观点和感受美、鉴赏美、享受美的能力。第二,培养孩子表达美、创造美的能力。表达美的能力,如仪表美、语言美、行为美。创造美的能力,如美化生活环境,在音乐、图画、舞蹈、文学等方面创造美的能力。第三,培养孩子高尚的精神情操。

根据家庭生活的特点,家庭教育的内容有:第一,指导孩子欣赏音乐、美术、舞蹈、文学等文艺作品的美;第二,布置优雅的家庭生活环境,陶冶孩子的情操;第三,给孩子穿着打扮,要朴素、大方、美观,以感染孩子,不要让孩子穿奇装异服;第四,让孩子参加音乐、美术、舞蹈、文学创作等实践活动;第五,带孩子接触大自然,欣赏大自然的美。

五、早期家庭劳动教育的任务和内容

劳动就是人们创造物质财富和精神财富的活动,是劳动力的使用和消耗,是劳动力使用体力和智力的过程。

家庭劳动教育的内容,主要是教育孩子参加力所能及的家务劳动,自己的事情自己做,培养生活处理能力和动手操作、制作能力;树立吃苦耐劳、不怕困难、艰苦奋斗的精神;教育孩子厉行节约、艰苦朴素,避免浪费和生活上盲目追求高消费;支持孩子参加社会公益劳动,培养助人为乐、无私奉献精神和热爱劳动的品质。

对儿童进行家庭劳动教育和训练,要注意他们的年龄特征和实际能力,不可过于繁重;要排除伤害孩子身体的隐患,注意安全,加强保护措施;要在劳动教育过程中,注意灌输劳动光荣的思想,不可以劳动作为对孩子进行惩罚的手段;家务劳动是家庭成员应尽的家庭义务,不是出卖劳动力,不能给予报酬。

总之,家庭教育担负着多方面的任务,家庭教育的内容丰富多彩。家庭是儿童走上社会生活前的"学习场",家庭教育是儿童实现社会化,由自然人转变成为社会人的必由之路。家长应以家庭为"课堂",根据家庭的实际况和家庭教育的特点,在日常生活中,全面关心、培养和教育子女,同学校教育、社会教育相配合,为向社会输送合格的公民和劳动后务力量,做出应有的努力,发挥应有的职能作用。

第四节　婴儿早期家庭教育的方法

一、0～1岁婴儿的家庭教育方法

新生儿已具备了视觉和知觉能力,但这些能力器官还比较脆弱,父母必须从注意保护的基础上来发展其能力。比如让婴儿听大自然的声音(鸟鸣、蛙叫、流水声等等)时一定要注意音量,否则声音的强刺激会影响婴儿的听觉能力,时间一长对婴儿的情绪也会有相当大的影响。根据婴儿的这种生理特点,建议年轻的父母们在家中最好不要让婴儿长时间地听音响或电视机中传出的太大声音。也不要让婴儿进入人声嘈杂的大商场或机声隆隆的施工地点。有些父母喜欢给婴儿的床前挂上色彩艳丽的气球,其实这种做法是"只知其一、不知其二",原因在于婴儿本身对色彩艳丽尤其是红颜色物体的感受力很强,他会一直盯着看这些固定不动的气球,长此下去就会造成婴儿"内斜视"即常说的"对眼儿"。如何来避免这种现象出现呢?方法很简单,你可以在婴儿的视线范围内将气球之间的距离增大(气球不宜太多,以3个为宜),也可以定时取掉气球,让婴儿的视觉注意点消失。

0～1岁婴儿对外界的认识除了来源于上述的视觉与听觉外,还有触觉,而这一年龄段的婴儿主要是通过口腔的触觉来认识外部事物的。这也正是0～1岁婴儿常会把拿到手里的任何东西都放入口中的主要原因。对此,年轻的父母们千万不能"因噎废食",而应该在注意卫生的基础上帮助婴儿去用嘴"认识"世界。

0～1岁这一年是婴儿生理发展极重要的时期,只有把握住婴儿各种生理机能,尤其是动作的发展,如身体动作的发展顺序是抬头、俯撑、翻身、坐、爬、站、走这几个环节,才会为婴儿今后生理、心理的继续发展打下良好的基础。

二、1～2岁婴儿的家庭教育方法

1岁以后由于幼儿生长发育的需要,应该让幼儿吃母乳或牛奶为主转变为吃饭。这就需要父母从饮食上保证幼儿身体发育所需要的一切营养物质,并且使幼儿养成定时定量进食、不挑食、不偏食等良好的饮食习惯。这些好习惯又恰恰是幼儿适应外部环境、抵抗疾病侵袭的坚强后盾。只有以良好的身体做保证,才可以使幼儿在新的年龄阶段适应其生理发展的巨大变化。

幼儿在1岁2个月左右就可以独立行走了。此时的父母一定不能因为怕孩子摔跤而剥夺幼儿行走的权力,也不能过量练走路而使幼儿腿部肌肉发展受阻碍。独立行走标志着幼儿已经成为一个独立的个体,随着独立行走这一生理现象的出现,幼儿会产生很多的心理变化,如会有跟成人一样的感觉,会有一种成就体验。尽管这些心理现象还属于萌芽状态,但毕竟是今后心理发展的基础。1岁6个月以后,幼儿手部的精细动作会通过训练有很大发展,比如让幼儿做一页一页地翻书、穿珠子、搭积木等动作,会使幼儿在手指灵活运动的同时刺激幼儿大脑的发育。正如前苏联著名教育家苏霍姆林斯基所说的那样"儿童的智力在他的手指尖上"。

幼儿手的灵活运动和独立行走会使幼儿扩大认识世界的范围。1～2岁的幼儿开始对玩具感兴趣,此时的父母一定要注意为幼儿选购玩具不能只求量多或凭自己的兴趣爱好,而应该考虑到幼儿自身对玩具的喜好及玩具本身的安全性和教育性。玩具对孩子来讲犹如天使,幼儿在玩玩具的过程当中,不但要动手、动眼,随之启动的还有一些心理活动,如注意与想象,幼儿会对玩具的某个特性产生注意,进而发生一些简单的想象。这个时候,若父母细心观察、加以引导,就会使幼儿的这种无意注意与无意想象尽早地转变为有意注意和有意想象。这对幼儿今后的学习会有非常大的帮助。

1岁6个月以后,幼儿就开始了积极的言语活动。这时的幼儿会突然很爱说话,并且时不时模仿父母的一些语言习惯。基于幼儿学习语言的主要方法是"模仿",此时的父母一定要时刻留心自己的语言是否规范、合适,让幼儿无论从父母的有意教育上还是无意影响上都可以得到一个能够模仿、学习的榜样。这一时期的幼儿由于生理与认知的原因,都会以简单的电报式式语言来表达自己的思想,而父母应该做到在理解幼儿的基础上再对其施加教育影响。比如,孩子想吃饼干,他会说:"妈妈,饼干。"此时即使母亲理解了幼儿的意图也必须用完整的语言来感染他,你可以问他:"宝宝是不是想吃饼干? 妈妈现在就给你拿一块饼干。"然后,让幼儿与你一起说:"妈妈,我要吃饼干。"待幼儿说完这句话后,再将饼干给到幼儿手中。长此下去,幼儿会在父母刻意营造的这种语言环境中努力去掌握人与人交往的基本方式——语言交流。

1～2岁的幼儿尚处于完全模仿阶段,幼儿对任何事物的反应都来自成人尤其是父母的影响,故而父母一定要注意自己言行的正确性。此阶段无论是生活习惯还是家中的环境,都会给幼儿的性格打下烙印,比如家中总是整整齐齐、干干净净,幼儿长居此处也会养成爱整洁的良好性格特征。再比如,此时父母可以引导或让幼儿一起收拾玩完的玩具,这会让幼儿养成有责任心,做事有头有尾的良好性格特征。

三、2～3岁婴儿家庭教育方法

有了两年的生活经历,幼儿无论从生理还是心理方面,都有了长足的进步。如果在前两年有了良好的教育基础,那么这一年的教育就会顺利得多。

2～3岁的幼儿在身体发育方面没有1岁时增长迅速,但相对而言还是一个增长得快的阶段。2岁以后的幼儿乳牙已出齐,这对食品的限制减少,父母还可以让幼儿多摄入一些豆类食品及某些可生食的蔬菜、水果。这一年尤其要注意对幼儿进行清洁牙齿和保护牙齿的教育。因为生理原因,3岁前幼儿不宜刷牙,所以父母应该教会幼儿用干净的毛巾擦拭牙齿表面或用盐水漱口;还可以用讲故事的形式告诉幼儿不能多吃甜食,如《老虎拔牙》的故事就可以让幼儿很形象地理解甜食对牙齿的危害。

2岁6个月以后的幼儿大多会发生"口吃"现象,这种现象是生理性的正常反应,因为此时的幼儿思维发展速度要比言语发展速度快,所以在幼儿边想边说的过程中就会出现断断续续、磕磕巴巴的现象。对此,父母没必要忙着去给幼儿看病,也不要强行纠正或觉得好玩去模仿,而应该诱导幼儿慢慢地讲,父母除了静静地听外,还可以让幼儿多听故事或诗朗诵等文学语言。这样幼儿就可以在不知不觉的宽松状态中度过这一生理发展期。

2岁以后,幼儿的自我意识开始萌芽,幼儿会有反抗、"自私"的行为出现,也会抢着为父母或为自己干事。对于前者,父母千万不要以为是幼儿的退步而加以训斥,而应该采用"以退为进"的手法来化解幼儿的反抗行为,用耐心、形象的讲解来减少幼儿的"自私"表现,否则会使幼儿真的养成与人对立、自私自利的不良性格特征。

2岁以后的幼儿已经有了自己的是非标准与行事态度,父母不能过多干涉或限制幼儿的行为,否则会对幼儿的性格成长产生不良影响。比如,一个孩子为抢夺玩具而与另一个孩子发生矛盾,这时只要有一个孩子哭了,做为旁观者的你的孩子一定会无原则地去同情、帮助这个哭的孩子,即使这个哭的孩子是真正有错的一个孩子,父母也应该先肯定孩子的同情心,然后再告诉他抢别人的玩具是不对的;再比如,父母都希望自己的孩子有礼貌,希望孩子能与见到的每一个熟人打招呼,但有时孩子会因为情绪或其他原因而不愿意开口,此时父母不应该对此耿耿于怀,认为孩子没礼貌,给自己丢面子,而应该看到这正是幼儿性格萌芽的一种表现。若长期强迫幼儿照父母的意思去说话,就会导致幼儿养成无主见、虚伪、不诚实的不良性格特征。

总之,家庭教育应该是"先成人、后成才"的教育,所以0~3岁婴幼儿的家庭教育应该在发展幼儿身体动作与四肢动作的协调性、灵活性及言语能力的基础上进行道德意识、良好心理品质及良好生活习惯的培养。在进行这些教育的同时渗透智力的启蒙,培养良好的学习兴趣与态度,才会为幼儿将来的健康发展打下良好的基础。

要想发展婴儿的言语能力,就必须先让婴儿听,然后在说的过程中进行正确引导与教育。比如,让婴幼儿听到的语言必须是正确的、规范的,在幼儿说的过程中一定要耐心听,若有问题一定要待幼儿说完后再纠正。这样不但纠正了幼儿的语言错误,同时也能潜移默化地让幼儿养成良好的言语习惯——不随便打断别人的话。

婴幼儿有了健康的身体和较高的言语能力,父母就可以在此基础上讲给幼儿一些有道德内容、有良好心理品质(如勇敢、善良、坚强等)内容的故事,让幼儿在不知不觉中,学得这些道德准则与良好心理品质。

经常带婴幼儿到户外去晒太阳、活动,不但对婴幼儿身体有益,而且还可以同时帮助婴幼儿认识外界事物,父母可以采用问答式(自问自答、你问他答)对话,发展婴幼儿对外界的注意力、观察力、口语表达能力与思维能力。

2~3岁的幼儿最喜欢听故事,尤其是反复听同一个故事,根据这个特点父母可以培养幼儿的学习兴趣,比如在讲到故事高潮处停下,告诉幼儿你忘了后面的内容需要看看书,然后假意去看书再接着讲故事,这样会使幼儿对认字有强烈的欲望。也可以在重复讲故事的过程当中,变换一些词语的搭配,让幼儿了解一些同义词与词语的多种搭配(幼儿会很容易发现你的这种变换)。还可以让幼儿把听来的故事讲给父母或其他人听,在获得好评后,可以增强幼儿学习新知识的兴趣。

另外,在这三年当中,还要注意供给婴幼儿营养均衡的食品,但不必进食补品或补药,让婴幼儿养成良好的卫生习惯如饭前洗手、玩完玩具洗手等。这些习惯的养成,刚开始全要靠父母的帮助,待幼儿能适当自理的时候,父母则要放手让幼儿自己去做,但一定要注意安全(如不能让幼儿自己倒开水、毛巾要挂在伸手即够得着的地方等等)。婴幼儿生病后,若不是大病最好就近治疗,父母不必过分忧虑,而应该平和地面对婴幼儿的小病痛,让婴幼儿在父母的感染下增强抗病的心理承受力。家中要备有婴幼儿的常用药,但不可将药乱放,以防婴幼儿误食;也不能给婴幼儿服用成人药品。

如果婴幼儿在安全、整洁、有教育因素的环境中度过三年,那么对婴幼儿的今后成长会有非同一般的意义。

1. 婴儿家庭教育的含义是什么？有什么特征？
2. 比较婴儿家庭教育与育婴机构的教育。
3. 婴儿家庭教育的主要任务和内容是什么？
4. 婴儿家庭教育的目的和原则是什么？
5. 简述实施婴儿家庭教育的内容和方法。

操作训练

1. 搜集婴儿家庭教育的案例，分析其成功及失败的原因。
2. 设计建立婴儿家庭教育档案或记录表。

上海市 0～3 岁婴幼儿教养方案

2008 年 5 月 8 日印发

　　为进一步推进本市学前教育事业的发展,实现 0～6 岁儿童教育整体化、系统化、科学化,提高学前教育机构的 3 岁前婴幼儿教养工作水平和家庭教育指导水平,特制订《上海市 0～3 岁婴幼儿教养方案》。本方案是本市托幼园所实施 3 岁前教养工作的指南,也为家庭教养提供参考。

一、教养理念

　　1. 关爱儿童,满足需求。重视婴幼儿的情感关怀,强调以亲为先,以情为主、关爱儿童、赋予亲情,满足婴幼儿成长的需求。创设良好环境,在宽松的氛围中,让婴幼儿开心、开口、开窍。尊重婴幼儿的意愿,使他们积极主动、健康愉快地发展。

　　2. 以养为主,教养融合。强调婴幼儿的身心健康是发展的基础。在开展保教工作时,应把儿童的健康、安全及养育工作放在首位。坚持保育与教育紧密结合的原则,保中有教,教中重保,自然渗透,教养合一。促进婴幼儿生理与心理的和谐发展。

　　3. 关注发育,顺应发展。强调全面关心、关注、关怀婴幼儿的成长过程。在教养实践中,要把握成熟阶段和发展过程;关注多元智能和发展差异;关注经验获得的机会和发展潜能。学会尊重婴幼儿身心发展规律,顺应儿童的天性,让他们能在丰富、适宜的环境中自然发展,和谐发展,充实发展。

　　4. 因人而异,开启潜能。重视婴幼儿在发育与健康、感知与运动、认知与语言、情感与社会性等方面的发展差异,提倡更多地实施个别化的教育,使保教工作以自然差异为基础。同时,要充分认识到人生许多良好的品质和智慧的获得均在生命的早期,必须密切关注,把握机会。要提供适宜刺激,诱发多种经验,充分利用日常生活与游戏中的学习情景,开启潜能,推进发展。

二、教养内容与要求

　　(一)新生儿

　　1. 提供自然睡眠的条件。保持房间空气清新,温度适宜,光线柔和,洁净温馨。

　　2. 按需哺乳。面带微笑注视新生儿,经常对新生儿进行肌肤抚触,与其交谈。

　　3. 为新生儿勤洗澡、勤换衣裤和尿布,保持其皮肤清洁和干燥。细心看护,经常对新生儿的皮肤、大小便、脐部、眼睛等进行观察。

　　4. 提供适量的视听刺激,让新生儿常听舒缓柔和的音乐声、玩具声和讲话声,常看会动的玩具和人脸等,适宜距离为 15～30 厘米。

　　(二)1～3 个月

　　1. 顺应婴幼儿的生理节律,逐步形成有规律的哺乳、睡眠。及时添加生长所需的营养补充剂。

　　2. 在适宜时间内进行适宜的户外活动和户外睡眠,让婴幼儿接触阳光和新鲜的空气。

　　3. 提供便于抓握、带声响、色彩鲜艳、无毒卫生的玩具,帮助婴幼儿练习俯卧抬头、目光追视、抓握、侧翻等动作。

4. 经常面对面地和婴幼儿逗引交流,引发其对亲近的人和熟悉的声音产生反应。促使其情绪愉快,培育母婴依恋亲情。

5. 悉心辨析哭声,给予积极回应,满足婴幼儿不同需要。

（三）4～6个月

1. 保证婴幼儿充足的睡眠时间,逐渐养成其自然入睡、有规律睡眠的习惯。

2. 按月龄逐步添加辅助食品,逐渐形成定时喂哺的规律。

3. 帮助婴幼儿学习翻身和靠坐,练习主动伸手抓握玩具、双手扶奶瓶等动作。

4. 提供婴幼儿辨认周围生活环境中的人、物和事的机会。

5. 帮助婴幼儿学习辨别亲近的人的声音,呼其名字时会转向发声的方向,用"咿呀"声与人交流。

6. 引发婴幼儿对熟悉的音乐有愉快的情绪反应。

7. 在盥洗中,引导婴幼儿乐意接受洗脸、洗手、洗屁股、洗澡。经常保持其手、脸等处皮肤的清洁干燥。

（四）7～12个月

1. 逐步形成婴幼儿定时睡眠(白天2～3次,一昼夜13～15小时)的习惯。

2. 逐渐提供各类适宜的食物,让婴幼儿初步适应咀嚼、吞咽固体食品,尝试用杯喝水、用勺喂食。

3. 鼓励婴幼儿配合成人为其穿衣、剪指甲、理发和盥洗等活动。引导婴幼儿学习坐盆排便,对大小便的语音信号有反应,帮助其形成一定的排便规律。

4. 让婴幼儿练习独坐、爬行、扶站、独立站、扶走,以及捏拿小物件,两手配合倒物等动作。

5. 用简单的词和指令刺激婴幼儿用表情、动作、语音等作出相应的反应(如指认五官等)。

6. 引发婴幼儿跟着音乐节律随意摆动身体。

（五）13～18个月

1. 停用奶瓶吸吮,提供杯子让婴幼儿喝水(奶),顺利度过离乳期。

2. 帮助婴幼儿学习用语言或动作表示大小便。提供适宜的坐盆,使其逐步形成一定的排便规律。

3. 提醒婴幼儿饭前洗手、饭后擦嘴。吃饭时自己学用小勺进食,形成定时、定位、专心进餐的习惯。

4. 提供机会让婴幼儿练习独立行走、下蹲、转弯、扶栏杆上楼梯等。

5. 为婴幼儿提供其喜欢的玩具,让其进行摆弄和装扮等活动。

6. 鼓励婴幼儿模仿成人的单词或短句,学着称呼人、用单词句表达自己的需求。

7. 提供机会让婴幼儿感知生活环境中的花草和树木、人和物,指指认认,初步建立实物和图片、物体和词语之间的联系。

8. 帮助婴幼儿充分感受色彩和形状,尝试涂涂画画。

9. 引发婴幼儿感受音乐节奏带来的快乐,跟着音乐做动作。

（六）19～24个月

1. 让婴幼儿逐步养成睡眠、进餐、盥洗的好习惯,生活有规律。

2. 在盥洗时帮助婴幼儿学着使用肥皂、毛巾,学脱鞋子、裤子、袜子和外衣。

3. 鼓励婴幼儿养成用餐时吃一口、嚼一口、咽一口和口渴时喝水的习惯。

4. 提供机会让婴幼儿练习自如地走、跑,进行举手扔球、玩叠高积木、串大珠子等游戏,并学着收放玩具。

5. 鼓励婴幼儿辨别周围生活环境中的常见物,让其对物体的形状、冷热、大小、颜色、软硬等差别明显的特征有充分的感知体验。

6. 鼓励婴幼儿学用简单句(双词句)表达自己的需求,说出自己的名字,提供机会多进行亲子阅读、听故事、学念儿歌。

7. 提醒婴幼儿与人打招呼,学着在和同伴一起玩耍、游戏中形成初步的规则意识。

8. 引导婴幼儿随着音乐节奏做模仿动作,跟唱简单的歌曲,用各种材料涂涂画画。

（七）25～36个月

1. 养成婴幼儿按时上床、安静入睡、醒后不影响别人的睡眠习惯。

2. 鼓励婴幼儿用小勺吃完自己的一份饭菜,愿意吃各种食物,自主地用杯喝水(奶)。

3. 提供婴幼儿模仿成人做事的机会,帮助其学习自己穿脱衣裤、鞋袜,自己洗手擦脸,主动如厕。

4. 让婴幼儿有练习钻爬、上下楼梯和走小斜坡的机会,体验运动的乐趣,培养初步的环境适应能力和自我安全保护意识。

5. 让婴幼儿操作摆弄积木、珠子、纸、橡皮泥等玩具,提高其手指的灵活性和手眼协调性。

6. 提供感知常见动植物和简单数字的机会,帮助婴幼儿觉察指认颜色、形状、时间(昼夜)、空间(上下、内外)等明显的差异。引导其开始了解人、物、事之间的简单关系。

7. 鼓励婴幼儿学用普通话大胆表达自己的需求,理解并乐意执行成人简单的语言指令。

8. 提供图画书,培养婴幼儿阅读的兴趣,学习讲述简单的事情和学讲故事、念儿歌。

9. 帮助婴幼儿逐渐适应集体生活,愿意亲近老师和同伴。引导其学习对人有礼貌,不影响别人的活动。

10. 引导婴幼儿跟着音乐唱唱跳跳,用声音、动作、涂画、粘贴等多种方式表达自己的感受。

三、组织与实施

婴幼儿教养活动的组织与实施,主要在托幼机构和家庭中进行。

(一)托幼机构教养活动的组织与实施

1. 营造清洁、安全、温馨的家庭式环境,提供方便、柔和、易消毒的生活设施,创设温馨宁静的睡眠环境,保障婴幼儿身心健康和谐地发展。

2. 充分考虑给婴幼儿留有足够大的活动空间,创设爬行自如的、适合进行独自活动、与同伴平行活动及小群体活动的空间。空间要有相对开放的区隔,隔栏要低矮。物品放置取用方便、有序,有相对的稳定性。

3. 提供数量充足的、安全的、能满足多种感知需要的玩具和材料。玩具材料应逐步提供,并以开放的形式呈现,给婴幼儿以舒适随意之感,便于自由选用。

4. 关注每个婴幼儿对玩具材料的不同需求,充分利用生活中的真实物品,挖掘其内含的多种教育价值,让其在摆弄、操作物品中,获得各种感官活动的经验。

5. 观察了解不同月龄婴幼儿的需要,把握其情绪变化,尊重和满足其爱抚、亲近、搂抱等情感需求,给予悉心关爱。

6. 观察婴幼儿的活动过程,及时捕捉和记录其行为的瞬间,用个案记录和分析的方法,因人而异地为其发展制定个别化的教养方案及成长档案。

7. 尊重、顺应婴幼儿自然的生理节律,加强生活护理,用一对一的方式帮助和指导盥洗。随着月龄的增长,支持、鼓励其自己动手。

8. 以蹲、跪、坐为主的平视方式,与婴幼儿面对面、一对一地进行个别交流。成人的语速要慢,语句要简短、重复,略带夸张。关注婴幼儿的自言自语,在自愿、自发的前提下,引导其多看、多听、多说、多动,主动与其交谈。

9. 随着婴幼儿月龄的增长,适当创设语言交流、音乐感受及肢体律动等集体游戏的氛围,引发其模仿学习。用轻柔适宜的音乐、朗朗上口的儿歌、简短明了的指导语组织日常活动,让婴幼儿体验群体生活的愉悦。

10. 日常生活中各环节的安排要相对固定,内容与内容间要尽可能整合,同一内容应多次重复,但一项内容的活动时间不宜过长。活动方式要灵活多样,以个别、小组活动形式为主,尽可能多地把活动安排在户外(环境条件适宜的地方)进行。

11. 开展家园共育,指导家长开展亲子游戏、亲子阅读等活动,为婴幼儿的发展提供丰富多元的教育资源。

12. 为不同月龄婴儿的父母提供早期教养服务。在尊重家长不同教养方式的前提下,给予生活养育、护理保健等方面的科学、合理的育儿指导。

（二）家庭教养活动的操作与实施

1. 创设温度适宜、空气新鲜、光线柔和的睡眠环境,保证充足的睡眠时间,逐渐帮助孩子形成有规律的睡眠。

2. 为孩子提供卫生、安全、舒适、充满亲情的日常护理环境和充足的活动空间,形成良好的秩序感。

3. 充分利用阳光、空气、水等自然因素,提供较大的、安全的活动空间。选择空气新鲜的绿化场所,开展适合孩子身心特点的户外游戏和体格锻炼,尤其保证冬季出生的孩子接受日光浴的时间,提高对自然环境的适应能力。

4. 根据孩子不同月龄的特点,提供安全卫生、刺激感知觉的、满足其活动需要的材料或玩具;提供能够发展孩子联想的日常生活用品、图片、自制或成品玩具。活动中细心照看。

5. 重视母乳喂养,参照月龄,按孩子需要提供适量奶、水,逐步添加辅食及生长发育所需的营养补充剂。逐渐提供适宜孩子锻炼咀嚼、吞咽能力的半流质食品和方便其手抓的固体食品,锻炼其咀嚼及吞咽能力。注意个别差异。

6. 在家庭中应在相对固定的区域提供干净卫生的便器,悉心观察孩子的便意,给予及时回应。教会孩子以动作或语言主动表示大小便,逐步养成定时排便习惯。

7. 保护孩子的眼睛,注意室内光线,经常移动玩具摆放的位置,防止其斜视等。注意观察孩子凝视物体时的眼神,发现异常及时就诊。

8. 注重孩子的口腔卫生,按不同月龄用纱布或专用牙刷,为其按摩牙床或清洁口腔。

9. 提供保暖性好、透气性强、安全适合、宽松的棉织衣物和大小合适、方便穿脱的鞋袜。

10. 提供练习生活技能的机会,鼓励孩子自己动手,如手扶奶瓶、吃饭、学习穿脱衣裤和鞋袜,对其依靠自己努力的行为表示赞赏。

11. 父母应保证每日有一小时以上的时间与孩子进行情感交流,如目光注视、肌肤接触、亲子对话等。学会关注、捕捉孩子在情绪、动作、语言等方面出现的新行为,做到及时回应,适时引导,满足孩子的依恋感和安全感。

12. 提供丰富的语言环境,伴随具体的环境和动作,在日常生活中随时随地用简明清晰、生动形象的语言与孩子进行交流。

13. 选择适合孩子阅读的图书和有声读物,多给孩子讲故事、念儿歌,进行亲子阅读,并鼓励孩子用语言大胆表达。

14. 让孩子倾听和感受不同性质、多种类型的音乐,注意播放音量,次数适度。经常与孩子一起唱童谣、歌曲。引导孩子感受音乐时表现各种动作。关注其对声音的反应,发现异常及时就诊。

15. 提供多种材料,鼓励孩子大胆涂画、撕贴,对其表现出的想象和创造力表示赞赏。

16. 收集日常生活中的物品,提供适合的玩具,经常和孩子一起游戏,满足其角色扮演的愿望,鼓励孩子的自主行为,激发其探索周围生活的兴趣,帮助其积累各种感知经验。

17. 创设与周围成人接触和与同龄、异龄伙伴活动的机会,帮助孩子感受交往的愉悦,积累交往的经验。

18. 注意观察和顺应孩子情绪,理解7～12个月的孩子怕生、25～36个月的孩子出现情绪不稳定是正常现象,提供其表达情绪情感的机会。

19. 选择身心健康、充满爱心、仪表整洁、具有一定育儿知识技能的照料者。

20. 家庭与育儿机构之间、家庭成员相互之间及时沟通,相互协调,保持教养要求、方法的一致性。

21. 家长应具备保健的基本知识和技能,在家庭中设置并经常清理"儿童保健药箱",及时处理意外突发的小事件。掌握儿童急救医疗地点和联系方式,发生意外时及时求助,保障孩子健康安全成长。

22. 定期为孩子进行体格发育检查,预防接种。利用现代通讯技术和社区卫生、教育、文化等资源,主动了解育儿知识,并参加育儿讲座、咨询等各种学习活动。

四、观察要点

0～3岁婴幼儿发展水平"观察要点",由发育与健康、感知与运动、认知与语言、情感与社会性等四方面组成。保教人员和家长应掌握0～3岁婴幼儿不同发展水平的内容,并自如地运用至日常教养中,促进每一个0～3岁婴幼儿健康、快乐地成长。

由于遗传、营养、教育等因素的影响,0～3岁婴幼儿的发展存在个体差异,表现为发展的速度不同、特点不同。就个体本身而言,其发展也存在不平衡性。保教人员和家长在观察孩子的行为时,一方面应注意分辨其是正常行为还是异常行为,对异常行为,应及时就诊、及早矫治;另一方面,应注意分辨其是偶发行为(发展中正常的新行为)还是稳定行为,对发展中正常的新行为,应及时提供刺激,促使其向稳定行为发展。

保教人员和家长应遵循孩子的发展规律,正确、科学地对待观察活动和观察结果。

观察对象:19～24个月

发育与健康	感知与运动	认知与语言	情感与社会性
• 24个月时,平均身高男孩为91.72厘米,女孩为90.43厘米 • 平均体重男孩为13.50千克,女孩为12.84千克 • 平均头围男孩为49.30厘米,女孩为48.19厘米 • 平均胸围男孩为50.20厘米,女孩为49.02厘米 • 会主动表示大小便,白天基本不尿湿裤子 • 开始长第二乳磨牙,牙齿大概16只 • 一昼夜睡12～13小时	• 连续跑3～4米,但不稳 • 自己上床(矮床) • 一手扶栏杆自己上下楼梯 • 开始做原地跳跃动作 • 双脚能同时跳起 • 能踢大球 • 会跨骑在四轮小车上 • 能蹲着玩 • 能双手举过头顶掷球 • 能根据音乐的节奏做动作 • 用鞋带串大珠子 • 会把5～6块积木垒高 • 能自己用汤匙吃东西	• 开口表示个人需要 • 能记住生活中熟悉物放置的固定地方,如糖缸 • 口数1～5 • 能按指示做(2～3件,连续的),如:把球扔出去,然后跑去追 • 对声音的反应越来越强烈,喜欢听重复的声音,如一遍又一遍地听一首歌、读一本书等 • 能说几个字的简单句,如"囡囡要糖"等 • 能分辨一本书的封面及基本结构,开始辨认书中角色的名字,会主动看图讲简单的话	• 能区别成人表情中蕴含的情绪 • 开始用名字称呼自己 • 当父母或看护人离开房间时会感到沮丧,与父母分离有恐惧 • 在有提示的情况下,会说:"请"和"谢谢" • 对自己独立的表现一些技能能感到骄傲 • 不愿把东西给别人,只知道是"我的" • 情绪变化趋于稳定,能初步调节自己的情绪 • 交际性增强,较少表现出不友好和敌意 • 会帮忙做事,如学着把玩具收拾好 • 开始和其他小朋友一起游戏 • 游戏时能模仿父母更多的细节动作,想象力增强

观察对象:25～30个月

发育与健康	感知与运动	认知与语言	情感与社会性
• 30个月时,平均身高男孩为96.10厘米,女孩为94.65厘米 • 平均体重男孩为14.53千克,女孩为13.87千克 • 平均头围男孩为49.74厘米,女孩为48.76厘米 • 平均胸围男孩为51.21厘米,女孩为49.78厘米 • 20颗乳牙已全部出齐	• 能后退、侧走和奔跑 • 能轻松地立定蹲下 • 会迈过低矮的障碍物 • 能双脚交替上下楼梯 • 能从楼梯末级跳下 • 能单脚站立(2～5秒) • 能将球朝一定的方向滚 • 能将球用力往远处扔 • 会骑三轮童车 • 在成人提醒下如厕,学着自己洗手、擦脸 • 会转动把手开门、旋开瓶盖取物 • 能用大号蜡笔涂涂画画,自己画垂直线、水平线 • 学着一页一页翻书 • 学着自己穿鞋、解衣扣、拉拉链	• 知道"大、小""多、少""上、下",会比较多少、长短、大小 • 会指认圆形、方形和三角形 • 知道红色,并能正确地指认 • 用积木垒高或连接成简单的物体形状(如桥、火车) • 会捏、团、撕,随意折纸 • 能数到10 • 游戏时能用物体或自己的身体部位代表其他物体(如手指当牙刷) • 听完故事能说出讲的是什么人、什么事 • 会用几个"形容词" • 会用"你"、"我"、"他",会用连续词"和""跟",会使用副词"很""最" • 能说出常见物品的名称和用途,词汇量发展迅速,会使用七八个词组成的句子进行简单的叙述 • 会背诵简单的儿歌,且发音基本正确 • 喜欢玩色、玩橡皮泥 • 开始理解事件发生的前后顺序	• 有简单的是非观念,知道打人、咬人、抓人不好 • 会发脾气,常用"不"表示独立 • 知道自己的全名,用"我"来表示自己 • 和同伴一起玩简单的游戏,会相互模仿,有模糊的角色装扮意识 • 初步意识他人的情绪,开始表达自己的情感

观察对象：31～36个月

发育与健康	感知与运动	认知与语言	情感与社会性
• 36 个月时，平均身高男孩为99.34厘米，女孩为97.71厘米 • 平均体重男孩为 15.43 千克，女孩 14.90 千克 • 平均头围男孩为 50.07 厘米，女孩为 49.28 厘米 • 平均胸围男孩为 51.64 厘米，女孩为 50.30 厘米 • 视力标准为 0.6 • 晚上能控制大小便，不尿床	• 能单脚站立(5～10秒) • 能双脚离地连续跳跃2～3次 • 能双脚交替灵活走楼梯 • 能沿着直线双脚交替行走 • 能走一条短的平衡木，能跨过一定高度的障碍物 • 能举起手臂，将球朝一定目标投掷 • 能跟随音乐、儿歌做模仿操，动作较协调 • 用积木、大积塑拼搭或插成物体，并尝试命名 • 能模仿画圆、十字形 • 会扣衣扣、穿袜和简单的衣裤 • 能正确使用汤匙，尝试用筷子	• 口数 6～10，口手一致数 1～5 • 知道黄色、绿色，并能正确的指认 • 能分辨"里"、"外" • 能用纸对折 • 会问一些关于"是什么"、"为什么""是谁""在哪里"的问题 • 在成人引导下，理解故事主要情节 • 认识并说出常见的物品、动物名称，词汇量较丰富 • 运用字词的能力迅速增加 • 能说出有几个词的复杂句子 • 开始运用"你们"、"他们"、"如果"、"但是"等词 • 知道一些礼貌用语，如"谢谢"和"请"，并知道何时使用这些礼貌用语 • 知道家里人的名字和简单的情况 • 开始区别"一个"和"许多" • 喜欢自己看图画书 • 会回答简单的问题 • 会解决简单的问题，如搬椅子、爬上去、取东西	• 清楚地知道自己是男孩还是女孩 • 和同伴或家人一起玩角色游戏，如"过家家"游戏 • 能和同龄小朋友分享，如把玩具分给别人 • 害怕黑暗和动物 • 兄弟姐妹或同伴之间会比赛和产生嫉妒 • 会整理玩具，开始知道物归原处 • 自己上床睡觉 • 大吵大闹和发脾气已不常见，且持续时间短，开始能控制自己的情绪 • 对成功表现出高兴的情绪，对失败表现出沮丧的情绪 • 开始对故事里的人物投入感情，表达同情 • 不愿改变已养成的生活习惯

参考文献

1. 梁志燊.学前教育学.北京：北京师范大学出版社,2007.

2. 李生兰.学前教育学.上海：华东师范大学出版社,2006.

3. 卢乐山.学前教育学原理.北京：北京师范大学出版社,1991.

4. 黄人颂.学前教育学.北京：人民教育出版社,1989.

5. 虞永平.学前教育学.南京：江苏教育出版社,1996.

6. 李季湄、肖湘宁.幼儿园教育.北京：北京师范大学出版社,2000.

7. 郑慧英.幼儿教育学.福州：福建教育出版社,1996.

8. 黄人颂.学前教育学参考资料.北京：人民教育出版社,1991.

9. 庞丽娟.教师与儿童发展.北京：北京师范大学出版社,2001.

10. 庞丽娟,李辉.婴儿心理学.杭州：浙江教育出版社,1993.

11. 韩跃辉.科学育儿全书.上海：上海科学普及出版社,2005.

12. 陈帼眉.实用育儿百科.北京：农业出版社,1990.

13. 周作新,李洪珊.幼儿早期教育技巧.北京：金盾出版社,2009.

14. 李萍,张强.跨世纪育儿方案.呼和浩特：远方出版社,2002.

15. 戴淑凤.中国儿童早期教养工程.北京：中国妇女出版社,2009.

16. 冯德全.冯德全早教方案.北京：中国妇女出版社,2005.

17. 丁昀.育婴师.北京：中国劳动社会保障出版社,2006.

18. 许政援,沈家鲜,吕静,曹子方.儿童发展心理学.长春：吉林教育出版社,1991.

19. 郝芳之.怎样带好娃娃.济南：山东科学技术出版社,1981.

20. B·H·亚德什科.学前教育学.北京：人民教育出版社,1981.

21. 陈鹤琴.家庭教育.北京：人民教育出版社,1985.

22. 刘晓东.儿童教育新论.南京：江苏教育出版社,2009.

23. 赵忠心.家庭教育学.教育子女的科学与艺术.北京：人民教育出版社,2001.

24. 洁斐.成功孩子的背后——学习型家长.家庭与家教 2007 年第 1 期

25. 蒙台梭利.三岁决定一生.郑州：河南大学出版社出版,2001.

26. 幼儿园教育指导纲要(试行)解读.教育部基础教育司组织编写.南京：江苏教育出版社,2002.

27. 卡尔·威特.卡尔·威特的教育.北京：京华出版社,2002.

28. 腾健.家庭教育学.哈尔滨：黑龙江科学技术出版社,1987.

29. 刘焱.儿童游戏通论.北京：北京师范大学出版社,2008.

30. 高岚.学前教育学.广州：广东高等教育出版社,2001.

31. 林淑瑞、王红宇.教育方法.哈尔滨：黑龙江教育出版社,1990.

32. 梁志.学前教育学.北京：北京师范大学出版社,2007.

33. 唐文忠.教学论.哈尔滨：黑龙江教育出版社,1990.

34. 中国妇幼保健网 http://www.chinawch.com/
35. 婴儿宝宝网　　 http://www.ying-er.com/
36. 39 健康网　　　 http://www.39.net/
37. 太平洋亲子网　 http://yuer.pcbaby.com.cn/
38. 健康知识网　　 http://www.jk3721.com/html/yuerbaike/mama/baobao/
39. 新浪亲子网　　 http://baby.sina.com.cn/edu/09/1308/1157143838.shtml

参考文献

图书在版编目(CIP)数据

婴儿教育学/夏莹主编. —上海:复旦大学出版社,2011.6(2023.4 重印)
普通高等学校早期教育专业系列教材
ISBN 978-7-309-08102-2

Ⅰ.婴… Ⅱ.夏… Ⅲ.幼儿教育-幼儿师范学校-教材 Ⅳ.G610

中国版本图书馆 CIP 数据核字(2011)第 085617 号

婴儿教育学
夏 莹 主编
责任编辑/查 莉

复旦大学出版社有限公司出版发行
上海市国权路 579 号 邮编:200433
网址:fupnet@ fudanpress.com http://www.fudanpress.com
门市零售:86-21-65102580 团体订购:86-21-65104505
出版部电话:86-21-65642845
常熟市华顺印刷有限公司

开本 890 × 1240 1/16 印张 10 字数 288 千
2011 年 6 月第 1 版
2023 年 4 月第 1 版第 8 次印刷
印数 25 601—30 700

ISBN 978-7-309-08102-2/G · 978
定价:38.00 元